Rechtswissenschaft als Beruf

ARTIBUS INGENUIS J·C·B·M· 1·8·0·1

Janny, AöR 18, 623

Rechtswissenschaft als Beruf

herausgegeben von

Horst Dreier

Mohr Siebeck

Horst Dreier bekleidet den Lehrstuhl für Rechtsphilosophie, Staats- und Verwaltungsrecht an der Julius-Maximilians-Universität Würzburg.

Tatjana Hörnle ist Inhaberin des Lehrstuhls für Strafrecht, Strafprozessrecht, Rechtsphilosophie und Rechtsvergleichung an der Humboldt-Universität zu Berlin.

Matthias Jestaedt ist Ordinarius für Öffentliches Recht und Rechtstheorie an der Albert-Ludwigs-Universität Freiburg.

Gerhard Wagner hat den Lehrstuhl für Bürgerliches Recht, Wirtschaftsrecht und Ökonomik an der Humboldt-Universität zu Berlin inne.

ISBN 978-3-16-156585-4 / eISBN 978-3-16-156586-1
DOI 10.1628/978-3-16-156586-1

Die Deutsche Nationalbibliothek verzeichnet diese Publikation in der Deutschen Nationalbibliographie; detaillierte bibliographische Daten sind im Internet über *http://dnb.dnb.de* abrufbar.

Das Buch wurde von Martin Fischer in Tübingen gesetzt, von Gulde Druck in Tübingen auf alterungsbeständiges Werkdruckpapier gedruckt und von der Buchbinderei Nädele in Nehren gebunden.

Printed in Germany

Vorwort

Im vergangenen Jahr nahm Dr. Franz-Peter Gillig, langjähriger Cheflektor Jura des Verlages Mohr Siebeck, seinen Abschied. Aus diesem Anlass versammelten sich am 21. Juli 2017 Freunde, Kollegen, Weggefährten und zahlreiche Vertreter juristischer Fakultäten im Evangelischen Stift Tübingen, um ihrer Verbundenheit mit ihm und ihrer dankbaren Anerkennung für das Ausdruck zu verleihen, was man mit Fug und Recht sein Lebenswerk nennen kann – die Arbeit für die Wissenschaft, genauer: die Rechtswissenschaft.

Was lag da näher, als – in Anspielung auf den berühmten Vortrag Max Webers über „Wissenschaft als Beruf", den dieser Hausautor des Verlages vor genau einhundert Jahren in München gehalten hatte – die Festveranstaltung dem Thema „Rechtswissenschaft als Beruf" zu widmen? Drei herausragende Vertreter des Faches beleuchteten aus der spezifischen Perspektive ihrer jeweiligen juristischen Teildisziplin in selbstreflexiver Weise Rolle und Aufgaben sowie das korrespondierende Selbstverständnis der Rechtswissenschaft. Der Band enthält die Referate in überarbeiteter und teils stark erweiterter Form. Hinzugekommen ist der Beitrag des Herausgebers, der einige Aspekte vertieft erörtert, die in der Einführungs- und Begrüßungsrede nur angeschnitten werden konnten.

Vielfältiger Dank ist abzustatten. Er geht zunächst an die Referenten für die spontane Bereitschaft zur Mitwirkung am Symposion und die Ausarbeitung ihrer Manuskripte für die Publikation. Die zügige Herstellung des Bandes wäre – einmal mehr – ohne die umsichtige und hocheffiziente Arbeit von Matthias Spitzner nicht möglich gewesen. Ihm danke ich ebenso wie den Mitarbeitern meines Lehrstuhls (Dr. David Kuch, Annabelle Meier und Andreas

Gesell) für wertvolle Hilfe bei der Korrektur der Fahnen und Umbrüche sowie für ihre Unterstützung bei der Ausarbeitung meines Beitrages.

Schließlich möchte ich nicht versäumen, an dieser Stelle Dr. Franz-Peter Gillig meinen ganz persönlichen und tief empfundenen Dank auszusprechen. Wir kennen uns seit dem Jahr 1985, als er in seiner Funktion als Schriftleiter der JZ eine Rezension von mir annahm und in voller Länge abdruckte, die eigentlich viel zu umfangreich geraten und dazu auch noch prononciert kritisch ausgefallen war – ganz abgesehen davon, dass der damals noch nicht einmal promovierte Rezensent eine Habilitationsschrift besprach. Alsbald folgten weitere Projekte, von denen das mit Abstand größte, schönste und zweifellos auch anstrengendste der Grundgesetz-Kommentar war, der im übrigen – was hier ausdrücklich vermerkt sei – auf eine 1991 geborene Idee von Dr. Gillig und nicht etwa auf die Initiative des Herausgebers zurückging. Für die jahrzehntelange enge, gute und über das rein Fachliche hinausgehende Kooperation sowie die vielen konstruktiven Gespräche und die menschliche Nähe sage ich Dr. Franz-Peter Gillig, der Rechtswissenschaft als Beruf auf seine ganz eigene und unverwechselbare Art gelebt hat, aus vollem Herzen Dank.

Horst Dreier Würzburg, den 21. Juli 2018

Inhalt

Abkürzungsverzeichnis

aA	andere Ansicht
aaO	am angegebenen Ort
Abs.	Absatz
AcP	Archiv für die civilistische Praxis
aF / nF	alte Fassung / neue Fassung
Anm.	Anmerkung
AöR	Archiv des öffentlichen Rechts
Art.	Artikel
ARSP	Archiv für Rechts- und Sozialphilosophie
Aufl.	Auflage
BAG	Bundesarbeitsgericht
Bd.	Band
bes., insb.	besonders, insbesondere
BGBl.	Bundesgesetzblatt
BGHSt	Entscheidungen des Bundesgerichtshofs in Strafsachen
BGHZ	Entscheidungen des Bundesgerichtshofs in Zivilsachen
BT-Drs.	Bundestagsdrucksache
BVerfGE	Entscheidungen des Bundesverfassungsgerichts
ders.	derselbe
Der Staat	Der Staat. Zeitschrift für Staatslehre und Verfassungsgeschichte, deutsches und europäisches Öffentliches Recht
Diss.	Dissertation
DJT	Deutscher Juristentag
DÖV	Die Öffentliche Verwaltung. Zeitschrift für öffentliches Recht und Verwaltungswissenschaft
Drs.	Drucksache(n)
DVBl.	Deutsches Verwaltungsblatt
ebd.	ebenda
EGMR	Europäischer Gerichtshof für Menschenrechte
EuGH	Europäischer Gerichtshof
f., ff.	folgend, folgende
FAZ	Frankfurter Allgemeine Zeitung
Fn.	Fußnote
FS	Festschrift

GG	Grundgesetz für die Bundesrepublik Deutschland vom 23. Mai 1949
GS	Gedächtnisschrift
Harv. L. Rev.	Harvard Law Review
Hrsg.	Herausgeber
hrsgg.	herausgegeben
i. e. S.	im engeren Sinne
i.O.	im Original
Jura	Juristische Ausbildung
JuS	Juristische Schulung
JusPriv	Jus Privatum
JusPubl	Jus Publicum
JusPoen	Jus Poenale
JZ	Juristenzeitung
Mich. L. Rev.	Michigan Law Review
m. w. N.	mit weiteren Nachweisen
NJW	Neue Juristische Wochenschrift
NK	Neue Kriminalpolitik
Nr.	Nummer
NVwZ	Neue Zeitschrift für Verwaltungsrecht
NZM	Neue Zeitschrift für Miet- und Wohnungsrecht
RGBl.	Reichsgesetzblatt
RGZ	Entscheidungen des Reichsgerichts in Zivilsachen
Rn.	Randnummer
S.	Seite
s.	siehe
sog.	sogenannt
Sp.	Spalte
st. Rspr.	ständige Rechtsprechung
Stan. L. Rev.	Stanford Law Review
u. a.	und andere
VersR	Zeitschrift für Versicherungsrecht, Haftungs- und Schadensrecht
vgl.	vergleiche
VuR	Verbraucher und Recht. Zeitschrift für Wirtschafts- und Verbraucherrecht
VVDStRL	Veröffentlichungen der Vereinigung der Deutschen Staatsrechtslehrer
WM	Wertpapiermitteilungen. Zeitschrift für Wirtschafts- und Bankenrecht
z. B.	zum Beispiel
ZEuP	Zeitschrift für Europäisches Privatrecht

ZfA	Zeitschrift für Arbeitsrecht
ZfPW	Zeitschrift für die gesamte Privatrechtswissenschaft
ZIP	Zeitschrift für Wirtschaftsrecht und Insolvenzpraxis
ZöR	Zeitschrift für öffentliches Recht
ZRG GA	Zeitschrift der Savigny-Stiftung für Rechtsgeschichte, Germanistische Abteilung
ZStW	Zeitschrift für die gesamte Strafrechtswissenschaft
ZZP	Zeitschrift für Zivilprozess

Rechtswissenschaft als Wissenschaft – Zehn Thesen

Horst Dreier

I.
Die Rechtswissenschaft ist eine Normwissenschaft, jedoch keine normative Wissenschaft. Wahrheitsfähig sind Aussagen über Normen, nicht aber die Normen selbst.

Die Rechtswissenschaft ist eine Normwissenschaft.[1] Ihre verbreitete Charakterisierung als Geisteswissenschaft erscheint eher unzulänglich, weil hier unter dem Dualismus von Natur- und Geisteswissenschaften zuviel Verschiedenes unter einem Begriff zusammengespannt wird.[2] Wenig hilfreich ist auch die im Neukantianismus verbreitete, auf Wilhelm Windelband zurückgehende Zweiteilung von idiographischen und nomothetischen Wissenschaften, also von (angeblich) auf das Einzelne und Besondere bezogenen Geschichtswissenschaften und (angeblich) auf das Allgemeine bezogenen Naturwissenschaften, schon weil die Rechtswissenschaft hier kaum sinnvoll zu verorten ist.[3] Als

---

[1] Klassisch *H. Kelsen*, Reine Rechtslehre, 2. Aufl. 1960, S. 72 ff., 78 ff. (in der von Matthias Jestaedt hrsgg. Studienausgabe 2017: S. 139 ff., 149 ff.).

[2] Deswegen behilft man sich hier zuweilen mit dem noch vageren Zusatz, es handele sich bei der Rechtswissenschaft um eine Geisteswissenschaft „im weiten Sinne“; vgl. etwa *B. Zabel*, Philosophie der Rechtswissenschaft, in: S. Lohse/T. Reydon (Hrsg.), Grundriß Wissenschaftsphilosophie. Die Philosophien der Einzelwissenschaften, 2017, S. 167–197 (172).

[3] Dazu einige Hinweise bei *H. Dreier*, Rechtslehre, Staatssoziologie und Demokratietheorie bei Hans Kelsen (1986), 2. Aufl. 1990, S. 71. Im Überblick *K. Grotsch*, Art. Nomothetisch/idiographisch, in: J. Ritter/K. Gründer (Hrsg.), Historisches Wörterbuch der Philosophie, Bd. 6, 1984, Sp. 896–897; zu Windelbands Konzept etwa *H.-L. Ollig*, Der Neukantianismus,

ganz untauglich erweist sich schließlich die in jüngerer Zeit von einigen Autoren favorisierte Einordnung in das begrifflich wie sachlich schwammige Feld der sog. Kulturwissenschaften.[4] Hingegen trifft die Bezeichnung als Normwissenschaft den eigentlichen Gegenstand, also den Objektbereich der Rechtswissenschaft besser und präziser.[5] Denn: „Normen sind [...] die Elementarteilchen des Rechts. Das Recht besteht aus Normen und nur aus Normen."[6]

Normwissenschaft heißt nun freilich nicht: *normative* Wissenschaft im Sinne einer normierenden oder norm*vor*schreibenden Instanz, sondern bezeichnet eine lediglich norm*be*schreibende Disziplin.[7] Also: die Normen selbst sind präskriptiv, ihre Erfassung durch die Rechtswissenschaft ist deskriptiv. Das heißt: die Normen selbst sind nicht wahrheitsfähig, wohl aber die Aussagen über sie. Die Norm, derzufolge Frankreich eine „unteilbare, laizistische, demokratische und soziale Republik" ist (Art. 2 Abs. 1 der französischen Verfassung von 1958), ist ebensowenig „wahr" oder „falsch" wie die Norm, der-

---

1979, S. 57; *G. Oakes*, Die Grenzen kulturwissenschaftlicher Begriffsbildung, 1990, S. 49 ff.

[4] Vgl. die grundsätzliche Kritik von *T. Gutmann*, Recht als Kultur?, 2015.

[5] Diese Bezeichnung verwendet auch der *Wissenschaftsrat* in seiner einschlägigen Stellungnahme: Perspektiven der Rechtswissenschaft in Deutschland. Situation, Analysen, Empfehlungen, 2012, S. 28. Siehe ferner *W. Brohm*, Die Dogmatik des Verwaltungsrechts vor den Gegenwartsaufgaben der Verwaltung, in: VVDStRL 30 (1972), S. 245–312 (249); *O. Lepsius*, Relationen: Plädoyer für eine bessere Rechtswissenschaft, 2016, S. 10, 21 f.; *J. F. Lindner*, Rechtswissenschaft als Metaphysik, 2017, S. 4.

[6] *K. F. Röhl/H. C. Röhl*, Allgemeine Rechtslehre, 3. Aufl. 2008, S. 189; so auch *M. Staake*, Rechtliches Wissen, in: Jura 2018, S. 661–676 (662).

[7] Zum folgenden klärend und differenzierend *E. Hilgendorf*, Was heißt „normativ"? Zu einigen Bedeutungsnuancen einer Modevokabel, in: M. Mahlmann (Hrsg.), Gesellschaft und Gerechtigkeit. Festschrift für Hubert Rottleuthner, 2011, S. 45–61; *M. Jestaedt*, Rechtswissenschaft als normative Disziplin, in: E. Hilgendorf/J. C. Joerden (Hrsg.), Handbuch Rechtsphilosophie, 2017, S. 254–262.

zufolge Deutschland ein demokratischer und sozialer Bundesstaat (Art. 20 Abs. 1 GG) oder Spanien eine parlamentarische Monarchie ist (Art. 1 Abs. 3 der spanischen Verfassung von 1978). Und dass es in Teilen der Welt noch die Todesstrafe gibt, ist nicht unwahr, sondern – gemessen an bestimmten ethischen oder menschenrechtlichen Standards – kritikwürdig und in diesem Sinne unrichtig. *Auctoritas, non veritas facit legem*, hat der große Thomas Hobbes gesagt[8] – und damit den Grund für die neuzeitliche Staatstheorie gelegt. „Also weder Wahrheit noch Weisheit begründen das Recht."[9] Bei den Rechtsnormen handelt es sich modernem, also metaphysikfreiem Verständnis zufolge (jedenfalls auch) um menschliche Willensakte, nicht (bzw. nicht ausschließlich) um logische oder empirische Erkenntnisakte. Auch verfügen wir nicht über ein – dem Tatsachenwissen, das wir durch die Naturwissenschaften erwerben – vergleichbares „Normwissen" oder „Wertewissen", das uns zum Aufweis der objektiven Richtigkeit und absoluten Gültigkeit bestimmter Normen befähigte.[10] Pointiert gesagt: „Rechtsnormen sind Menschenwerk, als solches entweder wirksam oder unwirksam, sinnvoll oder unsinnig, gut oder schlecht begründet – nicht aber: wahr

---

[8] *T. Hobbes*, Leviathan (lat. Fassung, 1668), in: Thomae Hobbes Malmesburiensis Opera Philosophica, hrsgg. v. W. Molesworth, Vol. III, London 1841 (Repr. 1966), Kap. XXVI, S. 202: „authoritas, non veritas, facit legem".

[9] *C. Jabloner*, Sein und Sollen. Die „Wahrheit" der Rechtswissenschaften, in: W. Kautek/R. Neck/H. Schmidinger (Hrsg.), Wahrheit in den Wissenschaften, 2015, S. 137–160 (139).

[10] Anders natürlich, wenn man ein idealistisches Naturrecht (z.B. Platon) oder ein christliches Naturrecht (z.B. Thomas von Aquin) oder eine andere Form metaphysischer Letztbegründung des Rechts für gültig und verbindlich hält. Derartige Vorstellungen sind aber spätestens mit dem „neuzeitlichen Bruch" (dazu *H. Dreier*, Recht und Gerechtigkeit, in: A. Verrone/P. Nickl [Hrsg.], Welche Gerechtigkeit?, 2016, S. 64–80 [71 ff.]) entfallen und können jedenfalls einem freiheitlichen Verfassungsstaat nicht zugrundegelegt werden, der sich auf das Prinzip der Volkssouveränität stützt.

oder falsch."[11] Sie sind nicht wahr oder falsch, sondern sie gelten oder sie gelten nicht.

Wahr oder falsch (im Sinne von: zutreffend oder unzutreffend) können hingegen Aussagen über Normen sein. Evident unzutreffend wäre etwa die Aussage, gemäß Art. 1 der französischen Verfassung sei Frankreich ein Bundesstaat oder gemäß Art. 20 des Grundgesetzes sei Deutschland eine Monarchie. Oder auch: in den USA sei die Todesstrafe vollständig abgeschafft. Also kurz: Sätze über den Inhalt des Rechts sind wahrheitsfähig, die Normen selbst sind es nicht.[12]

Was zählt nun zu den Rechtsnormen? Hier kann man sich an den Einleitungssatz eines berühmten Werkes zur politischen Ökonomie anlehnen und sagen: auf den ersten Blick erscheint die Rechtsordnung als eine ungeheure Ansammlung von Rechtsnormen, die einzelne Rechtsnorm als ihre Elementarform. Das ändert sich auch beim zweiten oder dritten Blick nicht. Dabei gibt es keinen Grund, den Begriff der Norm auf solche abstrakt-genereller Natur zu beschränken, also typischerweise auf Parlamentsgesetze oder Rechtsverordnungen. Denn der Prozess der Rechtserzeugung (als übergeordneter Terminus) erfasst nicht lediglich die Gesetzestätigkeit eines Parlaments oder die Verordnungstätigkeit der Exekutive, sondern erstreckt sich in umfassender Weise auf den gesamten Stufenbau der Rechtsordnung: von Gesetzen und Verordnungen über Satzungen, behördlichen Einzelakten, Gerichtsentscheidungen bis hin zur Rechtsetzung qua vertraglicher Vereinbarung, der sog. *lex contractus*.[13] Allen

---

[11] *M. Staake*, Werte und Normen, 2018, S. 376.

[12] Vgl. zur Vertiefung *R. Poscher*, Wahrheit und Recht, in: ARSP 89 (2003), S. 200–215 (211): „Wahrheitsunfähigkeit von Rechtsnormen und Entscheidungen", „Wahrheitsfähigkeit von Aussagen über das Recht"; knapp *Staake*, Rechtliches Wissen (Fn. 6), S. 662 f.; siehe noch *C. Möllers*, Vorüberlegungen zu einer Wissenschaftstheorie des öffentlichen Rechts, in: M. Jestaedt/O. Lepsius (Hrsg.), Rechtswissenschaftstheorie, 2008, S. 151–174 (167).

[13] Klassisch zu dieser die überkommene Gesetzesfixierung ablösenden

diesen Normen liegen spezifische Willensakte zugrunde, alle diese Normen legen für ihren jeweiligen personellen, thematischen und örtlichen Einzugsbereich die Rechtslage fest: das Strafgesetz nicht minder als die Begründung eines Leihvertrages. Erst bei Einbeziehung aller Rechtsstufen haben wir sozusagen den gesamten Rechtskosmos vor uns. Die rechtswissenschaftliche Betrachtung kann auf jeder dieser Stufen andocken und ein Gerichtsurteil oder einen Vertrag einer genau so intensiven Analyse unterziehen wie ein verfassungsänderndes Gesetz.

II.
Soweit sich juristische Tätigkeit in der bloßen Nachzeichnung und unselbständigen Wiedergabe des geltenden Rechts erschöpft, steht ihr Wissenschaftscharakter nicht außer Zweifel.

Rechtswissenschaft beschränkt sich nicht auf das jeweils geltende positive Recht, sondern umfasst weitaus mehr, etwa die sog. Grundlagenfächer Rechtsgeschichte, Rechtsphilosophie und Rechtssoziologie. Diese werden im folgenden ausgeblendet – allein schon deswegen, weil es sich bei der Rechtsphilosophie um eine Regionalphilosophie, bei der Rechtsgeschichte um

---

Vorstellung eines Stufenbaus der Rechtsordnung, der sich von der höchsten Ebene der (positiven) Verfassung über mehrere Zwischenstufen bis hin zum Einzelakt einer Behörde, eines Gerichtes oder einer vertraglichen Einigung zwischen Personen erstreckt: *Kelsen*, Reine Rechtslehre (Fn. 1), S. 228 ff. (Studienausgabe S. 398 ff.). Begründer der Lehre vom Stufenbau der Rechtsordnung war der Kelsen-„Schüler“ Adolf J. Merkl, den man getrost als zweites Haupt der Wiener Rechtstheoretischen Schule ansehen darf. Eingehende Darstellung bei *E. Wiederin*, Die Stufenbaulehre Adolf Julius Merkls, in: S. Griller/H. P. Rill (Gesamtredaktion), Rechtstheorie. Rechtsbegriff–Dynamik–Auslegung, 2011, S. 81–134. – Der weite Normenbegriff scheint sich durchzusetzen: siehe etwa *Röhl/Röhl*, Rechtslehre (Fn. 6), S. 196 ff.; *P. Hilbert*, Systemdenken in Verwaltungsrecht und Verwaltungsrechtswissenschaft, 2015, S. 19 f. m. w. N.; *C. Bumke*, Rechtsdogmatik, 2017, S. 56 f.

eine Regionalgeschichtswissenschaft, bei der Rechtssoziologie um eine Regionalsoziologie handelt. Diese juristischen Grundlagenfächer teilen ihren Wissenschaftscharakter – einschließlich der möglicherweise vorhandenen diesbezüglichen Probleme – mit ihrer Mutterdisziplin, weswegen ihre „Wissenschaftlichkeit [...] durch den nötigen Methodenimport aus zweifelsfrei wissenschaftlichen Nachbarfächern verbürgt zu sein scheint".[14]

Vielmehr soll es im folgenden ausschließlich und allein um denjenigen Bereich der Rechtswissenschaft gehen, der sich anwendungsbezogen mit dem geltenden, positiven Recht befasst. Hier liegt nach gängiger Einschätzung das Herzstück, das „Kernstück",[15] der „Markenkern"[16] oder das „Kerngeschäft"[17] der deutschen Rechtswissenschaft. Denn Rechtsdogmatik spielt in Forschung und Lehre eine ganz zentrale Rolle,[18] ja wird als „eigentliches Zentrum" der Rechtswissenschaft betrachtet,[19] wenn nicht gar mit ihr gleichgesetzt.[20] Das ist für unsere Fragestellung

---

[14] *M. Auer*, Zum Erkenntnisziel der Rechtstheorie, 2018, S. 16. Zu diesem Punkt auch *C. Waldhoff*, Kritik und Lob der Dogmatik, in: G. Kirchhof/S. Magen/K. Schneider (Hrsg.), Was weiß Dogmatik?, 2012, S. 17–37 (31 f.).

[15] *R. Dreier*, Zum Selbstverständnis der Jurisprudenz als Wissenschaft (1971), in: ders., Recht – Moral – Ideologie, 1981, S. 48–69 (51).

[16] So *M. Jestaedt*, Wissenschaft im Recht, in: JZ 2014, S. 1–12 (4 ff.).

[17] *Auer*, Erkenntnisziel (Fn. 14), S. 13. Siehe schon *R. Dreier*, Rechtstheorie und Rechtsgeschichte (1988/1990), in: ders., Recht – Staat – Vernunft, 1991, S. 211–235 (217): „Kerndisziplin der Rechtswissenschaft", die „oft und mit Recht auch als Rechtswissenschaft im engeren und eigentlichen Sinne bezeichnet" werde.

[18] *Wissenschaftsrat*, Perspektiven (Fn. 5), S. 31 ff.

[19] So *M. Jestaedt*, Braucht die Wissenschaft vom Öffentlichen Recht eine fachspezifische Wissenschaftstheorie?, in: A. Funke/J. Lüdemann (Hrsg), Öffentliches Recht und Wissenschaftstheorie, 2009, S. 17–43 (21): Rechtsdogmatik gelte als „eigentliches Zentrum" der Rechtswissenschaft.

[20] Etwa *R. Dreier*, Selbstverständnis (Fn. 15), S. 51. Engagiertes Plädoyer für den „strictly legal point of view" als Paradigma der Rechtswissenschaft bei *W. Ernst*, Gelehrtes Recht, in: C. Engel/W. Schön (Hrsg.), Das Proprium der Rechtswissenschaft, 2007, S. 3–49 (15 ff.). – Durchgängig kritisch

vor allem deswegen relevant, weil es *ihre* Wissenschaftlichkeit ist, die in Frage steht und oft in Frage gestellt wird – nicht zuletzt von reflektierten und nachdenklichen Juristen selbst.[21]

Denn kann die „Beschreibung“[22] des positiven Rechts eigentlich überhaupt als Wissenschaft bezeichnet werden?[23] Haben wir es nicht vielmehr mit schlichtem Handwerk und einfachem Tagewerk zu tun, mit einer „praktische(n) Kunstlehre“,[24] bloßer Gesetzeskunde und Rechtstechnologie, einer „Sammlung von Informationen und Meinungen zum jeweiligen Rechtssystem“?[25] Die Frage wird besonders drängend, wenn man sich bestimmte Produkte juristischer Literaturgattungen anschaut, die sich in Fachzeitschriften und anderen Publikationen finden. In der Tat: Kann man das bloße Nacherzählen der tragenden Gründe einer höchstrichterlichen Entscheidung in einer Urteils„besprechung“ eigentlich als wissenschaftliche Leistung einstufen? Oder die Vorstellung eines neuen Gesetzes oder einer Gesetzesnovelle, wenn der Text eines solchen Beitrages allzu sehr der amtlichen Begründung ähnelt? Das sind nur zwei Beispiele ebenso bedenklicher wie ver-

---

zu dieser „Zentrierung der Rechtswissenschaft auf Dogmatik“ *O. Lepsius*, Themen einer Rechtswissenschaftstheorie, in: Jestaedt/Lepsius, Rechtswissenschaftstheorie (Fn. 12), S. 1–49 (17 ff.); *ders.*, Kritik der Dogmatik, in: Kirchhof/Magen/Schneider, Dogmatik (Fn. 14), S. 39–62 (60 f.).

[21] Siehe *Jestaedt*, Wissenschaftstheorie (Fn. 19), S. 20 f. m. w. N.; *C. Möllers*, Vorüberlegungen (Fn. 12), S. 164: „spürbares Leiden an der eigenen Unwissenschaftlichkeit der Disziplin“.

[22] Diese hier bewusst weite und unbestimmte Formulierung wird in Thesen IV bis VII noch präzisiert und konkretisiert. – Notabene: Die hier vertretene Auffassung geht *nicht* dahin, der Rechtsdogmatik den Wissenschaftsstatus pauschal abzusprechen. Dagegen auch *Ernst*, Gelehrtes Recht (Fn. 20), S. 21 ff. sowie *T. Hörnle*, Stärken und Schwächen der deutschen Strafrechtswissenschaft, in diesem Band S. 188.

[23] Dazu auch *Poscher*, Wahrheit (Fn. 12), S. 203.

[24] *H. Schulze-Fielitz*, Staatsrechtslehre als Mikrokosmos, 2013, S. 405.

[25] *U. Neumann*, Wissenschaftstheorie der Rechtswissenschaft, in: A. Kaufmann/W. Hassemer/U. Neumann (Hrsg.), Einführung in die Rechtsphilosophie und Rechtstheorie der Gegenwart, 8. Aufl. 2011, S. 385–400 (386).

breiteter „Formate“, denen sich leicht weitere hinzufügen ließen. So etwa das Format des offenkundig (und in Sonderheit bei lesefaulen Studenten) immer beliebter werdenden Kurz- und Kürzestlehrbuchs oder der sog. Kompaktkommentare, deren Inhalt sich ganz überwiegend im Zusammenfassen (und, problematischer: zugleich und überwiegend im Weglassen) dessen erschöpft, was sich in den größeren Lehrbüchern und Kommentaren findet. Diese Produkte sind inhaltlich völlig austauschbar, innovationsfrei und ohne jedes erkennbare eigene Profil. Hier kann man sich schon fragen, ob ein derartiges bloßes Wiederkäuen von Rechtsstoff wirklich mit dem Prädikat universitärer „Wissenschaft“ geadelt werden sollte.

Ähnlich kritisch wie hier hat man mit Blick auf die Ausbildungsliteratur, die in der Produktion deutscher Rechtsprofessoren einen relativ großen Raum einnimmt, die Feststellung getroffen, vieles davon könne „von vornherein keinen wissenschaftlichen Beschreibungsanspruch erheben“[26] – und darüber hinaus die Tatsache, dass „schlicht repetierende Lehrbücher in der deutschen Rechtswissenschaft [...] als wissenschaftliche Leistung anerkannt sind“, als eine „niederschmetternde Diagnose“ bezeichnet.[27]

Dieser neuralgische Punkt ist schon deswegen nicht trivial oder vernachlässigenswert, weil er am Ende und in letzter Konsequenz durchaus schwerwiegende und schmerzhafte institutionelle Folgen zeitigen könnte. Denn wenn das Tun der Rechtswissenschaftler in weitem Umfang den Anspruch auf Wissenschaftlichkeit nicht einlösen kann, dann spricht eigentlich auch nichts dafür, den juristischen Fakultäten ihren seit alters her angestammten Platz an den Universitäten zu belassen:

---

[26] *C. Möllers*, Rechtsphilosophische Forschung: Reminiszenz, Bilanz und Perspektive, in: S. Grundmann u. a. (Hrsg.), Festschrift 200 Jahre Juristische Fakultät der Humboldt-Universität zu Berlin. Geschichte, Gegenwart und Zukunft, 2010, S. 959–979 (964).

[27] *C. Möllers*, Forschung (Fn. 26), S. 972.

„Wo Jurisprudenz nur mehr als ‚Rechtshandwerk' oder als ‚Rechtsgewerbe' gesehen und gelebt wird, erscheint die Herabstufung rechtswissenschaftlicher Fakultäten oder Fachbereiche zu ‚Rechtsgewerbe-Schulen', die ihren Platz in den prononciert praxisorientierten Fachhochschulen finden, die angemessene institutionelle Antwort zu sein."[28]

III.
Das Recht unterliegt permanenter Veränderung. Das allein begründet keinen Einwand gegen den Wissenschaftscharakter der Rechtswissenschaft.

Es gibt also gute Gründe, sich Gedanken über den Wert der Rechtswissenschaft als einer wissenschaftlichen Disziplin zu machen. Das ist freilich nichts Neues. Schon vor mittlerweile mehr als 150 Jahren hat der hochgebildete, liberal gesonnene Berliner Staatsanwalt *Julius Hermann von Kirchmann* diese Frage in seinem berühmten Vortrag mit dem programmatischen Titel „Von der Werthlosigkeit der Jurisprudenz als Wissenschaft"[29] aufgeworfen – und scheinbar eindeutig, nämlich negativ, beantwortet. Kein Wunder also, dass jene Rede in fast jeder einschlägigen Publikation aus jüngerer Zeit in Bezug genommen wird. Das gilt insbesondere für die immer wieder zitierten, merksatzartig formulierten und so ungeheuer suggestiven Worte: „drei berichtigende Worte des Gesetzgebers und ganze Bibliotheken werden zu Makulatur."[30] Kirchmann, der vorab die Veränderlichkeit des Rechts als das im Verhältnis zu

[28] *Jestaedt*, Wissenschaftstheorie (Fn. 19), S. 21. Ähnlich spricht *Auer*, Erkenntnisziel (Fn. 14), S. 19 von der „drohenden ‚Verfachhochschulung' der anwendungsbezogenen Rechtsdogmatik".

[29] Der Vortrag wurde im Spätherbst 1847 gehalten und noch im gleichen Jahr publiziert, aber auf 1848 vordatiert. Hier und im folgenden zitiert nach der Ausgabe: *J. H. v. Kirchmann*, Die Wertlosigkeit der Jurisprudenz als Wissenschaft, herausgegeben und mit einem Anhang versehen von H. Klenner, 1990.

[30] *Kirchmann*, Wertlosigkeit (Fn. 29), S. 23. Direkt voran gehen dem die für das Verständnis wichtigen Worte: „Indem die Wissenschaft das zufällige zu ihrem Gegenstande macht, wird sie selbst zur Zufälligkeit". Schon

den Objektbereichen der anderen Wissenschaften zentrale Charakteristikum herausgearbeitet hatte,[31] beobachtet also mit Sorge, dass die Veränderlichkeit und Vergänglichkeit des Rechts als des Objekts der Rechtswissenschaft auch diese selbst erfassen und in Mitleidenschaft ziehen kann. Man muss aber klar sehen, dass Kirchmann hier weniger den Gesetzgeber als vielmehr die Rechtswissenschaftler kritisiert, seine berühmten Worte also wissenschaftskritisch intendiert und motiviert waren. Genauer gesagt galt seine Kritik jener Art von Rechtswissenschaft, die allein und ganz eng am positiven Recht haftet, von dessen Existenz und konkreter Ausformung sie sich dadurch vollkommen abhängig macht. Nur Vertreter dieser Richtung werden von jeder arbiträren Veränderung der Rechtslage ins Mark getroffen, nicht aber jene, die ihre Beschäftigung mit dem Recht auf einer etwas höheren Ebene ansiedeln. Denn ein gewisses Abstraktionsniveau schützt vor allzu rascher Obsoleszenz der getroffenen Aussagen.

Als Kirchmann seine vor allem rhetorisch brillante Philippika verfasste, war der Gesetzgeber zwar – entgegen gängiger Legenden – ebenfalls schon einigermaßen rastlos und auf vielen Feldern tätig und bediente sich dabei keineswegs exklusiv der Form des klassischen, abstrakt-generellen Gesetzes.[32] Aber heutzutage sprudeln die verschiedenen Rechtsquellen noch weitaus

auf S. 22 heißt es: „Statt des Ewigen, Absoluten, wird das Zufällige, Mangelhafte ihr Gegenstand."

[31] *Kirchmann*, Wertlosigkeit (Fn. 29), S. 12 f.: „Die nächste Eigenthümlichkeit die hervortritt, ist die Veränderlichkeit des natürlichen Rechts als Gegenstandes der Jurisprudenz. Sonne, Mond und Sterne scheinen heute wie vor Jahrtausenden; die Rose blüht heute noch so wie im Paradiese; das Recht aber ist seitdem ein Anderes geworden. Die Ehe, die Familie, der Staat, das Eigenthum haben die mannigfachsten Bildungen durchlaufen. […] Die Frage hier ist nur die, welche Wirkungen hat diese Beweglichkeit des Gegenstandes auf die Wissenschaft. Die Antwort kann auf diese Frage nicht zweifelhaft sein; die Wirkung muß eine höchst nachtheilige sein."

[32] Auch das 19. Jahrhundert kannte bereits Spezial- und Regional-, Sonder- und Maßnahme-, Änderungs- und Zeitgesetze. Siehe *H. Dreier*, in: ders. (Hrsg.), Grundgesetz-Kommentar, Bd. I, 3. Aufl. 2013, Art. 19 I Rn. 2 mit Nachweisen aus der Literatur.

munterer als damals. Und es sind nicht allein die Parlamente von Bund und Ländern, die in rastloser Tätigkeit die Gesetzblätter füllen und damit die Wendung *Carl Schmitts* vom „motorisierten Gesetzgeber“[33] bestätigen. Übertroffen wird die nationale Normproduktion durch die supranationale Rechtsetzung in Gestalt von Verordnungen und Richtlinien der Europäischen Union, die dann wiederum in den Mitgliedstaaten angewendet oder umgesetzt werden müssen. Ferner sind die nationalen Verordnungs- und Satzungsgeber ebenso wenig untätig wie die Gerichte. Die immer stärker voranschreitende Ausdifferenzierung des Rechts in unzählige Teilgebiete, etwa infolge technischer Neuerungen, führt die Komplexität und Vielschichtigkeit der Rechtsordnung am deutlichsten vor Augen.

Für diese Dauerdynamik unablässiger Rechtsproduktion gibt es exogene wie endogene Gründe.[34] Die exogenen liegen im sozialen Wandel, dem Normenhunger moderner Gesellschaften und dem Daueraktivismus des Gesetzgebers, die endogenen in der ebenfalls rastlosen Arbeit der Gerichte, insbesondere der Existenz eines vom klagefreudigen Bürger gern ausgeschöpften Instanzenzuges. „Dynamik und Wandel ist also schon dem Gegenstand Recht immanent und kein außerrechtliches Phänomen, das dann juristisch verarbeitet werden müsste.“[35] Aus dieser permanenten Veränderung des Rechts als des Gegenstandes der Rechtswissenschaft lässt sich freilich kein Argument gegen ihren Wissenschaftscharakter schmieden. Denn das hieße, sich auf einen Wissenschaftsbegriff zu fixieren, für den Vorgegebenheit und Unver-

[33] *C. Schmitt*, Die Lage der europäischen Rechtswissenschaft, in: ders., Verfassungsrechtliche Aufsätze aus den Jahren 1924–1954, 2. Aufl. 1973, S. 386–429 (407). Hierzu mit Blick auf die Praxis *A. Janssen*, Der Beitrag der juristischen Dogmatik zur Gesetzgebung (1989), in: ders., Die Kunst des Unterscheidens zwischen Recht und Gerechtigkeit, 2016, S. 351–367.

[34] *Lepsius*, Relationen (Fn. 5), S. 12 ff. – Ähnlich hatte schon zuvor der *Wissenschaftsrat*, Perspektiven (Fn. 5), S. 26 von externer und interner Dynamik sowie von äußerem und selbst erzeugtem Wandel gesprochen.

[35] *Lepsius*, Relationen (Fn. 5), S. 15 f.

änderlichkeit des Objekts konstitutiv wären, so dass Gegenstand der *scientia* nur konstante und unwandelbare Entitäten sein könnten.[36] Damit wäre aber praktisch allen geisteswissenschaftlichen und historischen Disziplinen der Wissenschaftscharakter bestritten, was wenig sinnvoll erscheint.[37] Daher sprechen die besseren Gründe für die Annahme, dass das Objekt wissenschaftlicher Erkenntnis seinerseits variabel sein kann.[38] Solange der Gegenstandsbezug überdies allgemeine Kriterien einer methodengeleiteten, rational argumentierenden und reflexiven Erkenntnissuche in einem institutionellen Rahmen erfüllt, so dass die gefundenen Ergebnisse Gegenstand rationaler Prüfung und Diskussion sein können, ist ein Maß an Objektivität erreicht, das den Ansprüchen einer Wissenschaft vollauf genügt.[39]

Die Aufgabe kompliziert sich freilich noch erheblich dadurch, dass die Rechtsordnung nicht – wie es dem aufklärerischen Kodifikationsideal entspräche – ein in sich geschlossenes, umfassendes und dauerhaftes Produkt eines einzigen organisierten und überlegenen Willens darstellt, sondern sich gerade in der modernen Parteiendemokratie eines pluralen Gemeinwesens alte

---

[36] Siehe dazu knapp *R. Dreier*, Selbstverständnis (Fn. 15), S. 49; *Neumann*, Wissenschaftstheorie (Fn. 25), S. 387.

[37] Die eingangs erwähnte neukantianische Unterscheidung von idiographischen und nomothetischen Wissenschaften lässt sich als Reaktion auf dieses Problem begreifen.

[38] Vgl. *C. Möllers*, Vorüberlegungen (Fn. 12), S. 166: „dass Recht ein soziales, kein natürliches Phänomen ist, [führt] nicht dazu, den Wissenschaftscharakter der Rechtswissenschaft von vornherein abzulehnen. Auch der Bezug auf gesetztes Recht [...] schließt einen systematischen Wahrheitsanspruch der Rechtswissenschaft nicht aus. [...] Auch andere Gegenstände wissenschaftlicher Forschung sind der Veränderung unterworfen, ohne dass dies ihren Wissenschaftscharakter in Frage stellen würde." Siehe noch *Bumke*, Rechtsdogmatik (Fn. 13), S. 97, 133 ff.

[39] Zu den Kriterien einer jeden Wissenschaft etwa BVerfGE 35, 79 (112 ff.); 127, 87 (115, Rn. 87 ff.). Vertiefend *Bumke*, Rechtsdogmatik (Fn. 13), S. 122 ff. m. w. N. – Speziell zu Qualitätskriterien für öffentlich-rechtliche Forschung *Schulze-Fielitz*, Staatsrechtslehre (Fn. 24), S. 298 ff., 327 ff., 367 ff.

und neue Rechtsnormen einer Mehrzahl von Rechtsetzungsinstanzen ineinander und übereinander schieben. „Die auffallende Misere des heutigen positiven, namentlich des öffentlichen Rechts", so hat kein Geringerer als *Niklas Luhmann* bereits vor mehr als 50 Jahren festgestellt, „liegt in der Zusammenhanglosigkeit großer Normmengen, die situationsweise verfahrensmäßig hergestellt und zu unüberblickbaren Haufen zusammengeschoben werden, ohne daß diesen Beständen gegenüber adäquate Mittel gedanklicher Disposition entwickelt worden wären."[40] Der Vorrang des schon seinem Umfang nach exorbitanten supranationalen Unionsrechts bewirkt hier einen nochmaligen gewaltigen Schub. Es ist eine der schwierigsten und wichtigsten Aufgaben der Rechtswissenschaft, angesichts dieser Lage einen Überblick zu gewinnen, den oft undurchsichtigen Rechtsstoff erst einmal aufzubereiten, durchgängige Linien und Ordnungsmuster zu zeichnen, Kohärenz und Transparenz herzustellen und Interpretationsangebote für die Rechtsanwendung zu erarbeiten. Dieser Umstand weist aber zugleich darauf hin, dass das enorme Wachstum und die stete Veränderung des positiven Rechts sich durchaus als Chance für die Wissenschaftlichkeit der Rechtswissenschaft begreifen lässt. Das führt uns in den folgenden Thesen zur Frage der Leistungsfähigkeit von Hermeneutik, Methodenlehre und Rechtsdogmatik.

IV.
Die Rechtswissenschaft ist eine hermeneutische Disziplin, insofern eine zentrale Aufgabe in der kunstgerechten Interpretation der Normen der geltenden Rechtsordnung liegt.

Mit den soeben gegebenen Hinweisen kommen wir den Aufgaben und Problemen einer auf das positive Recht bezogenen Perspektive und somit der rechtsdogmatischen Arbeit als der „Kerndisziplin

[40] *N. Luhmann*, Rechtssoziologie (1972), 2. Aufl. 1983, S. 331.

der Rechtswissenschaft“[41] schon recht nahe. Denn in der Erfassung des Rechtsinhalts steckt sehr viel mehr als eine bloße Rechtskunde oder eine Paragraphenkenntnis im Sinne reinen Dienstleistungswissens, auch wenn diese Kenntnis allein natürlich erste und unaufgebbare Voraussetzung für jede Arbeit am positiven Recht ist.[42] Wenn wir an die eingangs genannten Beispiele denken: es ist das eine zu wissen, in welchem Artikel des Grundgesetzes die Bundesrepublik als ein demokratischer und sozialer Bundesstaat charakterisiert wird. Das andere und weit über eine solche Verortung und Benennung hinausgehende ist aber, das in Art. 20 Abs. 1, 2 GG verankerte Demokratieprinzip in seiner Bedeutung zu erfassen und seine Konsequenzen für die Anforderung an eine hinlängliche demokratische Legitimation der Verwaltung zu entwickeln.[43] Es reicht bei weitem nicht aus zu wissen, wo eine bestimmte Regelung aufzufinden ist (wo das Wahlalter festgelegt ist, die Voraussetzungen für eine Adoption geregelt sind oder sich der strafrechtliche Untreuetatbestand findet) und ihren Wortlaut zu kennen. Die entscheidende Leistung liegt darin, ihre Bedeutung entfalten zu können, also die Normen auszulegen, zu interpretieren und auf einen bestimmten – in aller Regel streitigen – Sachverhalt anzuwenden. Nicht wo eine Norm steht und wie sie *lautet*, sondern was sie allgemein oder in ihrer Anwendung auf den konkreten Fall *bedeutet* – das herauszufinden ist die eigentliche Aufgabe. Und so tritt die Rechtswissenschaft „eigentlich erst auf den Plan, wenn fraglich ist, ob die betreffende ‚Rechtsvorschrift‘ überhaupt gilt, wenn sie einen mehrdeutigen oder unklaren Inhalt

[41] *R. Dreier*, Rechtstheorie (Fn. 17), S. 217; w.N. zur zentralen Bedeutung der Rechtsdogmatik bei *Lepsius*, Relationen (Fn. 5), S. 7 f. mit Fn. 16.

[42] *Jabloner*, Wahrheit (Fn. 9), S. 143. – Dass bereits die bloße Identifizierung der in einem konkreten Fall einschlägigen Rechtsnormen eine sehr aufwendige Arbeit darstellen kann, zeigt eindringlich *F. Reimer*, Juristische Methodenlehre, 2016, Rn. 164 ff.

[43] Eine solche grundlegende verfassungsrechtsdogmatische Leistung stellt etwa dar: *E.-W. Böckenförde*, Demokratie als Verfassungsprinzip, in: J. Isensee/P. Kirchhof (Hrsg.), Handbuch des Staatsrechts der Bundesrepublik Deutschland, Bd. I, 1987, § 22 (insb. Rn. 11 ff.).

hat, wenn mehrere Rechtsvorschriften einander überlagern etc. Dann geht es darum, die Rechtslage mittels ‚Interpretation' zutreffend zu beschreiben."[44]

Die wirklich anspruchsvolle Arbeit besteht somit darin, bei den als einschlägig identifizierten Rechtsnormen Auslegungsarbeit in der Form hermeneutischen Sinnverstehens zu leisten[45] – mit allen darin liegenden Problemen. Es war ja kein Zufall, dass *Hans Georg Gadamer* in seinem großen Werk zur Hermeneutik die Rechtswissenschaft als wichtige und zentrale Referenzwissenschaft betrachtet und ihr geradezu exemplarische Bedeutung für eine universale Hermeneutik zugesprochen hat.[46] Mit diesem Rekurs auf Hermeneutik wird hier nicht, wie vorsichtshalber klargestellt sei, einer Vorstellung Vorschub geleistet, der Interpretationsvorgang fördere einen vorab feststehenden, im Text bereits enthaltenen, eigentlich nur noch zu entbergenden Sinn zutage.[47] Vielmehr ist ganz klar und sei hier ausdrücklich vermerkt, dass Interpretation stets ein schöpferischer Akt der Konkretisierung, nicht ledig-

---

[44] So *Jabloner*, Wahrheit (Fn. 9), S. 143 mit dem zusätzlichen Hinweis, in Deutschland verwende man für diese „geistige Tätigkeit" gern die Bezeichnung „Rechtsgewinnung".

[45] Zur Genese der Hermeneutik im wissenschaftshistorischen Kontext *H. Schnädelbach*, Philosophie in Deutschland 1831–1933, 1983, S. 144 ff., 154 ff. – Zur Rechtswissenschaft als hermeneutischer Disziplin auch knapp *W. Frisch*, Wesenszüge rechtswissenschaftlichen Arbeitens – am Beispiel und aus der Sicht des Strafrechts, in: Engel/Schön, Proprium (Fn. 20), S. 146–184 (157 ff.).

[46] *H. G. Gadamer*, Wahrheit und Methode, 1960, S. 307 ff.; eine hochkomprimierte Problemexposition findet sich bei *dems.*, Art. Hermeneutik, in: J. Ritter (Hrsg.), Historisches Wörterbuch der Philosophie, Bd. 3, 1974, Sp. 1061–1073 (1061 ff.), wo als Hauptformen der Hermeneutik „die juristische Auslegung der Gesetze und die theologische oder philologische Auslegung heiliger oder klassischer Texte" genannt wird (Sp. 1062). Zur exemplarischen Bedeutung auch *J. Esser*, Vorverständnis und Methodenwahl in der Rechtsfindung, 1970, S. 139.

[47] Dass eine solche veraltete Sichtweise in der juristischen Methodenlehre noch verbreitet sei, konstatiert *M. Wrase*, Zwischen Norm und Wirklichkeit. Zur Methode und Dogmatik der Konkretisierung materialer Grundrechtsgehalte, 2016, S. 240 ff.

lich passives Erkennen eines vorgegebenen Sinnes ist. Die Unhintergehbarkeit der Konkretisierungsnotwendigkeit ist ein methodologischer Grundtatbestand.[48] Es stellt ja gerade ein Charakteristikum der philosophischen Hermeneutik dar, „dass es kein Verstehen ohne Anwendung gebe und dass sich das zu Verstehende erst im Prozess der Anwendung verwirkliche und vollende".[49] Zutreffend hat man daher kürzlich noch einmal unterstrichen, dass es bei der hermeneutischen Aufgabe des Sinnverstehens „nicht um das ‚richtige' Verstehen von bereits in der Semantik des Gesetzestextes angelegten Bedeutungen" geht, sondern „um einen praktischen sozialen Vorgang innerhalb der juristischen ‚Sprachgemeinschaft'".[50]

Dieser Vorgang von „Sinnerfassung und Verstehen"[51] der Rechtsnormen ist in seiner Problematik und Eigenart nicht prinzipiell geschieden von der Interpretation anderer Text-

---

[48] Seit jeher war das ein zentraler Punkt in der Reinen Rechtslehre mit ihrer Vorstellung eines Stufenbaus der Rechtsordnung, die Folgen für die Interpretationslehre hat: siehe *H. Dreier*, Rechtslehre (Fn. 3), S. 129 ff., 145 ff. – Ohne diesen konkreten Bezug zusammenfassend *J. Harenburg*, Die Rechtsdogmatik zwischen Wissenschaft und Praxis, 1986, S. 123 ff. (jede Rechtsauslegung ist rechtsschöpferisch und normativ produktiv); *H. Dreier*, Hierarchische Verwaltung im demokratischen Staat, 1991, S. 165 ff. m. w. N.

[49] *M. Jestaedt*, „Öffentliches Recht" als wissenschaftliche Disziplin, in: Engel/Schön, Proprium (Fn. 20), S. 241–281 (255). Im Anschluss heißt es: „Sie zieht daraus den Schluss, dass die Vorstellung einer präexistenten, nur mehr durch Aufdeckung des in sie Hineingelegten zum Sprechen zu bringenden lex ante casum eine erkenntnistheoretische Chimäre sei und dass Interpretation immer schon Konkretisierung bedeute, ja mit ihr in eins falle." Siehe auch *B. Rüthers/C. Fischer/A. Birk*, Rechtstheorie mit Juristischer Methodenlehre, 10. Aufl. 2018, Rn. 158 f.

[50] *Wrase*, Norm (Fn. 47), S. 241. Ebd., S. 241 f.: „Rechtliche Entscheidungen und ihre Begründungen werden nicht dem Gesetzestext ‚entnommen' oder daraus ‚abgeleitet', vielmehr stellt jede Entscheidung eine konkrete Verwendungsweise der in Bezug genommenen Rechtsnormen dar, die – wenn sie Eingang in den juristischen Diskurs als einer bestimmten Sprachpraxis findet – auf deren Bedeutung(en) zurückwirkt."

[51] *K. Engisch*, Einführung in das juristische Denken, 8. Aufl. 1983, S. 71.

gattungen – sagen wir eines Gedichtes. Freilich gibt es bei der Interpretation von Rechtstexten ein besonderes Bedürfnis, vor allzu kreativer, eigenmächtiger oder gar willkürlicher Auslegung geschützt zu sein. Denn während die verunglückte Interpretation eines Gedichtes schlimmstenfalls ein ästhetisches Ärgernis darstellt, kann eine bestimmte Interpretation der Steuergesetze zu hohen Zahlungsverpflichtungen, eine bestimmte Interpretation der Strafgesetze zu empfindlichen Freiheitseinbußen, eine bestimmte Interpretation bauordnungsrechtlicher Vorschriften zum Abriss des lieb gewonnenen Wochenendhauses führen. Die Interpretation von Rechtsnormen durch Behörden und Gerichte hat oft gravierende reale Folgen für das Leben der im Einzelfall betroffenen Personen, weil dem Recht eine Umsetzungs- oder Verwirklichungsperspektive innewohnt,[52] die andere wissenschaftliche Disziplinen nicht kennen.

Als umso gravierender muss dann freilich der Befund gelten, dass beim Auslegen von Rechtstexten – genau so wie bei der Interpretation anderer Sinngebilde – Eindeutigkeit und Einheitlichkeit nicht unterstellt werden können.[53] Schon wegen der Mehrdeutigkeit, Vagheit und Veränderlichkeit der Sprache im allgemeinen, der Existenz wertausfüllungsbedürftiger und unbestimmter Rechtsbegriffe im besonderen lassen sich eindeutige und von allen Interpreten konsentierte Ergebnisse nur selten erzielen, zumal manche Rechtsgebiete nur fragmentarisch geregelt sind oder sich – wie

[52] *C. Möllers*, Die Möglichkeit der Normen, 2015, S. 302 ff. – Siehe auch *Wissenschaftsrat*, Perspektiven (Fn. 5), S. 25: das Recht zeichne sich „durch einen spezifischen Geltungsanspruch aus, der sich in allgemeiner gesellschaftlicher Verbindlichkeit manifestiert und durch hoheitliche Gewalt garantiert und durchgesetzt wird."

[53] Zum folgenden Gesichtspunkt näher *H.-J. Koch*, Einleitung: Über juristisch-dogmatisches Argumentieren im Staatsrecht, in: ders. (Hrsg.), Seminar: Die juristische Methode im Staatsrecht. Über Grenzen von Verfassungs- und Gesetzesbindung, 1977, S. 13–157 (29 ff., 56 ff.). *Rüthers/Fischer/Birk*, Rechtstheorie (Fn. 49), Rn. 164 ff.; *F. Müller/R. Christensen*, Juristische Methodik, Bd. 1, 11. Aufl. 2013, S. 41 ff.; *Reimer*, Methodenlehre (Fn. 42), Rn. 281 ff., 476 ff.

das Verfassungsrecht – regelmäßig auf einem hohen Abstraktionsniveau befinden. Im Instanzenzug gefällte Urteile mit unterschiedlichem Auslegungsergebnis derselben Norm sind für die Unprognostizierbarkeit der Ergebnisse ein sinnfälliges Beispiel, von der Vielfalt wissenschaftlicher Meinungen noch gar nicht zu reden. Zu Recht hat man insofern von der „Streubreite" gerichtlicher Entscheidungen und dem „Gewoge der Meinungen"[54] in der Rechtswissenschaft, ja gar von der „Wildnis der Zweifel und Meinungsverschiedenheiten", in die sich der Jurist versetzt sehe,[55] gesprochen. Juristen akzeptieren in der Regel mehrere vertretbare und zu unterschiedlichen Ergebnissen führende Auslegungen – was Naturwissenschaftlern, wie man bei Beratungen in interdisziplinär besetzten Gremien immer wieder erfahren kann, im Grunde absolut unverständlich und ein Greuel ist.

Gerade weil nun also die hermeneutische Arbeit ausgesprochen kreativ ausfallen kann, stellt es ein unmittelbar einsichtiges und zentrales Ziel dar, bei der Rechtsanwendung nicht allein offene Willkür zu vermeiden, sondern ein möglichst hohes Maß an Rechtssicherheit, also Berechenbarkeit des Rechts und entsprechender Erwartungsstabilisierung bei den Beteiligten zu gewährleisten. Hier kommt nun die juristische Methodenlehre ins Spiel, mit deren Hilfe man sich einer solcherart kunstgerechten, *lege artis* erfolgenden und insofern methodisch untermauerten Rechtsauslegung nähern und zu einer nachvollziehbaren, stabilitätsverbürgenden Interpretation gelangen soll. Ihr wendet sich daher unsere nächste These zu.

Nicht versäumt sei allerdings der Hinweis, dass es in der Rechtspraxis und namentlich in der Rechtsprechung noch weitere Mechanismen gibt, die zur Vereinheitlichung der Judikatur und somit zu Verlässlichkeit und Rechtssicherheit beitragen. Zu nennen sind hier insbesondere die Anschlusszwänge an den ju-

---

[54] Zitate: *Rüthers/Fischer/Birk*, Rechtstheorie (Fn. 49), Rn. 315.

[55] So *K. Engisch*, Wahrheit und Richtigkeit im juristischen Denken (1963), in: ders., Beiträge zur Rechtstheorie, 1984, S. 286–310 (309).

ristischen Fachdiskurs, die Einpassung und Abgleichung mit der vorliegenden Spruchpraxis (insb. der höheren Instanzen), die Arbeit mit sekundären Auslegungstexten wie Präjudizien oder Kommentierungen.[56] Es gibt in der Judikatur, kurz gesagt, neben interpretatorischen auch institutionelle Bindungen.[57] Die gibt es in der Rechtswissenschaft in dieser Form nicht. Hier existieren aber ebenfalls – wenngleich in aller Regel nicht besonders intensive uns schon gar nicht irgendwelchen Berufungs- oder Revisionsprozeduren unterliegende – „disziplinäre Bindungen" im Sinne bestimmter Mindeststandards wissenschaftlichen Arbeitens und Argumentierens. Auch unter dieser Hinsicht rückt nun die juristische Methodenlehre in den Vordergrund.

V.
Die juristische Methodenlehre steht auch im Dienst von Rechtsstaat und Demokratie.

Die juristische Methodenlehre stellt einen, wenn nicht *den* zentralen Versuch dar, Beliebigkeit bei der juristischen Interpretation von Normen zu vermeiden und eine intersubjektiv nachvollziehbare, willkürfreie Auslegung sicherzustellen. Damit entspricht sie ganz grundsätzlich dem Objektivitätsideal jeder Wissenschaft. Heute steht sie darüber hinaus auch „im Dienst von Rechtsstaat

---

[56] Dazu eingehend und materialreich *Wrase*, Norm (Fn. 47), S. 245 ff. – Speziell zum in Deutschland nach wie vor eher ungeklärten Status von Präjudizien *M. Payandeh*, Judikative Rechtserzeugung, 2017, S. 151 ff., 287 ff., 449 ff.

[57] Bei *Wrase*, Norm (Fn. 47), S. 253 f. ist die Rede von „‚disziplinierenden' institutionellen Bindungen, die den Prozess der Normkonkretisierung anleiten und begrenzen", die dann aufgezählt werden: „die juristische Fachsprache, der übliche oder anerkannte Verwendungskontext und der juristische Diskurs, das heißt vor allem juristische Sekundärtexte wie Kommentierungen und andere rechtswissenschaftliche Quellen sowie die (selbstreferentielle) Bezugnahme auf die Rechtsprechung" (S. 254). Knapp dazu *H.-J. Koch/H. Rüßmann*, Juristische Begründungslehre, 1982, S. 185.

und Demokratie".[58] Denn die möglichst exakte und verlässliche Anwendung des Rechts zählt zu den unverzichtbaren Forderungen einer demokratisch legitimierten und rechtsstaatlich organisierten politischen Ordnung. Die Funktion des demokratischen Gesetzes als Medium sozialer Gestaltung kann nur dann in kontrollierter Weise die Grundlage für die beiden anderen Staatsgewalten und die Begrenzung ihres Aktionsradius' bilden, wenn die Umsetzung des legislativen Willens durch Exekutive und Judikative auf einer konzisen, transparenten Methode beruht.[59] Nur bei Beachtung der Regeln juristischer Methodik können der Vorrang des Gesetzes gewahrt und eine undemokratische Verselbständigung von Justiz und Verwaltung verhindert[60] und zugleich Rechtssicherheit gewährleistet werden.

Dass die Sicherstellung der Bindung an das Gesetz nicht nur eine Frage des Rechtsstaates, sondern vor allem auch der Demokratie ist, betont nicht nur *Friedrich Müller* seit jeher mit vollem Recht. Dieser Gesichtspunkt ist auch in der Rechtsprechung des Bundesverfassungsgerichts in den letzten Jahren deutlicher hervorgetreten, während zuvor die richterliche Rechtsbindung in erster Linie, wenn nicht ausschließlich als Aspekt der Rechtsstaatlichkeit thematisiert worden war. So heißt es in einem Urteil aus dem Jahre 2009:

„Nach Art. 20 Abs. 3 GG ist die Rechtsprechung an ‚Gesetz und Recht' gebunden. Die durch Art. 97 Abs. 1 GG gewährleistete Unabhängigkeit der Richter dient der unparteiischen Gewährleistung der Gesetzesbindung

---

[58] *F. Müller*, Juristische Methodik, 3. Aufl. 1989, S. 234 (ähnlich bereits in der 1. Aufl. von 1971, S. 123); *Müller/Christensen*, Juristische Methodik (Fn. 53), S. 565 ff. Gleichsinnig *Rüthers/Fischer/Birk*, Rechtstheorie (Fn. 49), Rn. 708 f., 710 ff., insb. Rn. 709: „Jede Lockerung der Gesetzesbindung der Gerichte bedeutet einen Abbau des Demokratieprinzips."

[59] *Waldhoff*, Kritik (Fn. 14), S. 20, beklagt zu Recht, dass dieser Punkt üblicherweise bei Methodenfragen vernachlässigt wird.

[60] Um die bildhafte Wendung von *T. Lobinger*, Perspektiven der Privatrechtsdogmatik am Beispiel des allgemeinen Gleichbehandlungsrechts, in: AcP 216 (2016), S. 28–106 (51) zu übernehmen: es geht darum, ein „kadijustizartiges Richterkönigtum" zu verhindern.

in Streitfällen, gebunden an das Gesetz ist aber auch der Richter selbst. Beide Regelungen konkretisieren zum einen den Gewaltenteilungsgrundsatz und zum anderen das Demokratieprinzip. Mit diesen Vorgaben wäre es unvereinbar, wenn sich die Gerichte aus der Rolle des Normanwenders in die einer normsetzenden Instanz begeben, also objektiv betrachtet sich der Bindung an Gesetz und Recht entziehen würden [...]. Im Zusammenwirken zwischen Legislative und Judikative gebührt dem demokratischen, unmittelbar legitimierten Gesetzgeber vielmehr der Vorrang. [...] Hat der Gesetzgeber eine eindeutige Entscheidung getroffen, so darf der Richter diese nicht aufgrund eigener rechtspolitischer Vorstellungen verändern und durch eine judikative Lösung ersetzen, die so im Parlament nicht erreichbar gewesen wäre [...]."[61]

Was hier noch in Gestalt eines Sondervotums von drei Richtern des Zweiten Senats (übrigens sämtlich Staatsrechtslehrer) dargelegt wird, begegnet zwei Jahre später der Sache nach, in lediglich leicht veränderter Formulierung, als Mehrheitsmeinung in einem Beschluss des Ersten Senats:

„Art. 20 Abs. 2 GG [...] schließt [...] aus, dass die Gerichte Befugnisse beanspruchen, die von der Verfassung dem Gesetzgeber übertragen worden sind, indem sie sich aus der Rolle des Normanwenders in die einer normsetzenden Instanz begeben und damit der Bindung an Recht und Gesetz entziehen [...]. Richterliche Rechtsfortbildung darf nicht dazu führen, dass der Richter seine eigene materielle Gerechtigkeitsvorstellung an die Stelle derjenigen des Gesetzgebers setzt [...]. Der Richter darf sich nicht dem vom Gesetzgeber festgelegten Sinn und Zweck des Gesetzes entziehen. [...] Eine Interpretation, die als richterliche Rechtsfortbildung den klaren Wortlaut des Gesetzes hintanstellt, keinen Widerhall im Gesetz findet und vom Gesetzgeber nicht ausdrücklich oder – bei Vorliegen einer erkennbar planwidrigen Gesetzeslücke – stillschweigend gebilligt wird,

[61] BVerfGE 122, 248 (282f., Rn. 95ff.) – Abweichende Meinung des Richters *Voßkuhle*, der Richterin *Osterloh* und des Richters *Di Fabio*; ebd., S. 285 (Rn. 103) heißt es dann nochmals deutlich: „Das Demokratieprinzip und das Funktionsgefüge des Grundgesetzes nähmen nachhaltig Schaden, könnte sich die Rechtsprechung immer dann über die eindeutige gesetzgeberische Entscheidung hinwegsetzen, wenn sie die Konsequenzen einer solchen Entscheidung als ‚unzweckmäßig' ansieht und der Gesetzgeber nach entsprechender richterlicher Abmahnung nicht wie gewünscht handelt."

greift unzulässig in die Kompetenzen des demokratisch legitimierten Gesetzgebers ein […].“[62]

Und worin erblickt das Gericht nun die Möglichkeit, diese Grenze vertretbarer Auslegung und Rechtsfortbildung zu bestimmen und den Richter bei der Rechtsanwendung entsprechend zu binden? Antwort: im Rekurs auf die „Auslegung nach den anerkannten Methoden“[63] – der Richter habe „den anerkannten Methoden der Gesetzesauslegung zu folgen“.[64]

Damit ist natürlich nicht der Anspruch verknüpft, diese Grenze mit letzter Sicherheit und mathematischer Exaktheit ziehen zu können. Doch rekurriert das Gericht eindeutig und unverkennbar auf die Standards der juristischen Methodenlehre, deren Vermittlung zu den wichtigsten Ausbildungsaufgaben an den rechtswissenschaftlichen Fakultäten zählt – und dort durchaus noch etwas intensiver gepflegt werden könnte.[65] Wie die einschlägigen, mittlerweile recht zahlreichen und durchweg niveauvollen Lehrbücher zeigen, spielen die sog. klassischen *canones* der Auslegung,

---

[62] BVerfGE 128, 193 (209 f., Rn. 52 f.). Fortgeführt in BVerfGE 132, 99 (127 f., Rn. 73 ff.). In BVerfG, Beschl. v. 6. Juni 2018, 1 BvL 7/14, 1 BvR 1375/14 ist der Punkt in den Rang eines Leitsatzes aufgestiegen. Ls. 3 lautet: „Richterliche Rechtsfortbildung darf den klar erkennbaren Willen des Gesetzgebers nicht übergehen und durch ein eigenes Regelungsmodell ersetzen.“

[63] BVerfGE 122, 248 (283, Rn. 97). Dann entfalten die drei *dissenters* in Kürze das geläufige methodologische Programm: Wortlaut, Sinn und Zweck des Gesetzes, Systematik und Gesetzesmaterialien. – In BVerfG, Beschl. v. 6. Juni 2018, 1 BvL 7/14, 1 BvR 1375/14, Rn. 76 ff. legt das Gericht die konstatierte Überschreitung des gesetzgeberischen Regelungsmodells durch das Bundesarbeitsgericht unter Rückgriff auf Wortlaut, Systematik und Entstehungsgeschichte (insb. unter Rückgriff auf die Gesetzesmaterialien) dar. – Gesetzesmaterialien erleben derzeit eine Renaissance in der wissenschaftlichen Aufmerksamkeit; siehe nur *T. Frieling*, Gesetzesmaterialien und Wille des Gesetzgebers, 2017 m. w. N.

[64] So BVerfGE 128, 193 (210, Rn. 53); das Gericht verweist hier auf ältere Judikatur wie BVerfGE 84, 212 (226); 96, 375 (395, Rn. 55).

[65] Entsprechende Forderung: *Wissenschaftsrat*, Perspektiven (Fn. 5), S. 56 f.

d. h. die grammatikalische, die systematische, die historische und die teleologische Auslegung, hierbei eine zentrale Rolle.[66] Diese stehen nicht in einer festen Rangfolge oder hierarchischen Reihung, sondern in einem eher beweglichen Verhältnis zueinander. In einigen Rechtsordnungen finden sich Methodenregeln gesetzlich verankert.[67] Das berühmteste Beispiel bildet neben Art. 6, 7 ABGB der Art. 1 des Schweizerischen Zivilgesetzbuches aus dem Jahre 1907.[68] Des weiteren gehören Kollisionsregeln (*lex specialis derogat legi generali*; *lex posterior derogat legi priori*; *lex superior derogat legi inferiori*) und andere Argumentationsfiguren wie Analogie- und Umkehrschluss, teleologische Reduktion oder Schlüsse *a fortiori* zu den zentralen Bestandteilen einer jeden juristischen

---

[66] *K. Larenz/C.-W. Canaris*, Methodenlehre der Rechtwissenschaft, 3. Aufl. 1995, S. 141 ff.; besonders ausführlich *T. M. J. Möllers*, Juristische Methodenlehre, 2017, § 4: Wortlaut, Systematik und Geschichte als klassische Auslegungsmethoden (S. 101–149), § 5: Telos, Logik und folgenorientierte Auslegung (S. 151–192); knapper *Rüthers/Fischer*/Birk, Rechtstheorie (Fn. 49), Rn. 696 ff. – Bei der historischen Auslegung ist noch einmal zwischen der *Genese* im engeren prozeduralen Sinne (konkreter Entstehungsprozess der Norm, etwa ablesbar an Gesetzesmaterialien) und der im weiteren Sinne verfassungs- und geistesgeschichtlichen *Herkunft* (Verfassungstraditionen, ideelle Vorläufer) zu unterscheiden. Diese Differenzierung begegnet auch in der Judikatur: siehe etwa BVerfGE 12, 205 (230 ff., 236 f.); 70, 35 (56 ff.).

[67] Hier kann man also sagen (*Jabloner*, Wahrheit [Fn. 9], S. 147): „Das Recht regelt seine Auslegung."

[68] Art. 1 SchwZGB lautet: „(1) Das Gesetz findet auf alle Rechtsfragen Anwendung, für die es nach Wortlaut oder Auslegung eine Bestimmung enthält. (2) Kann dem Gesetz eine Vorschrift nicht entnommen werden, so soll das Gericht nach Gewohnheitsrecht und, wo auch ein solches fehlt, nach der Regel entscheiden, die es als Gesetzgeber aufstellen würde. (3) Es folgt dabei bewährter Lehre und Überlieferung." Eine außerordentlich gründliche, nicht weniger als 330 Seiten umfassende Kommentierung dieser Norm zeigt, dass sie praktisch alle Auslegungs- und Interpretationsfragen aufwirft, die der juristischen Methodenlehre geläufig sind: vgl. *S. Emmenegger/A. Tschentscher*, Art. 1 ZGB, in: H. Hausheer/H. P. Walter (Hrsg.), Berner Kommentar. Kommentar zum schweizerischen Privatrecht, Bd. I: Einleitung und Personenrecht, 1. Abteilung: Einleitung, Artikel 1–9 ZGB, Bern 2012, S. 131–431.

Methodenlehre.[69] In den einschlägigen Lehrwerken nehmen diese Aspekte der Auslegung und Interpretation, der Schlussformen und Vermutungsregeln einen zentralen Platz ein, weswegen sie hier nicht im Detail traktiert werden müssen. Vielmehr drängt sich eine ganz andere Frage auf: Wenn das Arsenal der juristischen Methodenlehre das zentrale Rüstzeug für die methodologische Disziplinierung der Rechtsanwendung im Sinne rationaler und nachvollziehbarer Argumentation sein bzw. liefern soll – welcher Stellenwert ist dann eigentlich der Rechtsdogmatik zuzuweisen, die nach Einschätzung zahlreicher Beobachter das wirkliche Zentrum der rechtswissenschaftlichen Tätigkeit ausmacht?

VI.
Rechtsdogmatik bildet den eigentlichen Schwerpunkt rechtswissenschaftlicher Arbeit am positiven Recht. Sie erfüllt Systematisierungs-, Entlastungs-, Speicher- und Rationalisierungsfunktionen.

Rechtswissenschaftliche Tätigkeit erschöpft sich bei weitem nicht in der Identifikation falleinschlägiger Normen und deren Interpretation gemäß den Regeln der juristischen Methodenlehre. Im Grunde macht diese einzelfallbezogene Anwendung nicht einmal das Gros der Arbeit am positiven Recht aus (worum es hier allein gehen soll). Vielmehr sind es unzweifelhaft Sätze der Rechtsdogmatik, die die tägliche Rechtsanwendung in sehr viel stärkerem Maße bestimmen und prägen als die in jedem neuen Rechtsfall gewissermaßen *ab ovo* beginnende, kunstgerechte Interpretation

[69] *T. M. J. Möllers*, Methodenlehre (Fn. 66), § 4 Rn. 130 ff. (Kollisionsregeln), § 6 Rn. 112 ff. (Umkehrschluss), § 6 Rn. 115 ff. (teleologische Reduktion), § 6 Rn. 130 ff., 156 ff. (Analogie); *Rüthers/Fischer/Birk*, Rechtstheorie (Fn. 49), Rn. 898 ff.; *F. E. Schnapp*, Logik für Juristen, 7. Aufl. 2016, S. 149 ff., 154 ff. (Analogie- und Umkehrschluss); *Reimer*, Methodenlehre (Fn. 42), Rn. 318 ff., 555 ff.

einer einzelnen Norm.[70] Pointiert gesagt: Wer anhand des Gesetzesrechts konkrete Rechtsfragen beantwortet, arbeitet hierbei „nicht primär legalistisch, sondern primär dogmatisch".[71] Rechtsdogmatik gilt als „Chiffre für einen professionellen Umgang" mit dem Recht.[72]

Zwei Fragen stellen sich: Was ist Rechtsdogmatik, was meint man damit genau? Und: Welche Funktionen erfüllt Rechtsdogmatik eigentlich?

Die Fülle der verschiedenen Definitionsversuche und Umschreibungen von Rechtsdogmatik ist mittlerweile Legion. Oft zitiert wird etwa *Winfried Brohm*, der unter Rechtsdogmatik „sowohl das Erarbeiten allgemeiner Rechtsbegriffe, allgemeiner Rechtsgrundsätze und einzelner Rechtsregeln […] wie auch das Ergebnis dieser Arbeit, nämlich diese Begriffe und Prinzipien

---

[70] Freilich dankt diese Form kontrollierter und *lege artis* vorgehender Auslegungsarbeit keineswegs vollständig ab. Vielmehr fällt auf, dass Judikatur wie Literatur insbesondere dann ganz schulmäßig nach den Auslegungsmethoden vorgehen, wenn das Verständnis einer Norm besonders umstritten, noch völlig ungeklärt oder aus anderen Gründen unsicher ist, die stabilisierenden Dogmatikelemente also nicht, noch nicht oder nicht mehr zur Verfügung stehen (so auch *P. Raisch*, Juristische Methoden. Vom antiken Rom bis zur Gegenwart, 1995, S. 1). Aus der Judikatur des Bundesverfassungsgerichts seien exemplarisch genannt: BVerfGE 74, 51 (57 ff.); 75, 40 (56 ff., 62 ff.); 79, 127 (143 ff.); 98, 265 (331, 338 ff.) – Sondervotum; 132, 1 (10 ff., Rn. 27 ff.) – Plenarbeschluss; 138, 261 (275 ff., Rn. 32 ff.); 145, 171 (230 ff., Rn. 1 ff.) – Sondervotum. – Aus der Literatur kann auf die extrem streitige Auslegung des Art. 146 GG verwiesen werden: *P. Unruh*, in: H. v. Mangoldt/F. Klein/C. Starck, Grundgesetz-Kommentar, hrsgg. v. P.M. Huber u. A. Voßkuhle, 7. Aufl. 2018, Bd. III, Art. 146 Rn. 6 ff. (insb. 11 ff., 15); *H. Dreier*, in: ders. (Hrsg.), Grundgesetz-Kommentar, Bd. III, 3. Aufl. 2018, Art. 146 Rn. 39 ff.

[71] So *O. Behrends*, Einführungsreferat: Das Bündnis zwischen Gesetz und Dogmatik und die Frage der dogmatischen Rangstufen, in: O. Behrends/W. Henckel (Hrsg.), Gesetzgebung und Dogmatik, 1989, S. 9–36 (13). Ähnlich *Harenburg*, Rechtsdogmatik (Fn. 48), S. 8: Dogmatik als „Methodenersatz".

[72] *Lepsius*, Themen (Fn. 20), S. 18.

selbst“[73] versteht. Ähnlich klang es bereits zuvor bei *Franz Wieacker*, der Dogmatiken umschrieb als „ein kontingentes Gefüge (ein ‚Lehrgebäude‘) von juristischen Sätzen und Regeln, die unabhängig vom Gesetz allgemeine Anerkennung und Befolgung beanspruchen“.[74] *Ralf Dreier* erblickte die „primäre Aufgabe“ der Rechtsdogmatik „darin, vorgegebene Fremdwertungen, und zwar legislative wie präjudizielle, in konsistente Begriffs- und Aussagensysteme zu transformieren.“[75] Und eine jüngst erschienene einschlägige Monographie beginnt mit folgender umfänglicher Umschreibung:

„Die Rechtsdogmatik lässt sich als eine Disziplin beschreiben, die das positive Recht durchdringen und ordnen will, um die rechtliche Arbeit anzuleiten, und jene Fragen zu beantworten sucht, die die Rechtspraxis aufwirft. Sie bemüht sich darum, die Vorstellungen und Einsichten über das Recht zu sichten und zu sichern, indem sie Begriffe formt, Unterscheidungen einführt, Figuren oder Prinzipien erarbeitet und den Stoff ordnet. Sie hinterfragt die bestehenden Vorstellungen oder Entscheidungen der Praxis, greift Neuerungen auf und prüft den daraus resultierenden Veränderungsbedarf, zeichnet nach und vor. Auf diese Weise hält sie ein Wissensreservoir für die Praxis vor, trägt zur Erlernbarkeit der praktischen Rechtsarbeit bei und leistet einen Beitrag zur Rationalisierung und damit auch zur Legitimierung des Rechts.“[76]

Einer deutlich kürzeren Definition zufolge handelt es sich bei der Rechtsdogmatik um ein „Arsenal von Begriffen, Institutionen, Grundsätzen und Regeln, das zur Systematisierung der Rechtsordnung genutzt wird und das anerkannte Argumentationsfiguren bereithält, die als Bestandteil der positiven Rechtsordnung gelten und die zur Rechtfertigung der Rechtsinterpretation und -an-

---

[73] *Brohm*, Dogmatik (Fn. 5), S. 247 Fn. 3. Siehe auch *R. Alexy*, Theorie der juristischen Argumentation, 1978, S. 307 ff.

[74] *F. Wieacker*, Zur praktischen Leistung der Rechtsdogmatik, in: R. Bubner u. a. (Hrsg.), Hermeneutik und Dialektik. Festschrift für Hans-Georg Gadamer zum 70. Geburtstag, 1970, S. 311–336 (319).

[75] *R. Dreier*, Zur Problematik und Situation der Verfassungsinterpretation (1976), in: ders., Recht (Fn. 15), S. 106–145 (112); weitere Beispiele bei *Jestaedt*, Wissenschaft (Fn. 16), S. 4 f.

[76] *Bumke*, Rechtsdogmatik (Fn. 13), S. 1 f.

wendung einsetzbar sind, ohne jeweils neu gerechtfertigt werden zu müssen."[77]

Ungeachtet der Stimmenvielfalt und der erkennbaren Variationsbreite bei der Begriffsbestimmung von Dogmatik herrscht in wesentlichen Punkten weitgehende Übereinstimmung. Durchgängig wird der Systemcharakter und damit das Moment der Ordnungs- und Systembildung hervorgehoben: „Mit nichts wird Dogmatik so sehr verbunden wie mit Systembildung und Systemerhaltung, Systemrationalität und Systemproduktivität."[78] Das bestätigt die berühmten Worte, die der Münsteraner Rechtslehrer *Hans Julius Wolff* 1952 sprach und die seitdem immer wieder zustimmend zitiert werden: „Rechtswissenschaft [...] ist systematisch oder sie ist nicht!"[79]

Damit ist zugleich die erste und wichtigste Funktion[80] der Rechtsdogmatik benannt: das Dickicht der unzähligen Normen zu

---

[77] *W. Hoffmann-Riem*, Methoden einer anwendungsorientierten Verwaltungsrechtswissenschaft, in: E. Schmidt-Aßmann/W. Hoffmann-Riem (Hrsg.), Methoden der Verwaltungsrechtswissenschaft, 2004, S. 9–72 (18).

[78] *Jestaedt*, Wissenschaft (Fn. 16), S. 7. – Grundsätzlich zum Systemgedanken in der Rechtswissenschaft *C.-W. Canaris*, Systemdenken und Systembegriff in der Jurisprudenz, entwickelt am Beispiel des deutschen Privatrechts (1969), 2. Aufl. 1983; System und Systembildung steht auch im Zentrum bei *E. Schmidt-Aßmann*, Das allgemeine Verwaltungsrecht als Ordnungsidee. Grundlagen und Aufgaben der verwaltungsrechtlichen Systembildung (1998), 2. Aufl. 2006, S. 3 ff. – Monographisch *Hilbert*, Systemdenken (Fn. 13), insb. S. 179 ff. („materiale wissenschaftliche Systeme").

[79] *H. J. Wolff*, Typen im Recht und in der Rechtswissenschaft, in: Studium Generale 5 (1952), S. 195–205 (205).

[80] Auch bei der Benennung der verschiedenen Funktionen der Rechtsdogmatik herrscht ungeachtet einer gewissen Variationsbreite weithin Übereinstimmung. Vgl. *H. Dreier*, Merkls Verwaltungsrechtslehre und die heutige deutsche Dogmatik des Verwaltungsrechts, in: R. Walter (Hrsg.), Adolf J. Merkl. Werk und Wirksamkeit, 1990, S. 55–88 (56 ff.) mit Nachweisen der älteren Literatur. Jüngeren Datums: *Lepsius*, Themen (Fn. 20), S. 17 (Stabilisierungs-, Rationalisierungs- und Entlastungsfunktion); *Wrase*, Norm (Fn. 47), S. 259 ff., der jenen drei Funktionen noch Systematisierungs-, Wertungs- und Steuerungs-, Kritik- und Fortbildungsfunktionen hinzufügt; siehe auch *Bumke*, Rechtsdogmatik (Fn. 13), S. 53.

durchdringen und sie kraft strukturierter Erfassung, systematischer Ordnung und klarer Begrifflichkeit zu sortieren und für die Anwendung aufzubereiten.[81] Nicht von ungefähr ist diese Funktion ganz in den Vordergrund gerückt in der Analyse von *Helmuth Schulze-Fielitz*, der anspruchsvolle rechtsdogmatische Arbeit wie folgt umschreibt:

„Hier geht es […] um die Rechtswissenschaft als systematische Disziplin, die die Vielfalt des positiven Rechts auf gemeinsame Grundstrukturen und dogmatische Figuren zurückführt und in eine in sich konsistente Systematik einzuordnen sucht. Es geht um gesetzesübergreifende Interpretationslinien als Maßstäbe für die Rechtsanwendung, Rechtsfortbildung und auch Rechtsetzung. Die Wissenschaft des Öffentlichen Rechts arbeitet an der *Rechtsdogmatik des Öffentlichen Rechts* als eines in sich konsistenten theoretischen Systems aus Strukturen und Prozessen. Ihre Theorien zielen auf einer abstrakten Ebene auf die systematische Einordnung nach Kritierien der Ordnung und Einheit, auf die widerspruchsfreie Herstellung von Begründungszusammenhängen, auf die Analyse von Zusammenhängen ‚hinter' einzelnen dogmatischen Argumenten oder Figuren. Juristische Theorie sucht jene Abstraktionsstufe der dogmatischen Begriffe und Systematik im Blick auf eine Lösung bestimmter Probleme normativ begründbarer Entscheidungsvorschläge für Gruppen von Problemkonstellationen zu erarbeiten, sowie auch rechtsgebietsübergreifende Maßstäbe und dogmatische Kategorien zu ordnen, zu systematisieren und zu hierarchisieren."[82]

Aus dieser Systematisierungsfunktion[83] ergibt sich sogleich eine weitere Funktion: die Entlastungsfunktion.[84] Denn wenn sich

---

[81] *Luhmann*, Rechtssystem und Rechtsdogmatik, 1974, S. 18 nennt das „begrifflich-klassifikatorische Durcharbeitung"; ähnlich *R. Dreier*, Rechtstheorie (Fn. 17), S. 217: „begrifflich-systematische Durchdringung".

[82] *Schulze-Fielitz*, Staatsrechtslehre (Fn. 24), S. 405 f. (Fußnoten weggelassen, Hervorhebung i.O.).

[83] Siehe aus der Fülle möglicher Belege noch *Wrase*, Norm (Fn. 47), S. 261; *Bumke*, Rechtsdogmatik (Fn. 13), S. 45 ff., der von „Ordnungsbildung" spricht.

[84] *Alexy*, Theorie (Fn. 73), S. 329 f. So schon *Brohm*, Dogmatik (Fn. 5), S. 247, zugleich mit der berechtigten Warnung verknüpft, sie dürfe nicht als „Reflexionsverbot" aufgefasst werden. Ähnliche Warnung bei *D. Simon*, Jurisprudenz und Wissenschaft, in: Rechtshistorisches Journal 7 (1988),

eine bestimmte dogmatische Figur als Ergebnis bestimmter Auslegungsanstrengungen erst einmal fest etabliert hat, muss bei weiteren Fällen, in denen sie Relevanz entfaltet, die Mühe ihrer Erarbeitung nicht erneut geleistet und kann insofern „Begründungsverzicht“[85] geübt werden. Der Rechtsanwender kann nun direkt auf diese (zuweilen recht komplexe) dogmatische Figur, in der die Ergebnisse der getätigten Auslegungsanstrengungen gewissermaßen gespeichert sind, zurückgreifen und sie für die Falllösung verwenden. Diese Speicherfunktion[86] hat wiederum einen stabilisierenden Effekt, weil eine – häufig in Gestalt der „herrschenden Meinung“[87] auftretende – Vermutung dafür spricht, dass sich eine einmal etablierte Figur als akzeptabel für die meisten Rechtsanwender erweisen wird.[88] Das schließt Abweichungen, Neuanfänge und insbesondere Rechtsprechungsänderungen natürlich nicht aus, macht sie aber im Sinne einer „Argumentationslastverteilung“[89] begründungsbedürftig. Jedenfalls in der Rechtspraxis – die Wissenschaft ist hier naturgemäß freier – gilt „die Vermutung der Richtigkeit beziehungsweise Angemessenheit der etablierten Dogmatik“.[90] Die argumentative Verkürzung entlastet den Rechts-

---

S. 141–156 (152). – In der Tat soll juristische Dogmatik die jeweilige Rechtspraxis nicht nur widerspiegeln, sondern auch kritisch durchmustern, ggf. Alternativen entwickeln und so Innovationschancen bewahren. Die völlige Auslieferung der Dogmatik an höchstrichterliche Judikatur führt zur kasuistischen Verkümmerung.

[85] *Koch/Rüßmann*, Begründungslehre (Fn. 57), S. 186; *Esser*, Vorverständnis (Fn. 46), S. 91: „Vermeidung von ständiger Neuargumentation“.

[86] Statt vieler *Bumke*, Rechtsdogmatik (Fn. 13), S. 53. Von „Begriffsspeicherungen“ sprach bereits *Esser*, Vorverständnis (Fn. 46), S. 95.

[87] Dazu *R. Zimmermann*, Die Relevanz einer herrschenden Meinung für Anwendung, Fortbildung und wissenschaftliche Erforschung des Rechts, 1983; *M. Drosdeck*, Die herrschende Meinung, 1989.

[88] *Alexy*, Theorie (Fn. 73), S. 326 ff: „stabilisierende Funktion“.

[89] *Koch/Rüßmann*, Begründungslehre (Fn. 57), S. 185; siehe auch *Alexy*, Theorie (Fn. 73), S. 327. Plastisch *Rüthers/Fischer/Birk*, Rechtstheorie (Fn. 49), Rn. 324: „Wer anders entscheiden will, muß bessere Argumente haben.“

[90] *Wrase*, Norm (Fn. 47), S. 260.

anwender und sichert zugleich die Gleichmäßigkeit staatlicher Entscheidungen, garantiert insofern Rechtsanwendungsgleichheit und schafft so Rechtssicherheit.[91] Von daher weist man der Rechtsdogmatik üblicherweise auch noch eine Rationalitätsfunktion zu.[92] Sie gilt geradezu als „Rationalitätsgarant der Rechtsanwendung".[93] Nicht zuletzt kommt die dogmatische Durchdringung der Lehrbarkeit und – zentrales Ziel der juristischen Ausbildung – Lernbarkeit des Rechtsstoffes zugute.[94]

VII.
Rechtsdogmatik geht weit über die bloße Interpretation einzelner Normen hinaus. Sie kann sich als Verdichtung von Interpretationsvorgängen ebenso präsentieren wie als Kategorienbildung oder Prüfprogramm.

Den in These VI rekapitulierten Definitionen und Funktionsbestimmungen der Rechtsdogmatik wohnt unausweichlich ein hoher Abstraktionsgrad und damit eine gewisse Unanschaulichkeit inne. Deshalb seien die zentralen Punkte an einigen Beispielen näher verdeutlicht. Die im folgenden getroffene – sehr grobe, gewiss nicht völlig überschneidungsfreie und keinesfalls als abschließend konzipierte – Unterscheidung von drei unterschiedlichen Dogmatik-Typen zeigt auch, dass die dogmatische Arbeit am und mit dem positiven Recht auf unterschiedlichen

---

[91] Von daher heißt es bei *Koch/Rüßmann*, Begründungslehre (Fn. 57), S. 186: „Wer den Rechtsstaat will, muß auch die Existenz einer rechtswissenschaftlichen Dogmatik wollen."

[92] *Wieacker*, Leistung (Fn. 74), S. 316, 326; *Waldhoff*, Kritik (Fn. 14), S. 27; *Wrase*, Norm (Fn. 47), S. 259 f. Eher skeptisch *Bumke*, Rechtsdogmatik (Fn. 13), S. 227.

[93] *J. Krüper*, Kollektive Wohnformen in der Bauplanungsrechtsdogmatik, in: DÖV 2016, S. 793–801 (797).

[94] Dazu *Ernst*, Gelehrtes Recht (Fn. 20), S. 4 ff.; *Bumke*, Rechtsdogmatik (Fn. 13), S. 52 ff.

Ebenen angesiedelt sein und verschiedenen Zwecken dienen kann. Durchgängig erweist sich, dass eine solche Arbeit am Recht den Vorwurf fehlender Wissenschaftlichkeit nicht fürchten muss.

Verdichtung und Bündelung von Auslegungsvorgängen

Eine *erste* und vielleicht die wichtigste Leistung und Funktionsweise juristischer Dogmatik besteht demnach in der Verdichtung und Bündelung kunstgerechter, methodisch kontrollierter Norminterpretation zu standardisierten Normsatzblöcken. Die „Sinnablagerungen", von denen Luhmann diesbezüglich spricht,[95] sind überwiegend Sedimente der Anwendungskunst juristischer Methodenlehre, gleichsam petrifizierte Artefakte. Rechtsdogmatik steht insofern als Kürzel für die Ergebnisse methodologisch korrekter – wenngleich nicht selten mit kräftigen Wertungen versehener – Auslegungsarbeit, deren Einzelschritte nicht jedesmal aufs neue nachvollzogen werden müssen. Rechtsdogmatik erscheint als der „Niederschlag der rechtswissenschaftlichen Bearbeitung des Rechtsstoffes", insofern diese „auf die Bewältigung der praktischen juristischen Tätigkeit" zielt.[96] Gewisse Rechtsfiguren und Argumentationsschritte stehen gleichsam auf Abruf bereit. Darin liegt eine Rechtsfindungserleichterung, weil man direkt auf das bereitstehende dogmatische Normaggregat zugreifen kann und die „grundsätzlichen Sach- und Wertungsfragen nicht bei jeder Rechtskonkretisierung erneut aufgeworfen und diskutiert werden müssen".[97] Zugleich bewirkt die Beachtung der

---

[95] *Luhmann*, Rechtsdogmatik (Fn. 81), S. 80 Fn. 29.

[96] *M. Morlok*, Was heißt und zu welchem Ende studiert man Verfassungstheorie?, 1988, S. 40; siehe auch *Krüper*, Wohnformen (Fn. 93), S. 797. – Dieser Aspekt bleibt sträflich vernachlässigt bei *J. Lennartz*, Dogmatik als Methode, 2017.

[97] *Brohm*, Dogmatik (Fn. 5), S. 247. Ähnlich *Lepsius*, Themen (Fn. 20), S. 17: es geht um die (zumeist aus Fällen gewonnene) Fixierung bestimmter Regeln, Institute und Begriffe, „die bei ihrer Wiederverwendung in anderen Kontexten so wenig wie möglich problematisiert werden müssen".

gewachsenen Dogmatik eine gewisse „Konsistenzkontrolle“[98] und trägt damit zur Sicherung der Rechtsanwendungsgleichheit bei. Fest etablierte begriffliche Konstrukte, Konzeptionen und Figuren wie das Recht am eingerichteten und ausgeübten Gewerbebetrieb oder die Drittschadensliquidation im Zivilrecht, die *actio libera in causa* oder der *agent provocateur* im Strafrecht, die Zweistufentheorie im Leistungsverwaltungs- oder der Zweckveranlasser im Polizeirecht ließen sich hier anführen.

An der Rechtsfigur des „enteignungsgleichen Eingriffs“ sei das beispielhaft etwas näher demonstriert.[99] Dem positiven Recht ist der Terminus fremd. Das Grundgesetz kennt (wie vor ihm schon die Reichsverfassung) lediglich die Enteignung nebst zwingender Entschädigung (Art. 14 Abs. 3 GG) einerseits, die Bestimmung von Inhalt und Schranken des Eigentums durch den Gesetzgeber andererseits (Art. 14 Abs. 1 Satz 2 GG). Doch schon das Reichsgericht und ihm folgend der Bundesgerichtshof etablierten den enteignungsgleichen Eingriff als Entschädigungsgrundlage für einen rechtswidrigen (anfangs lediglich schuldlosen, später dann auch schuldhaften) staatlichen Eingriff in Rechtsgüter des Bürgers als festen Bestandteil im System staatlicher Ersatzleistungen.[100] Tragend dafür war eine Mischung aus teleologischen Überlegungen und einem robusten „erst-recht“-Schluss (*argumentum a fortiori*).[101] Während das Reichsgericht noch davon sprach, es führe zu einem widersinnigen (also Sinn und Zweck der Entschädigungsnorm zuwiderlaufenden) Ergebnis, dem Geschädigten zwar bei rechtmäßigem Entzug Entschädigung zu gewähren,

---

[98] *Alexy*, Theorie (Fn. 73), S. 323; *N. Luhmann*, Kontingenz und Recht, 2013, S. 255.

[99] Kompakter Überblick zur Entwicklung bis zum Naßauskiesungsbeschluß des Bundesverfassungsgerichts bei *H. Maurer/C. Waldhoff*, Allgemeines Verwaltungsrecht, 19. Aufl. 2017, § 27 Rn. 3 ff., 12 ff.; ausführlich *F. Ossenbühl/M. Cornils*, Staatshaftungsrecht, 6. Aufl. 2013, S. 258 ff.

[100] RGZ 140, 276; BGHZ 6, 270 – Großer Senat; BGHZ 7, 296; 13, 88.

[101] Zu dieser Figur *Schnapp*, Logik (Fn. 69), S. 160 f.; *Reimer*, Methodenlehre (Fn. 42), Rn. 323 ff.

bei rechtswidrigen Entzug aber zu versagen,[102] reklamierte der Bundesgerichtshof in aller Deutlichkeit die (vermeintliche) Überzeugungskraft des „erst-recht"-Schlusses für seine Auffassung, mit der er den enteignungsgleichen Eingriff ganz auf Art. 14 GG stützte. So heißt es in der Entscheidung des Großen Senates von 1952:

„Es ist aber geboten, unrechtmäßige Eingriffe der Staatsgewalt in die Rechtssphäre eines Einzelnen dann wie eine Enteignung zu behandeln, wenn sie sich für den Fall ihrer gesetzlichen Zulässigkeit sowohl nach ihrem Inhalt wie nach ihrer Wirkung als eine Enteignung darstellen würden und wenn sie in ihrer tatsächlichen Wirkung dem Betroffenen ein besonderes Opfer auferlegt haben. Die Beschränkung des Tatbestandes der Enteignung in Art. 153 WeimVerf. und in Art. 14 GG auf rechtmäßige Eingriffe des Staates bedeutet ihrem Sinn nach eine Beschränkung für die Zulässigkeitsvoraussetzungen eines solchen Eingriffs, nicht aber eine Beschränkung für die Zubilligung eines Entschädigungsanspruchs. Der entscheidende Grundgedanke für die Zubilligung eines Entschädigungsanspruchs ist bei einem unrechtmäßigen Staatseingriff, der in seiner Wirkung für den Betroffenen einer Enteignung gleichsteht, mindestens in dem gleichen Maße gegeben wie bei einer rechtmäßigen, also gesetzlich zulässigen Enteignung. Es kann insoweit auf die überzeugenden Ausführungen des RG in RGZ 140, 276 [283] hingewiesen werden".[103]

Deutlicher noch fällt der Rekurs auf den „erst-recht"-Schluss in der Folgeentscheidung aus, mit der der Senat den Anwendungsbereich des enteignungsgleichen Eingriffs auch auf schuldhafte Eingriffe erweiterte:

„Wird allein von dem Wortlaut des […] Beschlusses [des Großen Zivilsenats von 1952, H. D.] ausgegangen, so steht allerdings entsprechend den von dem erkennenden Senat vorgelegten Fragen lediglich fest, daß die ohne Rechtsgrundlage von hoher Hand vorgenommene Entziehung eines Mietrechts zur Entschädigung verpflichtet, wenn die handelnden Beamten kein Verschulden trifft. Dieser Grundsatz muß aber auch dann, und sogar erst recht dann zur Anwendung gelangen, wenn ein solcher Eingriff schuldhaft vorgenommen worden ist. […] Haben aber schon die schuldlos durch einen solchen Eingriff Geschädigten einen Anspruch auf Entschädigung

[102] RGZ 140, 276 (283).
[103] BGHZ 6, 270 (290f.).

nach Enteignungsgrundsätzen, so muß dies erst recht dann gelten, wenn der Eingriff nicht nur rechtswidrig, sondern auch schuldhaft war."[104]

Diese Deduktion bildete für Jahrzehnte die feste und weithin unangefochtene Basis der einschlägigen Judikatur. Demgemäß wurden im Universitätsunterricht die verschiedenen Kategorien (Enteigung, enteignungsgleicher Eingriff, enteignender Eingriff) als praktisch unanfechtbare Elemente der Dogmatik staatlicher Ersatzleistungen vermittelt.

Das heißt freilich nicht, dass die Judikatur über jeden Zweifel erhaben war, wie schon die ältere Literatur bemerkte. Das liegt zunächst daran, dass der „erst-recht"-Schluss kein Schlussverfahren im streng logischen Sinne bildet; vielmehr verbergen sich hinter ihm zumeist Analogieschlüsse, die mit besonderer Plausibilität ausgerüstet werden sollen.[105] So wandte bereits *Ernst Forsthoff* ein, dass die „‚erst-recht-'Logik", die das Steigerungsmoment in der „Lösung vom geltenden Recht" erblickt, einen systematisch nicht zu rechtfertigenden Einbruch in die gesetzlich geregelten Ausgleichsleistungen bewirke.[106] Ähnlich scharf urteilte *Hans Julius*

---

[104] BGHZ 7, 296 (297f.). – Das wird noch einmal unterstrichen in BGHZ 13, 88 (92): „Mit Recht hat der III. ZivSen. in seiner Entscheidung vom 16. Oktober 1952 (BGHZ 7, 296 [298]) hervorgehoben, wenn bereits der schuldlos enteignungsgleiche Eingriff den Geschädigten einen Anspruch auf Entschädigung nach Enteignungsgrundsätzen gewähre, müsse dies erst recht dann gelten, wenn der Eingriff nicht nur rechtswidrig, sondern auch schuldhaft war."

[105] Vgl. *Schnapp*, Logik (Fn. 69), S. 164; *Rüthers/Fischer/Birk*, Rechtstheorie (Fn. 49), Rn. 897.

[106] *E. Forsthoff*, Lehrbuch des Verwaltungsrechts, Bd. I: Allgemeiner Teil, 9. Aufl. 1966, S. 329f. (Zitat: S. 329); kritisch auch *Maurer/Waldhoff*, Allgemeines Verwaltungsrecht (Fn. 99), § 27 Rn. 23. – Oder etwas grundsätzlicher formuliert: ein streng logischer Schluss im Sinne der Subalternation (vgl. *Schnapp*, Logik [Fn. 69], S. 109) läge nur dann vor, wenn man einen Obersatz der Art formulieren könnte: was für Obst gilt, gilt auch für Äpfel; was für alle Menschen gilt, gilt auch für Männer. In unserem Fall müsste der Obersatz in etwa dahingehend lauten, dass der Staat grundsätzlich für alle von ihm irgendwie verursachten Schädigungen

Wolff, der zu BGHZ 6, 270 vermerkte: „Die rechtswidrige Sonderbeeinträchtigung vermögenswerter Rechte dem Aufopferungsanspruch zu entziehen und dem Enteignungsrecht zu unterstellen, ist allerdings nicht nur unnötig, sondern auch verwirrend und angesichts Art. 14 III 1 u. 2 GG falsch. [...] Zudem fehlt es bei den schuldlos-rechtswidrigen und bei den lediglich mittelbar veranlassten Benachteiligungen oft gerade an dem für die Enteignung damals charakteristischen ‚gezielten' Eingriff [...]. Der ‚enteignungsgleiche Eingriff' des BGH ist also weder enteignungsgleich noch stets ein Eingriff."[107]

Der enteignungsgleiche Eingriff ist auch deswegen besonders lehrreich, weil er uns ferner das interessante Phänomen vor Augen führt, dass eine präzise Re-Lektüre[108] der einschlägigen Verfassungsnorm und deren methodisch disziplinierte Auslegung zum (in diesem Falle freilich lediglich vorübergehenden) Aufbrechen einer gefestigten Dogmatik führen kann, wie mit dem Naßauskiesungs-Beschluß des Bundesverfassungsgerichts geschehen ist.[109] Freilich zeigen sich hier auch gewaltige Beharrungskräfte der zivilgerichtlichen Judikatur – hat doch der BGH in Reaktion auf die bundesverfassungsgerichtliche Entscheidung nicht etwa eine durchgreifende Revision seiner Judikatur vorgenommen, sondern lediglich die Begründung ausgewechselt, indem man nun nicht mehr auf Art. 14 GG, sondern auf den allgemeinen Auf-

---

(rechtmäßige wie rechtswidrige, schuldlose wie schuldhafte) haftet. Angesichts des nach wie vor fragmentarischen Charakters der einschlägigen Regelungen ist das aber nicht möglich (vgl. *Schnapp*, ebd., S. 158 f.). Daher bleibt es beim auf Plausibilität zielenden Evidenz-Argument.

[107] *H. J. Wolff/O. Bachof*, Verwaltungsrecht I, 9. Aufl. 1974, § 60 I c) 2 (S. 528 f.).

[108] *J. Wieland*, in: H. Dreier, Grundgesetz (Fn. 32), Art. 14 Rn. 173: „Rückbesinnung auf die dogmatische Struktur von Art. 14 GG".

[109] BVerfGE 58, 300 (330 ff., 338 ff.). Zur Bedeutung dieser Entscheidung etwa *M. Cornils*, in: J. Menzel/R. Müller-Terpitz (Hrsg.), Verfassungsrechtsprechung, 3. Aufl. 2017, S. 342–350.

opferungsanspruch des PrALR „in seiner richterrechtlich geprägten Ausformung" zurückgreift.[110]

Während also beim enteignungsgleichen Eingriff keinesfalls offen zutage liegt, dass eine gesetzliche Lücke geschlossen werden musste, steht das Problem der Lückenfüllung, dem seit jeher in der Methodenlehre viel Platz eingeräumt wird,[111] im Zentrum der Begründung der sog. *culpa in contrahendo (c.i.c.)*, also des Verschuldens bei Vertragsschluss. Das BGB von 1900 sah diese – im Zuge der Schuldrechtsreform des Jahres 2001[112] mittlerweile in § 311 Abs. 2 BGB geregelte – Haftung nicht vollumfänglich vor, schloss sie allerdings auch nicht aus, woraus die Judikatur mit Blick auf ähnliche Regelungen des partikularen und gemeinen Rechts sowie insbesondere die Vorstellung, dass der Vertrag und die zum ihm führenden Verhandlungen ein einheitliches Ganzes bildeten, ihre Anerkennungswürdigkeit bejahte.[113] *Rudolf v. Jhering*, der als Begründer, wenn nicht „Erfinder" dieser Figur gilt (freilich durchaus auf Vorbilder zurückgreifen konnte), wollte mit ihr unter Rückgriff auf systematische und teleologische Erwägungen die „unausgefüllte Lücke einer fahrlässigen Vermögensschädigung" schließen.[114]

---

[110] Näher dazu *Maurer/Waldhoff*, Allgemeines Verwaltungsrecht (Fn. 99), § 27 Rn. 88 ff.; *Ossenbühl/Cornils*, Staatshaftungsrecht (Fn. 99), S. 269 ff.

[111] Siehe nur *Rüthers/Fischer/Birk*, Rechtstheorie (Fn. 49), § 23 (Rn. 822–935): „Rechtsanwendung im Lückenbereich"; *Reimer*, Methodenlehre (Fn. 42), Rn. 554, 568 ff.; *T. M. J. Möllers*, Methodenlehre (Fn. 66), § 6 Rn. 81 ff.

[112] BGBl. I S. 3138, in Kraft getreten zum 1. Januar 2002.

[113] RG, Juristische Wochenschrift 1912, S. 743 f.

[114] Zitat: *J. D. Harke*, in: Historisch-Kritischer Kommentar zum BGB, Bd. II: Schuldrecht: Allgemeiner Teil, §§ 241–432, Zweiter Teilband: §§ 305–432, 2007, § 311 II, III. Rechtsgeschäftsähnliche Schuldverhältnisse, Rn. 8 mit allen Nachweisen (dort Rn. 2 ff. auch zu den Vorläufern, Rn. 13 ff. zur Entwicklung der Rechtsprechung unter dem BGB nach 1900).

Kohärenzssicherung, Kontextualisierung, Kategorisierung

Soweit zur ersten Gruppe. Sodann kommt – *zweitens* – die Rechtsdogmatik deswegen entscheidend ins Spiel, weil Rechtsänderung aufgrund der Positivierung und weitreichenden Kodifizierung des Rechts immer nur als sukzessiver Umbau der Rechtsordnung durch Einbau neuen Rechts in den überkommenen Normbestand möglich ist. Die Einpassung der neuen Normen in die bestehende Rechtsordnung ist nun zuvörderst Aufgabe juristischer Dogmatik. Sie zielt auf Konsequenz und Kohärenz, ohne einem überdehnten Ideal von Widerspruchsfreiheit der Rechtsordnung zu frönen. Doch weil sich jede Rechtsänderung auf Recht stützen und (mehr noch) alles neue Recht in altes Recht eingefügt werden muss, besteht ein rechtsdogmatisch zu leistender Abstimmungsbedarf, „wenn die Programmierung nicht widerspruchsvoll und operativ unprognostizierbar ausfallen soll".[115] Hier sind durch die Europäisierung des nationalen Rechts ganz neue und gewaltige Aufgaben auf die Rechtswissenschaft zugekommen. Die Rede vom Mehrebenen-System ist ja mittlerweile endemisch geworden.

Sehr anschaulich werden die dabei sich stellenden Aufgaben und Probleme etwa in der über 150 Seiten umfassenden Einleitung, die *Friedrich Schoch* seinem Kommentar zum 2006 eingeführten Informationsfreiheitsgesetz des Bundes vorangestellt hat. Denn um eine in sich stimmige, dogmatisch anspruchsvolle und problembewusste Anwendung dieses Gesetzeswerkes zu sichern, bedarf es sowohl der historischen Rückschau als auch des rechtsvergleichenden Blicks internationaler und intraföderaler Art, der Berücksichtigung supranationalen Rechts, der Erarbeitung der Grundstrukturen des Gesetzes sowie der Abstimmung mit und Abgrenzung von vergleichbaren Regelungen.[116] Derartige um-

---

[115] *N. Luhmann*, Die soziologische Beobachtung des Rechts, Baden-Baden 1986, S. 27.

[116] *F. Schoch*, Informationsfreiheitsgesetz. Kommentar, 2. Aufl. 2016, Einleitung Rn. 21 ff. (frühere Rechtslage und Spezialregelungen), Rn. 39 ff. (ausländische Rechtsordnungen), Rn. 88–178 (Recht der Europäischen

fassende Kontextualisierungen sind Aufgaben und Leistungen, die weder der Gesetzgeber selbst bewältigen noch die in der Regel auf den Einzelfall ausgerichtete Rechtsprechung übernehmen kann.

Eine strukturell ähnliche, aber auf einer höheren Abstraktionsebene angesiedelte Ordnungs- und Sortierungsaufgabe sucht seit jeher die Lehre von den Rechtsformen im Öffentlichen Recht zu bewältigen. Sie dient vornehmlich dazu, ein Formenarsenal für die immer wieder zitierte „flutende Masse" (*Otto Mayer*) des sich in bunter Vielfalt und Gestalt vollziehenden staatlichen Handelns zu entwerfen, das dann als Verwaltungsakt oder Vertrag, als Rechtsverordnung oder Satzung, als schlichtes Verwaltungshandeln oder Verwaltungsvorschrift oder auf andere Art und Weise kategorial eingeordnet wird.[117] Diese Erfassung und Kategorisierung der „administrative[n] Handlungspraxis"[118] ist freilich kein Selbstzweck, kein *l'art pour l'art* eines selbstgenügsamen juristischen Ordnungssinnes, sondern erfüllt handfeste praktische und rechtswissenschaftliche Aufgaben, wie insbesondere *Eberhard Schmidt-Aßmann* herausgearbeitet hat:

„Die Lehre von den Rechtsformen des Verwaltungshandelns gehört dogmengeschichtlich zu den ältesten Teilen der Verwaltung. Sie ist aber auch heute ein Kernelement des administrativen Handlungssystems. Das gilt nicht nur für das deutsche Recht, sondern, wie die Art. 249–252 EG

Union), Rn. 179ff. (internationales Recht), Rn. 199–244 (Recht der Länder). Danach schildert der Autor in Rn. 254–327 die Grundzüge des IFG (Entstehungsgeschichte, Struktur und Konzept, Regelungslücken etc.) und nimmt am Ende unter dem Titel „Erfahrungen mit dem Informationsfreiheitsrecht" einen Abgleich mit dem EU-Recht, dem Recht der Länder sowie mit anderen bundesgesetzlichen Informationsrechten im Umwelt- oder Verbraucherrecht vor (Rn. 369ff.).

[117] Zum elaborierten Konzept, die Formenlehre als Trias von „Rechtsformen, Handlungsformen und Bewirkungsformen" zu etablieren, siehe *W. Hoffmann-Riem*, Rechtsformen, Handlungsformen, Bewirkungsformen, in: W. Hoffmann-Riem/E. Schmidt-Aßmann/A. Voßkuhle (Hrsg.), Grundlagen des Verwaltungsrechts (GVwR), Bd. II, 2. Aufl. 2012, § 33 (S. 943–1023); *E. Schmidt-Aßmann*, Verwaltungsrechtliche Dogmatik, 2013, S. 66ff. – Das kann hier nicht vertieft werden.

[118] *Schmidt-Aßmann*, Ordnungsidee (Fn. 78), S. 277.

zeigen, ebenso für das Verwaltungsrecht der Gemeinschaft. Verordnung, Richtlinie, Satzung, Verwaltungsakt und Vertrag, Verwaltungsvorschrift, Weisung und schlichte Willenserklärung – sie alle sind Schlüsselbegriffe, die den Zugang zu wichtigen Erkenntnissen des Verfahrens- und Prozeßrechts ebenso wie zur Fehler- und Bestandskraftlehre eröffnen. [...] Rechtsformen [...] haben einen ganz spezifischen Bezug zum Rechtssystem: Rechtspraktisch wirken sie als fertige Zuordnungsmuster, die das Auffinden konkreter Lösungen erleichtern (Speicherfunktion). Rechtskonstruktiv sollen sie das Verwaltungshandeln nach den Prinzipien der distanzschaffenden Konzentration und der adäquaten Rechtsfolgenverknüpfung strukturieren (Ordnungsfunktion). Formung isoliert aus der komplexen Realität des Verwaltungshandelns in einem *ersten* Schritt einzelne Elemente und analysiert ihre Bedeutung im Handlungszusammenhang. [...] Der rechtsstaatliche Effekt der Formenlehre besteht auf dieser ersten Stufe in der Förderung von Rechtsklarheit, die auch der Verwaltung zugute kommt, weil sie die Rationalität und Akzeptanz ihrer Entscheidungen stärkt. [...] In einem *zweiten* Schritt werden den so gewonnenen Handlungsausschnitten bestimmte Rechtsanforderungen und Rechtsfolgen zugeordnet. Diese Verknüpfung – regelmäßig ein Gemeinschaftswerk von Richterrecht, Verwaltungsrechtswissenschaft und Gesetzgebung – vollzieht sich nach dem Gedanken der Adäquanz: Wirkungsziel, Wirkungsweise und rechtliche Absicherungen müssen in einem ausgewogenen Verhältnis stehen."[119]

Hier klingt am Ende bereits an, dass die Lehre von den Rechtsformen kein starres und abgeschlossenes System darstellt, sondern immer wieder daraufhin geprüft werden muss, ob sie dem multifunktionalen Aufgabenspektrum der Verwaltung und dem Doppelauftrag des Allgemeinen Verwaltungsrechts gerecht wird: der Disziplinierung des Verwaltungshandelns einerseits, der Bereitstellung geeigneter Handlungs-, Verfahrens- und Organisationsformen andererseits.[120] Das kann sich auf das wenig spektakuläre, aber lange Zeit durchaus kontrovers diskutierte Problem der Einordnung von Verkehrszeichen[121] ebenso beziehen wie auf die

[119] *Schmidt-Aßmann*, Ordnungsidee (Fn. 78), S. 297ff. (Fußnoten weggelassen, Hervorhebung i.O., H. D.).

[120] Eindringlich *G. F. Schuppert*, Verwaltungswissenschaft, 2000, S. 144ff.; *Schmidt-Aßmann*, Ordnungsidee (Fn. 78), S. 16ff.

[121] Nach heute ganz h.M. handelt es sich um Allgemeinverfügungen, lange Zeit hatte aber insbesondere der BayVGH für die Qualifizierung als

Grundsatzanalyse von Informalität im modernen Verfassungsstaat,[122] die rechtsstaatliche Verarbeitung des sog. informalen Verwaltungshandelns,[123] die Zulässigkeit staatlicher Warnungen und Empfehlungen[124] oder die Ausarbeitung einer anspruchsvollen Fehlerfolgenlehre.[125]

Prüfprogramme

Schließlich besteht *drittens* eine besonders hervorzuhebende Leistung der Rechtsdogmatik in der Ausarbeitung systematischer Prüfprogramme oder sachlich-begrifflicher Differenzierungen, die sich im positiven Recht auch nicht annäherungsweise finden, aber die Anwendung der entsprechenden Normen in wesentlicher Weise steuern, einem rationalen Schema unterwerfen und insofern rechtsstaatlich verlässlich gestalten. Aus dem Bereich des Verfassungsrechts lässt sich hier die heute gängige Prüfungsstruktur bei der Frage nach möglichen Grundrechtsverletzungen nennen, nämlich der Dreischritt von (1) Schutzbereich, (2) Ein-

---

Rechtsverordnung plädiert. Siehe nur *Maurer/Waldhoff*, Allgemeines Verwaltungsrecht (Fn. 99), § 9 Rn. 34, 35 (mit Hinweis auf die erheblichen praktischen Auswirkungen wegen des gänzlich anderen Rechtsregimes).

[122] *H. Schulze-Fielitz*, Der informale Verfassungsstaat, 1984. Aus jüngerer Zeit *F. Schoch*, Entformalisierung staatlichen Handelns, in: J. Isensee/P. Kirchhof (Hrsg.), Handbuch des Staatsrechts der Bundesrepublik Deutschland, Bd. III, 3. Aufl. 2005, § 37 Rn. 20 f., 22 ff.

[123] *H. Dreier*, Informales Verwaltungshandeln, in: Staatswissenschaften und Staatspraxis 4 (1993), S. 647–681. Aus jüngerer Zeit *M. Fehling*, Informelles Verwaltungshandeln, in: GVwR II (Fn. 117), § 38 (S. 1457–1521).

[124] *R. Gröschner*, Öffentlichkeitsaufklärung als Behördenaufgabe, in: DVBl. 1990, S. 619–629. Aus jüngerer Zeit *C. Gusy*, Die Informationsbeziehungen zwischen Staat und Bürger, in: GVwR II (Fn. 117), § 23 Rn. 100 ff. (S. 235–320).

[125] Für einen Teilbereich *M. Morlok*, Die Folgen von Verfahrensfehlern am Beispiel von kommunalen Satzungen, 1988, insb. S. 89 ff.; dazu aus jüngerer Zeit *K. Lange*, Kommunalrecht, 2013, S. 736 f., 749 ff. – Umfassend *F. Hufen/T. Siegel*, Fehler im Verwaltungsverfahren, 6. Aufl. 2018.

griff und (3) verfassungsrechtliche Rechtfertigung des Eingriffs.[126] Entscheidend ist, dass dieser Dreischritt völlig losgelöst von der heterogenen Textgestalt der Grundrechtsnormen vorgenommen und die Prüfungsstruktur ganz unabhängig davon beibehalten wird, ob ein (einfacher oder qualifizierter) Gesetzesvorbehalt vorliegt oder ob es sich um ein sog. vorbehaltloses (aber eben nicht grenzenloses) Grundrecht handelt. Die einheitliche dogmatische Struktur schlägt die changierende Textgestalt.

In einem weit verbreiteten und inhaltlich anspruchsvollen Lehrbuch zu den Grundrechten, das gewiss nicht dem eingangs ausgesprochenen Verdikt austauschbarer Kurzliteratur unterfällt, heißt es demgemäß mit durchaus angebrachtem pädagogischen Duktus:

> „Das Faszinierende am Studium der Grundrechte ist, dass es vergleichsweise einfache Grundbegriffe und -methoden gibt, mit denen sich die scheinbar unendliche Vielfalt der Fallkonstellationen und neuen Anforderungen bewältigen und Entscheidungen zur Verfassungsmäßigkeit von bestimmten Maßnahmen treffen lassen. Den Kern der Prüfung bei jedem einzelnen Grundrecht bilden die Fragen: Ist der Schutzbereich eröffnet? Liegt ein Eingriff vor? Ist der Eingriff durch eine Schranke gerechtfertigt?“[127]

Diese rationalitätsverbürgende, weil die fallentscheidenden Fragen systematisch abschichtende Prüfungsstruktur von Grundrechten als Abwehrrechten hat es nicht schon immer gegeben. Die Judikatur des Bundesverfassungsgerichts ging hier noch bis in die 1970er Jahre hinein eher tastend vor und steuerte nicht selten sofort auf eine allgemeine Abwägung zu. Maßgeblich zur Durchsetzung des heute durchgängig verwendeten Prüfungsschemas[128] hat das

---

[126] Dazu näher *H. Dreier*, Vorbemerkungen vor Art. 1 GG, in: ders., Grundgesetz (Fn. 32), Vorb. Rn. 119 ff. mit umfänglichen Nachweisen.

[127] *F. Hufen*, Staatsrecht II. Grundrechte, 6. Aufl., München 2017, § 1 Rn. 2.

[128] Kostproben schulmäßiger Prüfung: BVerfGE 100, 313 (358 ff., 366 ff., 373 ff.; Rn. 157 ff., 184 ff., 209 ff.); 128, 226 (250 ff., 255 ff., 258 ff.; Rn. 60 ff., 74 ff., 83 ff.). Generelle grundrechtssystematische Aussagen zum Prüfprogramm sind eher selten; siehe aber BVerfGE 85, 386 (397 f., Rn. 48 f.).

Lehrbuch von *Bodo Pieroth* und *Bernhard Schlink* beigetragen, das freilich dabei auf Ansätze in Judikatur wie Literatur zurückgreifen konnte.[129] Auch die einheitliche Struktur der Verhältnismäßigkeitsprüfung, die auf der dritten Stufe der verfassungsrechtlichen Rechtfertigung von herausragender Bedeutung ist und bei der nach Feststellung eines legitimen Zwecks die Geeignetheit, die Erforderlichkeit und die Angemessenheit (auch: Proportionalität, Verhältnismäßigkeit i. e. S.) des staatlichen Eingriffs geprüft wird,[130] stellt ein solches rationalitätsverbürgendes dogmatisches Prüfraster dar und ist als solches längst kanonisiert.[131] Insbesondere der bei der Angemessenheit zum Tragen kommende Abwägungsgedanke darf im übrigen durchaus als Gemeinschaftsprodukt von bundesverfassungsgerichtlicher Judikatur und rechtswissenschaftlicher Analyse gelten.[132]

Ein anderes Beispiel entstammt dem Verwaltungsrecht, genauer: dem Bauplanungsrecht. Hier war es *Werner Hoppe*, der, gleichsam im Duett mit dem Bundesverwaltungsgericht,

---

[129] *B. Pieroth/B. Schlink*, Grundrechte. Staatsrecht II, 1985, Rn. 225 ff.; mittlerweile fortgeführt von *T. Kingreen/R. Poscher*, Grundrechte. Staatrecht II, 33. Aufl. 2017, Rn. 253 ff.

[130] Vgl. im Überblick *H. Dreier*, Vorbemerkungen (Fn. 126), Rn. 145 ff. m. w. N. – Die Literatur zum Verhältnismäßigkeitsprinzip ist längst unüberschaubar. Siehe zuletzt informativ *J. Berkemann*, Der Grundsatz der Verhältnismäßigkeit. Bericht über den „state of the art", in: DVBl. 2018, S. 741–751.

[131] Kostproben schulmäßiger Prüfung: BVerfGE 100, 226 (242 ff., Rn. 87 ff.); 128, 1 (47 ff., Rn. 164 ff.); 130, 151 (186 ff., Rn. 131 ff.); 135, 90 (111 ff., Rn. 56 ff.).

[132] Aus der Literatur sind hier zu nennen: *P. Lerche*, Übermaß und Verfassungsrecht. Zur Bindung des Gesetzgebers an die Grundsätze der Verhältnismäßigkeit und der Erforderlichkeit (1961), 2. Aufl. 1999, S. 125 ff. (Gedanke des „schonendsten Ausgleichs"); *K. Hesse*, Grundzüge des Verfassungsrechts der Bundesrepublik Deutschland, 20. Aufl. 1995, Rn. 72, 317 ff. („Herstellung praktischer Konkordanz"); in der 1. Aufl. von 1967 S. 28 f., 125 ff. – Aus der Judikatur siehe: BVerfGE 16, 194 – Liquorentnahme; 17, 108 (117 f.) – Hirnkammerluftfüllung; 27, 211 (219 f.) – körperliche Untersuchung.

das in § 1 BBauG (später: § 1 BauGB) niedergelegte, ganz allgemeine und diffuse Gebot gerechter Abwägung aller im Gesetz seriell aufgelisteten privaten und öffentlichen Belange handhabbar machte.[133] Seine im Planungsrecht nachgerade klassische Abhandlung von 1970 über die „Schranken der planerischen Gestaltungsfreiheit“[134] greift das kurz zuvor höchstrichterlich kanonisierte „Gebot gerechter Abwägung“[135] auf und filtert die ihm inhärente Nomenklatur von Abwägungsfehlern heraus: Abwägungsausfall, Abwägungsdefizit, Abwägungsfehleinschätzung und Abwägungsdisproportionalität. Diese Kategorien formen seither eine nuancierte Prüfungssystematik, die wesentliche Elemente der seinerzeitigen Rechtsdiskurse – verfassungs- und verwaltungsrechtlicher ebenso wie prozessrechtlicher Provenienz – bündelt und so zugleich in komprimierter Fassung tradiert.[136] Die Abwägungsfehlerlehre hat sich in vielfacher Hinsicht als anschlussfähig erwiesen[137] und gehört nach wie vor zum Grundwissen im öffentlichen Planungsrecht.[138]

Ein letztes Beispiel betrifft das Zivilrecht. § 1 des Gesetzes über den unlauteren Wettbewerb stellte bis zum Jahre 2004 eine ab-

---

[133] Vgl. *H.-W. Rengeling*, Begrüßung, in: W. Erbguth u.a. (Hrsg.), Abwägung im Recht. Symposium und Verabschiedung von Werner Hoppe, 1996, S. 3–8 (5); *Schulze-Fielitz*, Staatsrechtslehre (Fn. 24), S. 432 f.

[134] In: Baurecht 1970, S. 15–18.

[135] BVerwGE 34, 301 (309); seither st. Rspr.

[136] Vgl. *W. Hoppe*, Bauleitplanung und Eigentumsgarantie – Zum Abwägungsgebot des § 1 Abs. 4 S. 2 Bundesbaugesetz, in: DVBl. 1964, S. 165–173. Zur Vertiefung *J. Berkemann*, Das „Abwägungsmodell“ des BVerwG – Entstehungsgeschichte und Legendenbildungen (BVerwGE 34, 301), in: M. Krautzberger/H.-W. Rengeling/K. Saerbeck (Hrsg.), Bau- und Fachplanungsrecht. Festschrift für Bernhard Stüer, 2013, S. 89–114 (97 ff., 106 ff.) sowie *D. Kuch*, Wer war eigentlich Werner Hoppe?, erscheint in: Ad Legendum 2019.

[137] Siehe etwa *W. Hoppe/M. Beckmann/P. Kauch*, Umweltrecht, 2. Aufl. 2000, § 7 Rn. 8 ff.

[138] Statt vieler *W. Erbguth/T. Mann/M. Schubert*, Besonderes Verwaltungsrecht, 12. Aufl. 2015, Rn. 1001 ff.; *W. Brohm*, Öffentliches Baurecht, 3. Aufl. 2002, § 13 Rn. 13 ff.

solute Generalklausel dar, weil (lediglich) ein Verstoß gegen die „guten Sitten" verlangt war. Es war eine dogmatische Meisterleistung von *Wolfgang Hefermehl*, hier Fallgruppen herauszuarbeiten, die die Norm im Grunde genommen erst handhabbar machte und sie vor allem nicht zu einem Quell arbitärer Einzelfalljudikatur verkommen ließ.[139]

Die erwähnten Beispiele zeigen bereits, dass an der Arbeit nicht allein die Rechtswissenschaft, sondern auch die Rechtspraxis beteiligt ist. Das führt uns zur nächsten These.

VIII.
Rechtswissenschaft in Gestalt von Rechtsdogmatik ist speziell in Deutschland durch einen ausgeprägten Praxisbezug gekennzeichnet.

Der starke Praxisbezug zählt zu den herausragenden Merkmalen der Rechtswissenschaft in Deutschland. In der Stellungnahme des Wissenschaftsrates zu deren Perspektiven aus dem Jahre 2012 wird dieser Aspekt gleich mehrfach herausgehoben und an denkbar prominenter Stelle erwähnt. Schon die allerersten beiden Sätze des Papiers (in der „Vorbemerkung") sprechen diesen Umstand an, wenn es dort heißt:

> „Die Rechtswissenschaft gehört wie die Theologie und die Medizin zu den sogenannten Professionsfakultäten. Als akademische Fächer kennzeichnet sie eine enge Theorie-Praxis-Verklammerung, durch die sie als Teil des Wissenschaftssystems zugleich in besonderer Weise an das betreffende gesellschaftliche Teilsystem gekoppelt sind."[140]

Und die Kurzfassung (also derjenige Teil, den jeder Interessierte liest, was man von der Stellungnahme insgesamt gewiss nicht sagen

---

[139] Belege: *H. Dreier*, Die „guten Sitten" zwischen Normativität und Faktizität, in: F. Harrer u. a. (Hrsg.), Gedächtnisschrift für Theo Mayer-Maly, 2011, S. 141–158 (144).

[140] *Wissenschaftsrat*, Perspektiven (Fn. 5), S. 5.

kann), startet mit dem Satz: „Die Rechtswissenschaft ist durch eine enge Verklammerung von Theorie und Praxis geprägt.“[141] Im weiteren Verlauf kommt das Papier auf diesen offenkundig zentralen Punkt immer wieder zurück.[142]

Nun ist das beileibe keine „Entdeckung“ des Wissenschaftsrates. Auch in der im letzten Jahrzehnt so intensiv wie lange nicht geführten Diskussion über das Proprium und das Selbstverständnis der Rechtswissenschaft, ihre Reflexionsdefizite und ihren Platz im Konzert der Wissenschaften ist dieser Aspekt immer wieder – freilich mit stark unterschiedlichen Bewertungen – thematisiert worden. Die „Praxisorientierung der Rechtswissenschaft“[143] im allgemeinen und die Verknüpfung von „Wissenschaft und Rechtsanwendungspraxis“[144] in der Rechtsdogmatik im besonderen stehen als solche außer Frage. Unisono ist die Rede von der Kopplung oder Verklammerung von Theorie und Praxis, dem Wissenschaftsbezug der Rechtspraxis und dem Praxisbezug der Wissenschaft, die im internationalen Vergleich wenn schon nicht als einzigartig, so doch aber jedenfalls als besonders ausgeprägt gilt.[145] Ja, man hat sogar davon gesprochen, Rechtsdogmatik sei in der Welt der wissenschaftlichen Methoden „eine Kuriosität, weil sie zugleich Teil der juristischen Wissenschaft und Teil der juristischen Praxis ist.“[146] Kuriosität mag übertrieben sein. Aber ohne Zweifel hat Rechtsdogmatik einen „hybriden Status“.[147]

Worin zeigt sich diese enge Verschränkung von Theorie und Praxis nun konkret? Zum einen ganz generell an der Orientierung der Juristenausbildung an den rechtspraktischen Berufen:

---

[141] *Wissenschaftsrat,* Perspektiven (Fn. 5), S. 7.

[142] Vgl. *Wissenschaftsrat,* Perspektiven (Fn. 5), S. 17, 25, 27 ff.

[143] *Jestaedt,* Wissenschaft (Fn. 16), S. 3.

[144] *Schulze-Fielitz,* Staatsrechtslehre (Fn. 24), S. 6.

[145] Siehe für das Verfassungsrecht *A. v. Bogdandy,* Wissenschaft vom Verfassungsrecht: Vergleich, in: A. v. Bogdandy/P. C. Cruz Villalón/P. M. Huber (Hrsg.), Handbuch Ius Publicum Europaeum, Bd. II, 2008, § 39 Rn. 68 ff.

[146] *A. Hellgardt,* Regulierung und Privatrecht, 2016, S. 390.

[147] *Jestaedt,* Wissenschaft (Fn. 16), S. 6.

die Befähigung zum Richteramt als Schlüsselqualifikation für den Einstieg in die verschiedenen Tätigkeitsfelder. Das meint die Charakterisierung der juristischen Fakultäten als „Professionsfakultäten". Und ganz generell ist damit die Orientierung der rechtsdogmatischen Arbeit an der Rechtspraxis im allgemeinen und der Judikatur namentlich der Höchstgerichte im besonderen angesprochen.[148]

Vor allem aber schafft Rechtsdogmatik „einen gemeinsamen Kommunikationsraum für Wissenschaft und Praxis".[149] An entsprechenden Kommunikationsplattformen,[150] für die es in anderen Ländern häufig keine Entsprechung gibt, lässt sich diese Verklammerung noch sehr viel handfester demonstrieren. Dazu gehört etwa der Umstand, dass an den für die deutsche Rechtskultur so typischen Kommentarwerken[151] sowohl Rechtswissenschaftler als auch Rechtspraktiker, in der Regel Richter, Anwälte und Notare oder höhere Beamte, beteiligt sind.[152] Dazu zählt des weiteren, dass juristische Fachzeitschriften oft von Professoren wie Rechtspraktikern gemeinsam herausgegeben werden und dass in den meisten Periodika Praktiker wie Universitätswissenschaftler gleichberechtigt publizieren. Diesen geteilten Kommunikationsraum zeichnet ferner und nicht zu-

---

[148] Diese Orientierung kann seltsame Blüten treiben. *J. Braun*, Deduktion und Invention, 2016, S. 259 Fn. 16 berichtet folgende Anekdote: „Ein früherer Kollege war zweimal hintereinander vom BGH zitiert worden. Das war ihm so bedeutsam, daß er die Urteile kopierte, die betreffenden Stellen mit Farbe markierte und das Ganze im Kollegenkreis herumschickte."

[149] *Wissenschaftsrat*, Perspektiven (Fn. 5), S. 31.

[150] Siehe *M. Jestaedt*, Vom Beruf der Rechtswissenschaft – zwischen Rechtspraxis und Rechtstheorie, in diesem Band S. 236: „ein Praxis-Wissenschaft verklammerndes Kommunikationsformat", „gemeinsame Kommunikationsplattform", „gemeinsamer Kommunikationsraum".

[151] Siehe *D. Kästle-Lamparter*, Welt der Kommentare, 2016, insb. S. 209 ff. („Der Aufstieg des Gesetzeskommentars in Deutschland").

[152] *Lepsius*, Themen (Fn. 20), S. 19. Desgleichen *Jestaedt*, Wissenschaft (Fn. 16), S. 6: „So wird das für die Rechtsdogmatik eigentümlichste Publikationsformat, der Gesetzeskommentar, sowohl von Rechtswissenschaftlern als auch von Rechtspraktikern ‚bespielt'".

letzt aus, dass in wissenschaftlichen Publikationen neben den verschiedenen Gattungen der wissenschaftlichen Literatur (Monographien, Fachaufsätze, Beiträge in Sammelbänden und Lexika, Kommentare etc.) ebenso Gerichtsentscheidungen in Bezug genommen und als Beleg angeführt werden. Hier trifft man dann auf Formulierungen wie „ganz herrschende Meinung in Judikatur wie Literatur" o.ä. Und umgekehrt verzichten in Deutschland Gerichte, insbesondere Höchstgerichte, jedenfalls nicht prinzipiell darauf, rechtswissenschaftliche Texte zu zitieren und sich mit den dort bezogenen Positionen auseinanderzusetzen, ja sich zuweilen sogar auf sie zu stützen.[153] Das gilt in besonderem Maße für das Bundesverfassungsgericht.[154] Allgemein lässt sich sagen: „Die Praxisorientierung der Rechtswissenschaft korreliert hierzulande mit einer im internationalen Vergleich bemerkenswerten Wissenschaftsorientierung der obergerichtlichen Rechtspraxis."[155]

Schließlich ist in diesem Kontext darauf hinzuweisen, dass Rechtsprofessoren in nicht geringer Zahl als Richter an Oberlandes- und Oberverwaltungsgerichten fungieren. Ein besonders prominentes Beispiel für diese Verklammerung qua personaler Rekrutierung bildet wiederum das Bundesverfassungsgericht, in dem seit jeher auch (wenngleich nicht durchgehend) Staatsrechtslehrer vertreten sind.[156] Zugleich handelt es sich aber vielleicht

---

[153] Statt aller *Waldhoff,* Kritik (Fn. 14), S. 31. Zur Vielfalt der Motive, warum Richter überhaupt zitieren, siehe *Schulze-Fielitz,* Staatsrechtslehre (Fn. 24), S. 412 f.; zur Quantität am Beispiel des Bundesverwaltungsgerichts ebd., S. 414 ff.

[154] Plastisch *M. Jestaedt,* Phänomen Bundesverfassungsgericht. Was es zu dem macht, was es ist, in: ders. u.a., Das entgrenzte Gericht, 2011, S. 77–157 (124 ff.) zur „Symbiose mit der Staatsrechtslehre" und einer spezifisch wissenschaftsorientierten Verfassungsjudikatur. Zur Zitierpraxis des Bundesverfassungsgerichts *Schulze-Fielitz,* Staatsrechtslehre (Fn. 24), S. 394 ff.

[155] *Jestaedt,* Wissenschaft (Fn. 16), S. 3.

[156] Überblick für die Zeit bis 2000: *T. Oppermann,* Das Bundesverfassungsgericht und die Staatsrechtslehre, in: P. Badura/H. Dreier (Hrsg.), Festschrift 50 Jahre Bundesverfassungsgericht, Bd. I, 2001, S. 421–460 (428 ff.). Siehe auch *Schulze-Fielitz,* Staatsrechtslehre (Fn. 24), S. 390 ff.

auch um ein problematisches Beispiel, da mittlerweile mehr als die Hälfte der Richterinnen und Richter des Bundesverfassungsgerichts Staatsrechtslehrer(innen) sind[157] – zumal es auch einige „staatsrechtslehrerlose" Jahre des Gerichts gab, in denen dieses nicht seine schlechtesten Urteile fällte.[158]

Darüber, ob die insgesamt doch bemerkenswert enge Theorie-Praxis-Verklammerung nun eher als Fluch oder als Segen für die Rechtswissenschaft anzusehen ist, gehen die Meinungen naturgemäß stark auseinander.[159] Das liegt ohne Zweifel auch daran, dass das Format der Rechtsdogmatik als Verklammerung von Theorie und Praxis das Problem aller *double-bind*-Konstellationen in sich birgt: ob es nämlich das eine, Wissenschaft, sein und bleiben kann, wenn es zugleich dem anderen, der Praxis, verhaftet ist. *Matthias Jestaedt* hat das eindringlich auf den Punkt gebracht:

„In diesem gerade für die Jurisprudenz eigentümlichen und von nahezu jeder Generation neu geführten Disput [scil.: um die Wissenschaftlichkeit der Rechtswissenschaft, H. D.] spiegelt sich nicht zuletzt das Oszillieren der Rechtswissenschaft(en) zwischen dem Anspruch, zum Kreise der Geisteswissenschaften zu gehören, und jenem, damit nicht ohne Reibungen kompatiblen Anspruch, Zuträger und Gesprächspartner der Rechtspraxis zu sein und ihren Wert darin zu finden, verwertbare Rechtsanwendungs-Technik zu prästieren. Paradigmatisch lässt sich die Entgegensetzung von iuris prudentia und iuris scientia an jenem Bereich der Rechtswissenschaft demonstrieren, der, zumal in den deutschsprachigen Ländern, gemeinhin als deren eigentliches Zentrum, als deren die Praxisrelevanz, den Anwendungsbezug und damit den gesellschaftlichen Rang sichernde Basis

---

[157] Erster Senat: F. Kirchhof, Masing, Paulus, Baer, Britz. Zweiter Senat: Voßkuhle, Huber, König, Langenfeld.

[158] Vgl. *Oppermann*, Bundesverfassungsgericht (Fn. 156), S. 434 f. (435: „Es ging gelegentlich auch ohne Staatsrechtsprofessoren in den Senaten, und gar nicht so schlecht.").

[159] Vgl. die Hinweise bei *Lepsius*, Themen (Fn. 20), S. 16 ff.; *ders.*, Problemzugänge und Denktraditionen im Öffentlichen Recht, in: E. Hilgendorf/H. Schulze-Fielitz (Hrsg.), Selbstreflexion der Rechtswissenschaft, 2015, S. 53–92 (87 ff.); *Krüper*, Wohnformen (Fn. 93), S. 796 ff.; *Waldhoff*, Kritik (Fn. 14), S. 30 ff.

betrachtet wird: an der Rechtsdogmatik. In Bezug auf die Rechtsdogmatik kontrastiert nämlich die Frage, wie groß die – im Grundsatz ja unvermeidlichen – Abstriche an Reflexionsniveau und Theorie-Anspruch um der Anschlussfähigkeit und Gebrauchstauglichkeit für die und in der Praxis willen sein müssen, in aller Schärfe mit der Frage, wie bestimmend das Arsenal von Klugheitsregeln und Anwendungstechniken, wie bedeutsam der Stellenwert von Entscheidungshilfen und Rechtfertigungsstrategien maximal sein darf, um den Wissenschaftsanspruch noch plausibel erheben zu können."[160]

IX.
Der Praxisbezug der Rechtsdogmatik darf den Unterschied zwischen der Rechtserzeugung durch die Rechtsinstitutionen einerseits und der Erkenntnistätigkeit der Rechtswissenschaft andererseits nicht einebnen.

Jede Auslegung von Texten ist in gewissem Maße schöpferisch. Das gilt für alle Texte. Diesem hermeneutischen Grundtatbestand kann man sich auch bei der Auslegung von Rechtsnormen nicht entziehen. Die Vorstellung, bei der Rechtsanwendung handele es sich um einen rein logischen, wertfreien Subsumtionsvorgang, gehört der Vergangenheit an – wenn sie denn jemals von irgendjemandem tatsächlich vertreten worden ist.[161] Rechtsanwendung ist immer auch ein Stück Rechtsgestaltung. Diese Einsicht in das kreative Moment des Auslegungsprozesses wird heute kaum noch

---

[160] *Jestaedt*, Wissenschaftstheorie (Fn. 19), S. 20 f.

[161] Hier wird gern pauschal auf „den" Rechtspositivismus verwiesen, ohne Roß und Reiter zu nennen. Schaut man sich aber prominente Vertreter des Rechtspositivismus einmal genauer an, so wird deutlich, dass niemand von ihnen eine solche „Subsumtionsthese" vertritt. Das ist in bezug auf Gerhard Anschütz, Richard Thoma, Hans Kelsen, Herbert L. A. Hart und Felix Somló im Detail nachgewiesen bei *H. Dreier*, Zerrbild Rechtspositivismus. Kritische Bemerkungen zu zwei verbreiteten Legenden, in: Vom praktischen Wert der Methode. Festschrift Heinz Mayer zum 65. Geburtstag, hrsgg. v. Clemens Jabloner u. a., 2011, S. 61–91 (81 ff.).

in Frage gestellt. Schon in der frühen Bundesrepublik hielt *Otto Bachof* fest:

„Wir wissen heute, daß schon in jeder richterlichen Interpretation einer Norm zugleich Normgestaltung, in jedem richterlichen Werturteil stets ein Stück echter und originärer Entscheidung über die Rechtsordnung lag und liegt."[162]

Interpretation ist daher stets von einem gewissen Beurteilungsspielraum geprägt, der teils enger, teils weiter ausfallen kann. Bei der Verwendung von Generalklauseln und unbestimmten Rechtsbegriffen (gute Sitten, Treu und Glauben, Würde des Menschen) ist diese denkbare Breite der Interpretationsmöglichkeiten größer als bei relativ präzise formulierten und tatbestandlich eng gefassten Normen. Doch schon wegen der, wie *Hart* es nennt, „open texture of law",[163] also der unentrinnbaren Offenheit und Unbestimmtheit des sprachlichen Ausdrucks, stehen praktisch bei jeder anspruchsvollen Interpretationsaufgabe Alternativen offen, sieht sich der Interpret der Aufgabe gegenüber, hier eine Auswahl treffen zu müssen, die einerseits keineswegs willkürlich sein sollte, anderer-

---

[162] Siehe etwa *O. Bachof*, Grundgesetz und Richtermacht, 1959, S. 8. Rund 30 Jahre zuvor hatte Richard Thoma geschrieben: „In Wahrheit kann, wie heute allgemein eingesehen wird, die dogmatische Aufgabe mit den Hilfsmitteln rein verstandesmäßiger Konstruktionen und rein logischer Schlußfolgerungen nicht gelöst werden. Der Rechtsdogmatiker, mag er nun ein Theoretiker, oder ein zur Entscheidung verpflichteter Richter sein, stößt vielmehr auf Schritt und Tritt auf Probleme, zu deren Lösung sich ihm widersprechende, aber in sich selbst logisch einwandfreie Konstruktionen und Schlußfolgerungen anbieten. Er muß dann seine Entscheidung treffen mittels eines im Grund irrationalen, also nicht aus logischer Denktätigkeit entspringenden *Werturteils*. Unter Umständen wird ihm dieses Werturteil oktroyiert durch die Gesamttendenz des anzuwendenden Gesetzes oder durch einen Satz der Verfassungsurkunde. In diesem Punkte können vor allem die in der Weimarer Verfassung enthaltenen Grundrechtsnormen von Bedeutung werden." *R. Thoma*, Gegenstand. – Methode. – Literatur., in: G. Anschütz/R. Thoma (Hrsg.), Handbuch des Deutschen Staatsrechts, Bd. I, Tübingen 1930, S. 1–13 (4).

[163] So die Überschrift in *H. L. A. Hart*, The Concept of Law (1961, 2nd edtion, Oxford 1994, chapter VII [S. 124ff.]).

seits aber keinesfalls als Produkt rein logischer oder mechanischer Ableitung aus anderen oder höheren Normen gedacht werden kann.

Diese heute nicht mehr in Frage gestellte Einsicht in den kreativen und partiell volitiven Auslegungsprozess bei der Rechtsanwendung[164] wirft nun freilich das Problem auf, wie die Rechtswissenschaft ihren wissenschaftlichen Charakter wahren soll, wenn der „subjektive Faktor" insoweit gar nicht auszuschalten ist. Was bedeutet es für die Wissenschaftlichkeit einer auf das positive Recht bezogenen Disziplin, wenn sich Aussagen über den Inhalt der Normen gar nicht mit Bestimmtheit und Sicherheit treffen lassen, Objektivität daher strukturell unmöglich ist?

Mein Antwortversuch besteht zunächst in dem Hinweis darauf, dass es einen großen Unterschied macht, wer die jeweilige Auslegungsarbeit vornimmt und damit den subjektiven Faktor aktiviert. Sprechen wir von der Tätigkeit der Rechtsinstitutionen, also der rechtssetzenden Organe (Parlamente und Ministerien), der Gerichte und Behörden, so ist klar, dass deren „Auslegung und Anwendung" höherrangiger Normen selbst wiederum Normen im eingangs geklärten Sinne[165] gebiert. Die Rechtsverordnung, die sich im Rahmen der gesetzlichen Vorgaben hält, schafft neues Recht, das innerhalb des vorgegebenen Rahmens auch partiell und punktuell anders hätte ausfallen können; und jede (rechtskräftige) Gerichtsentscheidung fügt dem Normenkosmos einen weiteren Bestandteil hinzu.[166]

Etwas ganz anderes ist es aber, wenn sich die Rechtswissenschaft (vorzugsweise mit Blick auf die Praxis der Gerichte) an der

---

[164] Siehe *Müller/Christensen*, Juristische Methodik (Fn. 53), S. 517 ff.; *Reimer*, Methodenlehre (Fn. 42), Rn. 475 ff.; *Rüthers/Fischer/Birk*, Rechtstheorie (Fn. 49), Rn. 696 f.

[165] Vgl. These I, oben S. 2 ff.

[166] Die hier angedeutete Verschränkung von Stufenbaulehre und Interpretationstheorie ist charakteristisch für Kelsens „Reine Rechtslehre" (vgl. *Dreier*, Rechtslehre [Fn. 3], S. 145 ff.), lässt sich aber auch ohne Rekurs auf diese fruchtbar machen.

Auslegungsarbeit beteiligt und hier entweder zu gleichen oder auch anderen Ergebnissen gelangt – sei es im Bezug auf bestimmte konkrete Fälle, sei es im Bezug auf bestimmte dogmatische Grundannahmen oder Figuren. Denn hier darf man den zentralen Statusunterschied zwischen Rechtsetzung und Rechtsanwendung staatlicher Institutionen einerseits, diesbezüglichen Stellungnahmen und entsprechenden oder widersprechenden Vorschlägen von wissenschaftlicher Seite andererseits nicht übersehen.[167] Die wissenschaftliche Meinung, wie sie sich im Kommentar, in der Monographie, im Aufsatz oder in welchem Publikationsformat auch immer äußert, hat keine normative Kraft, sondern kann höchstens (bestätigende oder alternative) Interpretationsangebote unterbreiten. Hingegen wird die möglicherweise entgegengesetzte Auffassung in der Rechtspraxis, wie sie in Gerichtsurteilen, behördlichen Einzelakten oder Verordnungen Gestalt gewinnen kann, zu einem Bestandteil der Rechtsordnung, fügt dem Normenkosmos einen neuen Bestandteil hinzu.[168] Sie und nicht die Meinung eines Rechtsprofessors verändert die Rechtswirklichkeit und schafft neue Tatbestände.[169]

Diese fundamentale Differenz wird verdunkelt durch Redeweisen wie jene vom „normativen Gehalt"[170] rechtsdogmatischer

---

[167] Zu diesem Punkt mit Nachdruck auch *Jestaedt,* Wissenschaft (Fn. 16), S. 8, 11.

[168] Die Reine Rechtslehre (und nicht nur sie) bringt das auf das Gegensatzpaar von authentischer und rechtswissenschaftlicher Interpretation. Siehe nur *Kelsen,* Reine Rechtslehre (Fn. 1), S. 346ff., 352ff. (Studienausgabe S. 596ff., 607ff.)

[169] Um es pointiert zu sagen: Eine bestimmte strafrechtswissenschaftliche Theorie zur Strafbarkeit des Gehilfen hat noch niemals jemanden hinter Gitter gebracht, sondern allein ein entsprechendes gerichtliches Urteil, gleichviel, ob das Gericht jene Theorie kannte oder nicht und ob es ihr gefolgt ist oder nicht. Die Möglichkeit, dass rechtsdogmatische Vorschläge von Seiten der Wissenschaft mittelbar über die Gerichte auf die Rechtsrealität durchschlagen, ist natürlich nicht zu leugnen, aber sie ändert an deren Status nichts.

[170] So *A. Voßkuhle,* Neue Verwaltungsrechtswissenschaft, in: W. Hoffmann-Riem/E. Schmidt-Aßmann/A. Voßkuhle (Hrsg.), Grundlagen des

Sätze. Und zumindest arg missverständlich klingt es, wenn man derartigen Aussagen der Rechtswissenschaft einen präskriptiven Status zuschreibt und meint, juristische Argumentation erzeuge einen „normativen Anspruch, den rechtsdogmatische Texte besitzen können, obwohl es ihnen an der Qualität eines Rechtsaktes fehlt."[171]

Problemlos ist die Charakterisierung der Rechtswissenschaft als normative Disziplin nämlich nur insofern, als Normen ihren Gegenstand bilden.[172] „Prekär hingegen wird diese Kennzeichnung, wenn mit ihr der Anspruch erhoben wird, rechtswissenschaftliche Aussagen selbst besäßen Normativität, gar die spezifische Normativität positiven Rechts (oder seien gar unter Umständen positives Recht)."[173] Gegen eine solche Form der „Selbstermächtigung" rechtswissenschaftlicher Dogmatik[174] ist entschiedener Widerspruch geboten. Die Rechtswissenschaft hat keine Lizenz zur Rechtsetzung oder zur Formulierung bindender Vorgaben für Politik und Judikatur, auch wenn es immer wieder mehr oder minder explizite Überhebungen dieser Art gegeben hat.[175] Für eine solche Rolle und Funktion ist jedenfalls im

---

Verwaltungsrechts (GVwR), Bd. I, 2. Aufl. 2012, § 1 Rn. 6; ebd. ist von „Konstruktionen normativer Erheblichkeit" die Rede.

[171] So *Bumke*, Rechtsdogmatik (Fn. 13), S. 129 f. (Zitat: S. 130).

[172] Siehe oben These I, S. 2 ff.

[173] *Jestaedt*, Wissenschaft (Fn. 16), S. 8.

[174] So eine mittlerweile geläufige kritische Bezeichnung für den Umstand, dass sich rechtsdogmatische Tätigkeit der Rechtswissenschaft normative Kraft beimisst und so der Rechtswissenschaftler zum rechtserzeugenden Akteur wird: *M. Jestaedt*, Das mag in der Theorie richtig sein …, 2006, S. 84 f.; *Lepsius*, Kritik (Fn. 20), S. 44 f.; *ders.*, Problemzugänge (Fn. 159), S. 66; *Hilbert*, Systemdenken (Fn. 13), S. 121 ff.; *Lindner*, Metaphysik (Fn. 5), S. 66, 128 u. ö.

[175] So votierte etwa Rudolf Smend offen für den Anspruch der Universität, „letzte Richtlinien und Wertsetzungen auch für die Politik aufzuweisen" (*R. Smend*, Hochschule und Parteien [1930], in: ders., Staatsrechtliche Abhandlungen und andere Aufsätze, 2. Aufl. 1968, S. 277–296 [285 f.]), und hielt auch nach dem Krieg daran fest, dass Wissenschaft „nicht mehr nur eine Konstatierung, sondern mindestens zugleich eine

demokratischen Verfassungsstaat – anders als vielleicht beim *ius commune* des Mittelalters oder gemäß dem Selbstverständnis der Historischen Rechtsschule – kein Titel ersichtlich.[176] Hier und heute ist das Konzept eines „wissenschaftlichen Rechts" eine Chimäre – oder besser vielleicht: eine unzulässige Anmaßung. Der Traum einer wissenschaftlichen Gesetzgebung ist ausgeträumt. Man muss sowohl im Interesse von demokratischer Rechtsstaatlichkeit als auch im Interesse der Aufrechterhaltung wissenschaftlicher Standards die Erkenntnisfunktion der Rechtswissenschaft klar von der Rechtsautorität der zur Entscheidung berufenen Instanzen trennen.[177] Entsprechend „hat die Rechtsdogmatik peinlich genau darauf zu achten, dass sie das Recht in seiner Erzeugungs- und Veränderungsautonomie [...] zutreffend erfasst und nicht Ansprüche erhebt, die den Selbstand des Rechts gegenüber der Rechtswissenschaft leugnen."[178]

Mit alledem ist natürlich nicht in Abrede gestellt, dass die dogmatisch arbeitende Rechtswissenschaft durchaus Einfluss auf die Rechtsprechung ausüben kann, soweit diese sich an ihren Auslegungsvorschlägen und Stellungnahmen zu bestimmten Streit-

normative Verkündigung, eine richtungweisende Stellungnahme zur Wirklichkeit, nicht zuletzt auch zur politischen Wirklichkeit" sei (*R. Smend*, Das Problem der Presse in der heutigen geistigen Lage [1946], ebd., S. 380–390 [384]).

[176] Ebenso knapp wie deutlich *Waldhoff*, Kritik (Fn. 14), S. 27 f.: Dogmatik ist „nicht Rechts-, sondern Rechtserkenntnisquelle; [...] stets rechtsnormakzessorisch und [...] bewegt sich ‚im' Rechtssystem, ist als wissenschaftliche Tätigkeit [...] aber als solche nicht rechtserzeugend, da erst durch kompetentiell ermächtigte Mitglieder des Rechtsstabes verbindliche Entscheidungen generiert werden".

[177] Das ist auch das zentrale Anliegen von *Lindner*, Metaphysik (Fn. 5), der vor allem für eine klare Trennung verschiedener Diskursebenen plädiert (S. 38 ff., 42 ff., 156 ff.) und deren Überschreitung insb. durch die Rechtswissenschaft in etwas gewöhnungsbedürftiger Terminologie als „Metaphysikproblem" umschreibt (etwa S. 50 ff., 156 f.).

[178] *Jestaedt*, Wissenschaft (Fn. 16), S. 8 ebd., S. 11: „Es ist nicht zu erkennen, dass das geltende Recht [...] der Rechtswissenschaft eine Ermächtigung zur Rechtsetzung verliehen hat."

fragen orientiert und sie rezipiert. Insofern kommt der rechtswissenschaftlichen Arbeit eine anderen Geisteswissenschaften unbekannte soziale Wirkmächtigkeit zu. Es kann nicht geleugnet – und soll auch gar nicht kritisiert – werden, dass womöglich für sehr viele Rechtswissenschaftler genau diese Wirkung ein hohes, ja womöglich das eigentliche Ziel ihrer Arbeit darstellt.[179] Das ändert aber nichts daran, dass sich letztlich die Entscheidung des Gerichts und nicht das Verfassen eines Aufsatzes oder die Kommentierung eines Artikels oder Paragraphen in der Wirklichkeit als folgenreich erweist. Schließlich unterliegen Rechtswissenschaft und Rechtsprechung ihren je eigenen Logiken und Systemimperativen, weswegen die eine sich nicht als Richterin über die andere aufschwingen kann. Dieser elementare Tatbestand wird meines Erachtens in der folgenden Sichtweise verfehlt:

> „Die Rezeption rechtsdogmatischer Forschung durch die Rechtsprechung ermöglicht [...] dem einzelnen Rechtswissenschaftler, durch seine Aussagen den Inhalt des geltenden Rechts nicht nur darzustellen, zu systematisieren und zu analysieren, sondern aktiv zu beeinflussen. Die Rechtsprechung wird in diesem System zu einer Schiedsinstanz über die Qualität rechtswissenschaftlicher Forschung, sie erfüllt eine dem naturwissenschaftlichen Experiment vergleichbare Falsifikationsfunktion. Wenn sich die (höchstrichterliche) Rechtsprechung der rechtsdogmatischen Argumentation eines Wissenschaftlers anschließt und diese damit zu geltendem Recht erklärt, fällt sie implizit ein Qualitätsurteil über diese und konkurrierende wissenschaftliche Aussagen."[180]

Hier wird nicht nur die Gerichtsbarkeit in völlig inakzeptabler Weise zur Beurteilungsinstanz wissenschaftlicher Qualitätsstandards erhoben und eine unhaltbare Parallele zum naturwissenschaftlichen Experiment gezogen, sondern fundamental die unterschiedliche Handlungs- und Operationslogik von Rechtswissenschaft und Rechtsprechung verkannt.

Selbst wenn man aber der hier befürworteten klaren Unterscheidung zwischen der Rechtsanwendung durch die staatlichen

---

[179] Andeutung bei *Lepsius,* Problemzugänge (Fn. 159), S. 88.
[180] *Hellgardt,* Regulierung (Fn. 146), S. 392.

Institutionen einerseits, der Arbeit an der rechtswissenschaftlichen Dogmatik andererseits folgt, ist die Frage nach der Wissenschaftlichkeit der letztgenannten und der von ihr erarbeiteten Auslegungsergebnisse noch nicht beantwortet. Denn wenn Auslegung unvermeidlich Spielräume und volitive Elemente aufweist, es mithin in aller Regel mehrere mögliche (und häufig mehrere gut vertretbare) Auslegungsergebnisse gibt, scheint der Objektivitätsanspruch der Wissenschaft unausweichlich auf der Strecke zu bleiben, weil der Rechtswissenschaftler bei seinem Auslegungsvorschlag ebenso unausweichlich subjektive Wertungen, Vorverständnisse und Willenselemente ins Spiel bringen muss wie der Richter. Die radikalste Konsequenz aus diesem Umstand hat *Hans Kelsen* gezogen. Da die Interpretation durch die Rechtswissenschaft nur „eine rein erkenntnismäßige Feststellung des Sinnes von Rechtsnormen" und mithin nicht ihrerseits Rechtserzeugung sein könne, bestünde ihre Aufgabe allein darin, die „möglichen Bedeutungen einer Rechtsnorm" herauszuarbeiten.[181] Die Rechtswissenschaft hat demgemäß die denkbaren Rechtsanwendungsmöglichkeiten zusammenzustellen und den Rechtsanwendungsinstanzen gleichsam zur Auswahl zu präsentieren. Freilich kann und muss das heißen: *alle* möglichen Bedeutungen. Dass das schon bei Normen höchst geringer Komplexität rasch zu einer geradezu explosionsartig wachsenden Vielzahl von Varianten führen würde, liegt auf der Hand. Kelsens Vorstellung ist von daher ebenso konsequent wie realitätsfern, und es ist kein Zufall, dass schon *Adolf Merkl* einschränkend bemerkt hatte, die Wissenschaft könne die verschiedenen Interpretationsvarianten „wohl regelmäßig auch nur in demonstrativer, nicht in taxativer Aufzählung" darlegen.[182]

Gleichwohl verweist Kelsens Vorstellung auf einen wichtigen Punkt. Die Wissenschaft kann etwas leisten, was die Rechtspraxis

---

[181] *Kelsen,* Reine Rechtslehre (Fn. 1), S. 353 (Studienausgabe S. 608).

[182] *A. Merkl,* Das Recht im Lichte seiner Anwendung (1917), in: H. Klecatsky/R. Marcic/H. Schambeck (Hrsg.), Die Wiener Rechtstheoretische Schule. Ausgewählte Schriften von Hans Kelsen, Adolf Julius Merkl und Alfred Verdross, Bd. I, 1968, S. 1167–1201 (1187).

nicht tun kann, ja nicht tun darf: in Alternativen denken und Alternativen anbieten. Für den Richter, der in einem konkreten Fall eine Norm, womöglich eine Strafnorm, zur Anwendung bringt, stellt es keine Handlungsoption dar, die Verurteilung auf eine andere als die von ihm gewählte Auslegungsvariante zu stützen: „Für solche Formen der autorisierten Verwirklichung eines Normgehalts ist das Insistieren auf weiteren Deutungsmöglichkeiten keine Option. Der Normgehalt lässt sich nicht auf zwei verschiedene Weisen zugleich verwirklichen."[183] Für die Rechtswissenschaft hingegen ist „das Insistieren auf weiteren Deutungsmöglichkeiten"[184] zulässig und vielleicht sogar typisch, wenn nicht gar essentiell.[185] Denn der wissenschaftliche Prozeß gelangt niemals an ein Ende, ein Gerichtsprozeß hingegen schon. Diese Unterscheidung zwischen einem interpretierenden und einem anwendenden Umgang mit Normen eröffnet eine weitere Perspektive für wissenschaftliche Interpretation und Dogmatik: die Analyse von Themen, die aktuell in der Rechtsprechung keine Rolle spielen, so dass es nicht zu den angedeuteten Problemen der Theorie-Praxis-Verklammerung kommen kann. Man könnte das vielleicht in Anlehnung an Peter Häberle[186] „wissenschaftliche Vorratshaltung" nennen: der Aufbau eines Argumentationsreservoirs als zentrale Aufgabe rechtswissenschaftlicher Dogmatik.

---

[183] *C. Möllers,* Möglichkeit (Fn. 52), S. 302 f.

[184] *C. Möllers,* Möglichkeit (Fn. 52), S. 302.

[185] Nur hieraus kann schließlich auch das erwachsen, was man als Kritik- und Innovationsfunktion rechtswissenschaftlicher Dogmatik bezeichnet. Vgl. nochmals *Wrase,* Norm (Fn. 47), S. 263 f. m. w. N.

[186] *P. Häberle,* Verfassung als öffentlicher Prozeß, 1978, S. 567, 658: „wissenschaftliche Vorratspolitik". Siehe die Erläuterung bei *P. Häberle,* Kommentierte Verfassungsrechtsprechung, 1979, S. 15 Fn. 37: „Wissenschaftliche Vorratspolitik […] heißt: Problemlösungen auf Vorrat herstellen, d. h., Problemlösungen zu fertigen, ohne daß ein konkreter Fall schon anstünde, ohne daß ein bestimmtes Problem akut drängte. Eben diese Unbelastetheit von akutem Problemdruck kann der Vorzug einer ‚Vorratspolitik' sein."

Diese wissenschaftliche Dogmatik kann schließlich weit über die sehr konkrete anwendungsbezogene Fallkonstellation hinaus gehen und stattdessen begriffliche, systematisierende, kohärenzsichernde Figuren entwickeln (vgl. These VIII), bei denen sich die Probleme des subjektiven Faktors und der unvermeidlichen Variationsbreite vertretbarer Entscheidungen nicht oder doch nicht in der gleichen Schärfe stellen wie bei einer anwendungsbezogenen Einzelfallentscheidung.

Die bislang ambitionierteste Konzeption zur Bewältigung des Problems des „subjektiven Faktors" bei der rechtsdogmatischen Arbeit schließlich greift auf den Gedanken der Verzahnung von Stufenbaulehre und Interpretationtheorie zurück,[187] wie er die Reine Rechtslehre kennzeichnet. Wenn demgemäß jede Rechtsentscheidung auf jeder Stufe zu einem Teil Kognition (Anwendung der Vorgaben der höheren Stufe), zum anderen Teil Dezision (Ausfüllung des vorhandenen Gestaltungs- und Beurteilungsspielraumes) ist, dann liegt es nahe, eine Rechtsgewinnungstheorie zu konzipieren, die diese beiden Schritte analytisch trennt und für sie jeweils unterschiedliche Methodiken konzipiert. Für eine solche Rechtsgewinnungstheorie, die den Normbindungs- wie den Normsetzungsaspekt bei der Anwendung des Rechts auf jeder Stufe analytisch sauber in eine Rechtserkenntnis- und eine Rechtsetzungslehre zu zerlegen hätte, liegen programmatische Ansätze, aber noch keine elaborierten Konzepte auf dem Tisch.[188]

Dies alles zeigt, dass eine wissenschaftliche Rechtsdogmatik sich dem Problem des subjektiven Faktors stellen muss. Viel wäre schon gewonnen, wenn es ein allgemeines Bewußtsein dafür gäbe, dass man diese Frage nicht einfach ignorieren kann, auch wenn allgemein konsentierte Antworten nicht in Sicht sind – und wenn klar wäre, dass der wissenschaftlich arbeitende Rechtsdogmatiker nicht zu einem rechtserzeugenden Akteur wird. Denn er hat

---

[187] Vgl. oben bei und in Fn. 13, 166.

[188] Siehe *M. Jestaedt,* Grundrechtsentfaltung im Gesetz, 1999, S. 279 ff., 320 ff.; *ders.,* Wie das Recht, so die Auslegung, in: ZöR 55 (2000), S. 133–158 (149 ff.); *ders.,* Wissenschaft (Fn. 16), S. 11.

das Rechtssystem zu erkennen, nicht zu erschaffen. So drängt sich eine letzte Frage auf: muss der rechtsdogmatisch arbeitende Rechtswissenschaftler diejenige Rechtsordnung, auf die er sich beschreibend, analysierend und kommentierend bezieht, eigentlich auch innerlich bejahen?

X. *Der Rechtswissenschaftler muss die Wertungen der von ihm beschriebenen Rechtsordnung nicht teilen.*

Spätestens seit *Max Weber* wissen wir, dass wissenschaftliche Analyse sich durchaus auf eine soziale Wirklichkeit beziehen kann, die von Wertvorgaben geprägt ist.[189] Werte und Normen können Gegenstand der Beschreibung, Erklärung und Kritik sein, ohne dass man sich mit den Wertphänomenen identifizieren oder ihre objektive Geltung zugrundelegen müsste. Sein berühmtes Wertfreiheitspostulat sollte denn auch besser und weniger missverständlich „Wertungsfreiheits-Postulat" heißen,[190] weil nicht die Objekte der Untersuchung frei von Wertungen und Wertbezügen sind, wohl aber die Aussagen über diese Objekte von subjektiven Werturteilen des Wissenschaftlers nicht affiziert werden sollten. Das alles gilt auch und gerade für das Recht und die Rechtswissenschaft.

Eine zu große Nähe oder gar Liebe zum Gegenstand kann den Juristen sprichwörtlich blind machen und die gebotene Distanz zum Untersuchungsobjekt gefährden. Der engagierte Tier- und Umweltfreund muss nicht automatisch der beste juristische Kommentator der Tier- und Umweltschutzgesetze sein. Denn die Regeln des Rechts und die eigenen tiefsitzenden Überzeugungen können sich hier ins Gehege kommen. Und ob tiefe Frömmig-

---

[189] Zum folgenden ausführlicher und m. w. N. *H. Dreier,* Max Webers Postulat der Wertfreiheit in der Wissenschaft und die Politik, in: H. Dreier/D. Willoweit (Hrsg.), Wissenschaft und Politik, 2010, S. 35–70 (37 ff., 44 ff.).

[190] So *R. Prewo,* Max Webers Wissenschaftsprogramm, 1979, S. 63.

keit und hohe religiöse Musikalität für die Ausarbeitung einer systematischen Theologie oder auch nur für religionssoziologische Untersuchungen unbedingt von Vorteil sind, scheint ebenfalls alles andere als sicher. Bei allzu großem Glaubenseifer könnte es an rationaler Kühle und affektiver Unberührtheit fehlen. Jedenfalls dürfte umgekehrt die Möglichkeit und vielleicht sogar die Wünschbarkeit einer „bekenntnisindifferenten Erforschung religiöser Bekenntnisse“[191] unbestreitbar sein.

Speziell für den Bereich der Rechtswissenschaft könnte man insoweit allerdings mit der hier in den letzten Jahren fast inflationär gewordenen (und im übrigen durchaus vieldeutigen[192]) Unterscheidung zwischen Beobachter- und Teilnehmerperspektive Einspruch erheben. Wird diese etwa prominent von *Niklas Luhmann* ins Spiel gebrachte kategoriale Differenz[193] doch jedenfalls von einigen Autoren so verstanden, dass zwar aus einer sozusagen wertfreien Beobachterperspektive eine solche neutral-wertfreie Erfassung der Rechtsnormen möglich sei, nicht aber aus einer Teilnehmerperspektive.[194] Nehme man diese ein, sei eine wertende Stellungnahme zur Rechtsordnung und ihren Normen unerlässlich, eine wertfreie Betrachtung unmöglich. Und zu diesen Teilnehmern werden dann nicht nur die Organe der Rechtsordnung wie insbesondere die Gerichte gezählt, sondern auch diejenigen Rechtswissenschaftler, die rechtsdogmatisch arbeiten. Das ist freilich alles andere als überzeugend. Denn, um es vielleicht an einem Beispiel plastisch werden zu lassen: Wir können uns doch gut einen streng katholischen Amtsträger vorstellen, dessen festen

---

[191] *B. Hasebrink/P. Strohschneider,* Religiöse Schriftkultur und säkulare Textwissenschaft, in: Poetica. Zeitschrift für Sprach- und Literaturwissenschaft 46 (2014), S. 277–291 (281).

[192] *S. Bertea,* The Normative Claim of Law, 2009, S. 252 f.; *D. Kuch,* Teilnehmerperspektive und Rechtssatzlehre: Eine problematische Beziehung, erscheint in: ARSP Heft 3/2019.

[193] Siehe *Luhmann,* Beobachtung (Fn. 115), S. 20 ff.

[194] *R. Alexy,* Begriff und Geltung des Rechts, 1992, S. 47 f., 117 ff., 121 ff., 129 ff.; *P. Koller,* Theorie des Rechts. Eine Einführung, 1992, S. 47 ff.

religiösen Überzeugungen die Möglichkeit einer Ehescheidung in fundamentaler Weise widerspricht, der aber in seiner amtlichen Funktion als Familienrichter getreulich die einschlägigen Normen des geltenden Scheidungsrechts anwendet. Und wir können uns ebenso gut einen Rechtswissenschaftler vorstellen, der seinen politischen Überzeugungen nach extrem linken Positionen zuneigt, aber scharfsinnige Beiträge und Kommentare zum Recht der ihm verhassten Konzerne verfasst.[195] Es kann also keine Rede davon sein, dass die Prätention der richtigen, also der gegebenen Rechtsordnung gemäß zutreffenden Auslegung irgendwie zwingend mit dem Anspruch auf moralische Richtigkeit durch den Rechtsanwender verknüpft sei.[196] Die Möglichkeit, Aussagen über Normen zu treffen, ohne sich mit ihnen zu identifizieren, hat *Joseph Raz*, durchaus im Gefolge einiger zentraler Überlegungen der Reinen Rechtslehre,[197] auf den Terminus der „detached state-

---

[195] Oder, um es historisch zu wenden: Wir wissen ja, dass es in der Weimarer Republik viele Richter gab, die als „Monarchisten aus innerer Notwendigkeit" (*Ernst Fraenkel*) der Republik ablehnend, wenn nicht feindlich gegenüberstanden, aber gleichwohl das geltende Recht in vertretbarer Weise zur Anwendung brachten (auch wenn besonders im Bereich der Strafjustiz ein hohes Maß an Parteilichkeit zu beobachten war). Und es gab Staatsrechtslehrer der gleichen Couleur, die bis 1933 durchaus wertvolle dogmatische Beiträge zum Staats- und Verwaltungsrecht der Weimarer Republik geleistet haben, obwohl sie diese innerlich verachteten. Dies alles zeigt: Man kann ein politisches System ablehnen, aber dessen Rechtsordnung verstehen. Oder, um es mit Kelsen zu sagen: es muss das „Kennen einer Norm nicht identisch sein mit Anerkennen derselben" (*H. Kelsen*, Hauptprobleme der Staatsrechtslehre, entwickelt aus der Lehre vom Rechtssatze [1911], 2. Aufl. 1923, S. 18).

[196] So aber *Alexy*, Begriff (Fn. 194), S. 132. Ausführliche Kritik bei *A. Engländer*, Diskurs als Rechtsquelle?, 2002, S. 136ff., 141ff.; speziell zur Prinzipientheorie Alexys *R. Poscher*, Theorie eines Phantoms – Die erfolglose Suche der Prinzipientheorie nach ihrem Gegenstand, in: Rechtswissenschaft 1 (2010), S. 349–372.

[197] Auf der Hand liegt die Nähe zu Kelsens Unterscheidung von Rechtsnormen und Rechtssätzen (*Kelsen*, Reine Rechtslehre [Fn. 1], S. 73ff.); aber auch die Grundnorm-Konstruktion (ebd., S. 196ff.) hat u.a. die Funktion, das Recht überhaupt als eine objektiv-geltende Ordung begreifen zu

ments" gebracht[198] – und damit Gefolgschaft bei seinem akademischen Lehrer, *H. L. A. Hart*, gefunden.[199]

Man kann die hier aufscheinende Problematik zu der Frage zuspitzen, ob nicht auch ein Anarchist eine gute Staatsrechtsvorlesung halten oder ein entsprechendes Lehrbuch schreiben könnte. *Kelsen* hat das bejaht.[200] Ganz ähnlich hatte *Max Weber* in seinem Aufsatz über den Sinn der Wertfreiheit befunden: „Der Anarchist kann sicherlich ein guter Rechtskundiger sein." Wenige

---

können. Dazu näher *Dreier*, Rechtslehre (Fn. 3), S. 27 ff., 42 ff. (Grundnorm), 196 ff. (Rechtsnormen und Rechtssätze). Zu Raz' diesbezüglicher Kelsen-Rezeption *D. Kuch*, Die Autorität des Rechts. Zur Rechtsphilosophie von Joseph Raz, 2016, S. 250 f., 301 ff.

[198] Sie zeichnen sich dadurch aus, dass sie Normen zum Gegenstand haben, aber der Normanwender sich nicht zu ihrer Verbindlichkeit für sich und andere bekennt. Vgl. *J. Raz*, Legal Validity (1977), in: ders., Authority of Law, 2nd ed. 2009, S. 146–159 (157); *Kuch*, Teilnehmerperspektive (Fn. 192), Abschnitt III.2.

[199] *H. L. A. Hart*, Legal Duty and Obligation, in: ders., Essays on Bentham, 1982, S. 127–161 (154 f.): „This conception of a detached normative statement […] shows how it can be the case that normative statements may be used in describing the law by those who in no way endorse or accept it as guides or standards of conduct."

[200] Vgl. nur *Kelsen*, Reine Rechtslehre (Fn. 1), S. 224 f. mit Anm. ** (Studienausgabe S. 393 f.): „Auch ein Anarchist kann, als Jurist, ein positives Recht als ein System gültiger Normen beschreiben, ohne dieses Recht zu billigen. Manche Lehrbücher, in denen eine kapitalistische Rechtsordnung als ein System von Pflichten, Ermächtigungen, Rechten, Kompetenzen konstitutierende Normen beschrieben werden, wurden von Juristen geschrieben, die politisch diese Rechtsordnung mißbilligten." – Im Gegensatz dazu meinte Gustav Radbruch, der Feind von Demokratie und Republik könne deren „Gesetze nur etwa so lesen wie der Teufel die Bibel" (*G. Radbruch*, Die deutsche Universität und der heutige Staat [1926], in: Gustav Radbruch-Gesamtausgabe, Bd. 13 [Politische Schriften aus der Weimarer Zeit II], 1993, eingeleitet und herausgegeben von A. Baratta, S. 254–258 [257]). Bei ihm ist freilich, wie sein Beitrag insgesamt zeigt, die rechtspolitische Stoßrichtung zu beachten: Es ging ihm in erster Linie darum, für die junge Republik zu werben und ihr Stabilität dadurch zu vermitteln, dass sich auch und vor allem die Amtsträger innerlich zu ihr bekennen.

Sätze später fügte er hinzu: „Denn der radikalste Zweifel ist der Vater der Erkenntnis."[201]

Für diese Position spricht vor allem, dass ansonsten kritische Rechtsanalysen totalitärer politischer Regime schwerlich denkbar wären. *Ernst Fraenkel* hat sich in seinem „Doppelstaat", der ersten umfassenden Untersuchung der Herrschaftsordnung des Dritten Reiches aus der Binnenperspektive, an zentraler Stelle auf das soeben erwähnte Zitat bezogen. Das verdient näher und im Zusammenhang zitiert zu werden, weil Fraenkel hier deutlich macht, wie sinnvoll und verständnisfördernd es sein kann, sich mit der Rechtsordnung eines Staates zu beschäftigen, dessen Struktur man ablehnt.[202] Er schreibt:

„Ipsens Behauptung, nur ein Nationalsozialist könne zur Analyse des deutschen Rechtes der Gegenwart beitragen, muß mit Nachdruck zurückgewiesen werden. Wäre diese These richtig, so resultierte sie in der Ablehnung jeder Form des internationalen Privatrechts. Basiert letzteres doch auf der Hypothese, daß einem jeden Richter eines bestimmten Rechts die Fähigkeit beigemessen wird, die Normen einer anderen Rechtsordnung zutreffend auszulegen.

Das Problem ist grundsätzlich von Max Weber in *Der Sinn der Wertfreiheit der soziologischen und ökonomischen Wissenschaften* behandelt worden. Er ging von dem hypothetischen Fall eines Anarchisten aus, der zugleich Rechtskundiger ist, und sagte, obwohl dieser die Normen, die er zu analysieren hat, ablehnt, könne ‚gerade jener sozusagen archimedische Punkt außerhalb der uns so selbstverständlichen Konventionen und Voraussetzungen, auf die ihn seine objektive Überzeugung – wenn sie echt ist – stellt, ihn befähigen, in den Grundanschauungen der üblichen Rechtslehre eine Problematik zu erkennen, die allen denjenigen entgeht, welchen jene allzu selbstverständlich sind. Denn der radikalste Zweifel ist der Vater der Erkenntnis'."

[201] Beide Zitate: *M. Weber*, Der Sinn der „Wertfreiheit" der soziologischen und ökonomischen Wissenschaften (1917), in: ders., Gesammelte Aufsätze zur Wissenschaftslehre, hrsgg. v. Johannes Winckelmann, 5. Aufl. 1982, S. 489–540 (496).

[202] Notabene: Fraenkel nimmt nicht eine bloße Beobachterperspektive ein. Vielmehr analysiert er als kritischer Teilnehmer die Handhabung des Rechts durch die Institutionen des NS-Systems, vornehmlich die Gerichte, und führt diese Handhabung auf ihre kritikwürdigen Prämissen zurück.

Der soeben zitierte Abschnitt schließt mit den unmittelbar folgenden Worten: „Diese Sätze sind die methodologische Rechtfertigung des vorliegenden Buches."[203] Sie sind zugleich das denkbar stärkste Argument für diese zehnte und letzte These.

[203] *E. Fraenkel,* Der Doppelstaat (dt. Erstausgabe 1974; engl. *The Dual State,* 1941), 3. Aufl. 2012 (mit einem Nachwort von Horst Dreier), S. 200.

Zivilrechtswissenschaft heute

Zwischen Orakeldeutung und Maschinenraum

Gerhard Wagner

I. Einleitung

Das Zivilrecht und seine Wissenschaft verstehen sich in Deutschland als Kern des Rechtssystems im Sinne eines rationalen und systematisch geschlossenen Regelbestands. Dieses Selbstverständnis geht auf das 19. Jahrhundert zurück, das seinerseits auf einer jahrhundertelangen Entwicklung beruht. Im 19. Jahrhundert wurden die Rezeption und Aneignung des römischen Rechts durch die deutsche Rechtswissenschaft zu einem beeindruckenden Abschluss geführt. Diese Epoche prägt die Zivilrechtswissenschaft bis heute. Seitdem hat sich zwar (sehr) viel verändert, doch eine Neugründung hat bisher nicht stattgefunden.

Dabei ist offensichtlich, dass mit dem Aufstieg des Wohlfahrtsstaats im 20. Jahrhundert und mit den weitreichenden Regulierungsbedürfnissen der modernen Gesellschaft das Zivilrecht erheblich an Bedeutung eingebüßt hat. Dies gilt zunächst rein quantitativ; die Zahl der „Sondergesetze", die bestimmte gesellschaftliche Probleme einer Lösung jenseits der Instrumente und des Rahmens des Zivilrechts zuführen, ist im Vergleich zum 19. Jahrhundert drastisch angestiegen. Die zunächst für Arbeitsunfälle gedachte und auf diese beschränkte Bismarck'sche Unfallversicherung von 1884[1] hat sich inzwischen zu einem umfassenden System entwickelt, gebändigt in einem „Sozialgesetzbuch" mit nicht weniger als 12 Büchern. Das Verwaltungsrecht hat seit dem Ende des 19. Jahrhunderts Massen von Rechtsstoff ausgebildet. Und jedes Jahr kommen neue Bestimmungen hinzu.

Das Zivilrecht wird bei rein quantitativer Betrachtung von dem Sozial- und dem Verwaltungsrecht nahezu erdrückt. In der Sache existieren die Materien jedoch weitgehend friedlich nebeneinander. Immerhin müssen die Schnittstellen gut gepflegt werden, im Deliktsrecht etwa der Tatbestand der Schutzgesetz-

[1] Dazu knapp *H. Kötz/G. Wagner*, Deliktsrecht, 13. Aufl. 2016, Rn. 571 ff.; *H. Eidenmüller*, Der homo oeconomicus und das Schuldrecht: Herausforderungen durch Behavioral Law and Economics, JZ 2005, 216, 217 ff.

verletzung, im Familienrecht das Recht des Versorgungsausgleichs, die Kindergeldanrechnung und vieles andere mehr. Diese Schnittstellen sind zwar je für sich interessant, werfen jedoch keine grundlegenden Probleme auf.

Qualitative Veränderungen hat die Zivilrechtswissenschaft nicht durch das Anwachsen öffentlich-rechtlicher Stoffmassen erfahren, sondern durch andere Phänomene, nämlich Gesetzgebung, Konstitutionalisierung und Europäisierung. Diese Entwicklungen haben die Art und Weise, wie Zivilrechtswissenschaft in Deutschland betrieben wird bzw. erfolgreich betrieben werden kann, tiefgreifend verändert. Die Veränderungen sind nicht abgeschlossen, sondern noch in vollem Gange. Sie vollziehen sich keineswegs konfliktfrei, sondern unter zum Teil heftigen Abwehrreaktionen der Zivilrechtswissenschaft selbst.

Im Folgenden wird zunächst in gedrängter Form der Stand der Zivilrechtswissenschaft vor den genannten Umwälzungen rekapituliert. Ihren Ausgangspunkt nimmt die Darstellung bei der historischen Rechtsschule des 19. Jahrhunderts (unten, II.) und dem von der Pandektenwissenschaft geprägten Stil des BGB (unten, III.). Anschließend werden die Veränderungen skizziert, die die Zivilrechtswissenschaft bis in die Nachkriegszeit genommen hat. Diese Veränderungen haben miteinander gemeinsam, dass Akteure außerhalb der Zivilrechtswissenschaft zentralen Einfluss auf das Zivilrecht gewinnen, nämlich der demokratisch legitimierte Gesetzgeber (unten, IV.), das BVerfG mit dem Instrument des auf das Privatrecht ausstrahlenden Verfassungsrechts (unten, V.), der europäische Gesetzgeber und der Europäische Gerichtshof (unten, VI.). Ein Thema, dass die genannten Einflüsse miteinander verbindet, ist die (Wieder-) Entdeckung des Privatrechts als Instrument zur Steuerung von Verhalten (unten, VII.). Hier liegt zugleich ein möglicher Ankerpunkt für die Privatrechtswissenschaft, die mit der systematischen Entfaltung der Steuerungsfunktion den Faden wiederaufnehmen kann, den *Jhering* mit seiner Zuwendung zum „Zweck im Recht“ ausgelegt hat (unten, VIII.).

II. Rückblick auf das 19. Jahrhundert: Wissenschaftliches Zivilrecht

1. Savigny: Begründung der historisch-systematischen Rechtswissenschaft

Das 19. Jahrhundert markiert den vorläufigen Höhepunkt einer Zivilrechtswissenschaft deutscher Provenienz. Es wurde geprägt von der historischen Rechtsschule und ihrem Gründervater *Friedrich Carl von Savigny*. Die historische Rechtsschule beruhte auf der Prämisse, das Zivilrecht sei kein Produkt kontingenter legislatorischer Bemühungen, sondern etwas historisch Gewordenes und insofern Vorgegebenes. In seiner Streitschrift gegen das Projekt eines deutschen Bürgerlichen Gesetzbuchs wendet sich *Savigny* ausführlich gegen die Vorstellung, die Gesetze seien die maßgebende Rechtsquelle:

> „[Nach verbreiteter Ansicht] entsteht im normalen Zustande alles Recht aus Gesetzen, d. h. ausdrücklichen Vorschriften der höchsten Staatsgewalt. Die Rechtswissenschaft hat lediglich den Inhalt der Gesetze zum Gegenstand. Demnach ist die Gesetzgebung selbst, so wie die Rechtswissenschaft, von ganz zufälligem, wechselndem Inhalt, und es ist sehr möglich, dass das Recht von morgen dem von heute gar nicht ähnlich sieht."[2]

Demgegenüber war *Savigny* der Auffassung,

> „der Stoff des Rechts sei durch die gesamte Vergangenheit der Nation gegeben, doch nicht durch Willkür, sodass er zufällig dieser oder ein anderer sein könnte, sondern aus dem innersten Wesen der Nation selbst und ihrer Geschichte hervorgegangen."[3]

---

[2] *F. C. von Savigny*, Vom Beruf unserer Zeit für Gesetzgebung und Rechtswissenschaft, 3. Aufl. 1840, S. 6; genauso *ders.*, Über den Zweck dieser Zeitschrift, Zeitschrift für geschichtliche Rechtswissenschaft I, S. 6.

[3] *Savigny*, Zeitschrift für geschichtliche Rechtswissenschaft I, S. 6; ausführlich *ders.*, Beruf (Fn. 2), S. 6.

Die Aufgabe jedes Zeitalters sei es,

„diesen mit innerer Notwendigkeit gegebenen Stoff zu durchschauen, zu verjüngen, und frisch zu erhalten.“[4]

Dementsprechend war für *Savigny* nicht das Gesetzesrecht, sondern das Gewohnheitsrecht die primäre Rechtsquelle.[5] Unter Gewohnheitsrecht versteht *Savigny*

„die unter dem Namen des Volksrechts dargestellte Rechtserzeugung, die auf unsichtbare Weise vor sich geht, und also nicht auf eine äußere Begebenheit und auf einen bestimmten Zeitpunkt zurückgeführt werden kann.“[6]

Das Gewohnheitsrecht regelt die Rechtsverhältnisse und enthält die auf die Rechtsverhältnisse zugeschnittenen Rechtsinstitute.[7] Es hat seine Wurzel „in dem gemeinsamen Bewusstsein des Volkes“, kurz: dem Volksgeist.[8] Mit steigender gesellschaftlicher Komplexität und Ausdifferenzierung verlagert sich das Rechtsbewusstsein des Volkes auf eine entsprechend spezialisierte Profession: Den Juristenstand.[9]

„Das Recht ist im besonderen Bewusstsein dieses Standes nur eine Fortsetzung und eigentümliche Entwicklung des Volksrechts.“[10]

Die Gesetzgebung wird von *Savigny* selbstverständlich anerkannt, aber sie nimmt in seiner Rechtsquellenlehre nur eine ergänzende Funktion wahr. Die Hauptaufgaben der Gesetzgebung bestehen bei *Savigny* darin, Unklarheiten im Rechtssystem zu beseitigen und es fortzuentwickeln; es geht um „ergänzende Nachhilfe für das

[4] *F. C. von Savigny*, Zeitschrift für geschichtliche Rechtswissenschaft I, S. 6.

[5] Eingehend dazu *J. Rückert*, Idealismus, Jurisprudenz und Politik bei Friedrich Carl von Savigny, 1984, S. 304 ff.

[6] *F. C. von Savigny*, System des heutigen römischen Rechts, Bd. I, 1840, S. 34.

[7] *Savigny*, System (Fn. 6), S. 9 f.

[8] *Savigny*, System (Fn. 6), S. 14.

[9] *Savigny*, System (Fn. 6), S. 17, 45 f.

[10] *Savigny*, System (Fn. 6), S. 45.

positive Recht“ und um „Unterstützung seines allmählichen Fortschreitens“.[11] Obwohl die Gesetzgebung ebenfalls den Volksgeist artikuliert,[12] kommt ihr nicht oder nicht automatisch die Kraft zu, Gewohnheitsrecht zu derogieren. Vielmehr liegt es umgekehrt: Das Volksrecht kann auch Gesetzesrecht überwinden.

> „Erkennt man aber in beiden Formen der Rechtsbildung eine gleiche, selbständige Würde an, so muss es einleuchten, dass die natürliche fortbildende Kraft des Volksrechts nicht durch den an sich zufälligen Umstand aufgehoben werden kann, wenn ein früheres Erzeugnis desselben die Form einer Gesetzgebung angenommen hat.“[13]

Als dritte Rechtsquelle neben dem Gewohnheits- und dem Gesetzesrecht steht bei *Savigny* das wissenschaftliche Recht.[14] Es wird durch den Juristenstand erzeugt, wobei der Stand der Rechtskundigen nicht nur die an Universitäten Lehrenden, sondern auch die Rechtspraktiker umfasst, insbesondere die Richter.[15] Die Juristen generieren wissenschaftliches Recht durch Rechtspraxis und durch wissenschaftliche Behandlung des Rechts. Letztere verleiht dem Stoff

> „ein neues organisches Leben, welches bildend auf den Stoff selbst zurückwirkt, so dass auch aus der Wissenschaft als solcher eine neue Art der Rechtserzeugung unaufhaltsam hervorgeht.“[16]

Dies vollzieht sich insbesondere dadurch, dass die Gesetze in die Dogmatik der Rechtsinstitute eingefügt werden. Die Regelungen der Rechtsinstitute ergeben sich dabei letztlich aus der Natur der Sache bzw. dem – philosophisch verstandenen – „Wesen der Sache“.[17] Alle Rechtsinstitute sind zu einem System verbunden, dessen Pflege dem Juristenstand obliegt.[18]

---

[11] *Savigny*, System (Fn. 6), S. 40.
[12] *Savigny*, System (Fn. 6), S. 39.
[13] *Savigny*, System (Fn. 6), S. 43.
[14] *Savigny*, System (Fn. 6), S. 45 ff.
[15] *Savigny*, System (Fn. 6), S. 45 f.
[16] *Savigny*, System (Fn. 6), S. 46 f.
[17] *Savigny*, System (Fn. 6), S. 9.
[18] *Savigny*, System (Fn. 6), S. 10, 48.

Der eben nur grob skizzierte Rechtsbegriff *Savignys* und die damit verbundene Beschreibung der Aufgaben der Rechtswissenschaft haben die deutsche Zivilrechtswissenschaft nachhaltig geprägt. Die Grundelemente sind: (1) Die Rechtsinstitute wurzeln in den Rechtsverhältnissen, deren Natur es durch eine idealistisch-metaphysische Methode zu erkennen gilt,[19] (2) die Rechtsinstitute fügen sich zu einem System zusammen, dessen Pflege und Fortentwicklung in entwickelten Gesellschaften dem Juristenstand obliegt, (3) das Recht ist den Zeitgenossen immer schon gegeben und zwar in Deutschland in Gestalt des römischen Rechts. In den Worten *Rückerts*: „Recht soll nicht eine Sache des Zufalles und menschlicher freier Gestaltung (Willkür) sein, sondern prinzipiell unverfügbar (notwendig)".[20] Ein politisch determinierter und entsprechend aktiver Gesetzgeber kommt in dieser Sicht auf Recht und Rechtswissenschaft nicht oder allenfalls am Rande vor.[21]

2. Die Entwicklung der historischen Rechtsschule im 19. Jahrhundert

Die Entwicklung der historischen Rechtsschule im 19. Jahrhundert kann hier nicht im Einzelnen nachgezeichnet werden.[22] Die maßgebenden Vertreter der Zivilrechtswissenschaft, wie *Puchta* und *Windscheid*, hielten jedenfalls an den zentralen Grundelementen der Lehre *Savignys* fest und konzentrierten sich auf die Arbeit an dem aus Gewohnheitsrecht abgeleiteten System. So ist das Ge-

---

[19] Zu dieser Methode eingehend *Rückert*, Idealismus (Fn. 5), S. 232 ff., 320 ff.

[20] *Rückert*, Idealismus (Fn. 5), S. 315.

[21] Dies entsprach durchaus der Haltung des klassischen römischen Rechts; *F. Schulz*, Prinzipien des Römischen Rechts, 1934, S. 4: „Die römische Auffassung lehnt die Kodifikation grundsätzlich ab und wahrt gegenüber der Einzelgesetzgebung eine strenge Zurückhaltung. Das Volk des Rechts ist nicht das Volk des Gesetzes."

[22] Vgl. dazu insbesondere *J. Schröder*, Recht als Wissenschaft, 2. Aufl. 2012; *ders.*, Rechtswissenschaft in der Neuzeit, 2010; *H. Haferkamp*, Die Historische Rechtsschule, 2017.

wohnheitsrecht auch bei *Puchta* die primäre Rechtsquelle; das Gesetzesrecht und das Juristenrecht treten daneben. Die Aufgabe der Wissenschaft erkennt *Puchta* in der Systembildung:

„Es ist nun die Aufgabe der Wissenschaft, die Rechtssätze in ihrem systematischen Zusammenhang, als einander bedingende und voneinander abstammende zu erkennen, um die Genealogie der einzelnen bis zu ihrem Prinzip hinauf zu verfolgen, und eben so von den Prinzipien bis zu ihren äußersten Sprossen herabsteigen zu können. Bei diesem Geschäft werden Rechtssätze zum Bewusstsein gebracht […], die in dem Geist des nationalen Rechts verborgen, weder in der unmittelbaren Überzeugung der Volksglieder und ihren Handlungen, noch in den Aussprüchen des Gesetzgebers zur Erscheinung gekommen sind, die also erst als Prozess einer wissenschaftlichen Deduktion sichtbar entstehen. So tritt die Wissenschaft als dritte Rechtsquelle zu den ersten beiden; das Recht, welches durch sie entsteht, ist Recht der Wissenschaft, oder […] Juristenrecht.“[23]

In dem vorstehenden Zitat klingt *Puchtas* berühmt-berüchtigte Begriffspyramide an, also die Vorstellung, es ließen sich Prinzipien definieren, aus denen sodann begriffliche Ableitungen mit „logischer“ Konsequenz gezogen werden könnten. Diese Methode ist von *Wieacker* mit dem Begriff des „wissenschaftlichen Positivismus“ belegt worden. Für diesen sei kennzeichnend, dass er „die Rechtssätze und ihre Anwendung ausschließlich aus System, Begriffen und Lehrsätzen der Rechtswissenschaft ableitet, ohne außerjuristischen, etwa religiösen, sozialen oder wissenschaftlichen Wertungen und Zwecken rechtserzeugende Kraft zuzugestehen“.[24]

Ob diese Kennzeichnung auf *Puchta* und die übrigen Vertreter der Pandektenwissenschaft zutrifft, ist in der aktuellen methodengeschichtlichen Diskussion umstritten.[25] Während bis in die sechziger Jahre des 20. Jahrhunderts hinein die Pandektenwissen-

---

[23] *G. Puchta*, Cursus der Institutionen, Bd. I, Geschichte des Rechts bei dem römischen Volk, mit einer Einleitung in die Rechtswissenschaft, 6. Aufl. 1865, hrsgg. von *A. F. Rudorff*.

[24] So die Definition von *F. Wieacker*, Privatrechtsgeschichte der Neuzeit, 2. Aufl. 1967, S. 431.

[25] Zu *Puchta* eingehend *H. Haferkamp*, Georg Friedrich Puchta und die „Begriffsjurisprudenz“, 2004, S. 26 ff.; *C. Mecke*, Begriff und System des Rechts bei Georg Friedrich Puchta, 2009, S. 811 ff.

schaft als Begriffsjurisprudenz charakterisiert und damit denunziert wurde,[26] überwiegt seither eine wesentlich positivere Sicht dieser Periode.[27] In den Worten *Rückerts* handelte es sich um eine „idealistische System- und Prinzipienjurisprudenz",[28] die durchaus adäquate Lösungen für zeitgenössische Probleme entwickelte. Eine Stellungnahme zu dieser Auseinandersetzung fällt schwer, weil unklar ist, was genau unter Begriffsjurisprudenz verstanden wird und wie sich dieser Begriff zu anderen Kennzeichnungen wie derjenigen des wissenschaftlichen Positivismus verhält. Auf der einen Seite steht fest, dass die Rechtswissenschaft des 19. Jahrhunderts den Anspruch erhoben hat, das geltende Recht zu reflektieren und fortzuentwickeln und damit keineswegs gescheitert ist. Eine völlig „lebensfremde", begriffsverliebte Theorie hätte niemals den Zugriff und Einfluss auf die juristische Praxis haben können, den die Pandektenwissenschaft zweifellos hatte.

Auf der anderen Seite lässt sich die Kritik an der Pandektenwissenschaft durch den älteren *Jhering*[29] und spätere Generationen nicht ignorieren.[30] Es fällt schwer zu glauben, dass diese Autoren

---

[26] *K. Larenz*, Methodenlehre der Rechtswissenschaft, 6. Aufl. 1991, S. 19 ff.; auch *Wieacker*, Privatrechtsgeschichte (Fn. 24), S. 430 ff.

[27] Dazu eingehend *U. Falk*, Ein Gelehrter wie Windscheid, 1989; *J. Rückert*, Methode und Zivilrecht bei Bernhard Windscheid, in: ders./ R. Seinecke (Hrsg.), Methodik des Zivilrechts – von Savigny bis Teubner, 3. Aufl. 2017, S. 121 ff.; vgl. auch die Nachweise in Fn. 25. Den heutigen Forschungsstand zusammenfassend *H. Haferkamp*, Positivismen als Ordnungsbegriffe, in: O. Behrends/E. Schumann (Hrsg.), Franz Wieacker – Historiker des modernen Privatrechts, 2010, S. 181 ff.

[28] *J. Rückert*, Vom „Freirecht" zur freien „Wertungsjurisprudenz" – eine Geschichte voller Legenden, ZRG GA 125 (2008), 199, 208 und passim; ähnlich, wenn auch weniger affirmativ *Schröder*, Recht (Fn. 22), S. 276.

[29] *R. von Jhering*, Scherz und Ernst in der Jurisprudenz, 13. Aufl. 1924, Nachdruck 1975, S. 3, 6 ff.

[30] Treffend *Schröder*, Recht (Fn. 22), S. 256 f.: „Es hat keinen Sinn, solche ‚begriffsjuristischen Verfahrensweisen' zu leugnen, wie es in der modernen Literatur zuweilen geschieht, und Savigny und die historische Schule wohlmeinend gegen den späteren Vorwurf der ‚Inversionsmethode' (Heck) zu verteidigen. Es kommt vielmehr darauf an, diese Methode aus dem

eine Fata Morgana gesehen haben bzw. der *ältere Jhering* lediglich die eigenen „Verfehlungen" auf *Puchta* und andere projiziert hat.[31] Insbesondere *Puchta* hatte große Schwierigkeiten, dem klassischen römischen Recht unbekannte Rechtsinstitute wie die Forderungsabtretung, den Vertrag zugunsten Dritter und die unmittelbare Stellvertretung anzuerkennen.[32] *Heck* ist bei der Entwicklung der Interessenjurisprudenz in den dreißiger Jahren des zwanzigsten Jahrhunderts ausdrücklich um Abgrenzung zu der von ihm pejorativ als Inversionsmethode[33] oder technische Begriffsjurisprudenz[34] bezeichneten Haltung bemüht. Darunter verstand *Heck* eine Methode, die aus den bestehenden Normen in einem induktiven Verfahren allgemeine Begriffe destilliert, um dann aus diesen Begriffen auf deduktive Weise Lösungen für nicht in den Ausgangsnormen geregelte Rechtsprobleme zu entwickeln.[35] Dabei war *Heck* der Auffassung, dass „die Bedürfnisse des Lebens [...] weder bei der Bildung des Begriffs, noch bei der nachfolgenden Subsumtion berücksichtigt [wurden]".[36]

Ungeachtet der Kontroversen um das abwertend gemeinte Etikett der „Begriffsjurisprudenz" und des „Positivismus" lässt sich für die Rechtswissenschaft des 19. Jahrhunderts jedenfalls festhalten: Sie sah die Hauptaufgabe der Rechtswissenschaft in der systematischen Erfassung, dogmatischen Gliederung und Fortentwicklung des überkommenen Gewohnheitsrechts.[37] Mit der Arbeit an dem rein juristisch gedachten und konstruierten „System" ging eine „Isolierung" der Rechtswissenschaft gegenüber gesell-

---

idealistischen, organischen Rechtsdenken der historischen Schule zu verstehen, das in ihnen – übereinstimmend mit der zeitgenössischen Logik – nichts Unerlaubtes sehen konnte." Vgl. auch aaO, S. 276.

[31] *Mecke*, Begriff (Fn. 25), S. 830 f

[32] *Mecke*, Begriff (Fn. 25), S. 823 ff.; *Schröder*, Recht (Fn. 22), S. 271.

[33] *P. Heck*, Das Problem der Rechtsgewinnung, 1932, S. 9 ff.

[34] *P. Heck*, Begriffsbildung und Interessenjurisprudenz, 1932, S. 9, 50 f.

[35] Dazu aus heutiger Sicht eingehend *Schröder*, Recht (Fn. 22), S. 252 ff.

[36] *Heck*, Rechtsgewinnung (Fn. 33), S. 10.

[37] *B. Windscheid*, Die Aufgaben der Rechtswissenschaft, in: P. Oertmann (Hrsg.), Gesammelte Reden und Abhandlungen, 1904, S. 100, 107.

schaftlichen und politischen Einflüssen sowie normativen Fragen generell einher.[38] Das berühmte Diktum *Windscheids*, ethische, politische und volkswirtschaftliche Erwägungen seien „nicht Sache des Juristen als solchen",[39] war zwar auf den Gesetzgebungsprozess bezogen und sollte zum Ausdruck bringen, dass der Jurist hier keine besondere Kompetenz für sich in Anspruch nehmen kann. Die Aussage bringt aber auch zum Ausdruck, dass der „Jurist als solcher" zu normativen Fragen *nichts* beizutragen hat – außer klar konturierten Begriffen. *Windscheid* selbst nennt das Beispiel der Haftung des Frachtführers nach dem HGB und erblickt die Aufgabe der Rechtswissenschaft darin, den Begriff der höheren Gewalt zu definieren.[40] Die Frage, ob der Frachtführer verschuldensunabhängig bis zur Grenze höherer Gewalt haften solle, ist hingegen eine politische Frage, zu der der Jurist nichts beitragen kann. *Windscheids* Jurist kennt demnach den historischen Stammbaum der vorhandenen Rechtssätze und -begriffe ganz genau, doch er weiß nicht, warum sie so gewordenen sind, welches Problem, welchen gesellschaftlichen Konflikt sie zu lösen bestimmt sind.

Dieses Desinteresse an der „warum"-Frage kennzeichnet die deutsche Rechtswissenschaft bis heute. Deshalb trifft *Wieackers* Kennzeichnung der Pandektenwissenschaft als „wissenschaftlichen Positivismus" doch einen richtigen und wichtigen Punkt. Die Pandektenwissenschaft nahm für sich in Anspruch, das Recht im Wege der historisch informierten Begriffs- und Systembildung inhaltlich zu profilieren und fortzubilden.[41] Indem der Juristenstand als Organ des Volksgeists ausgegeben wurde, beanspruchte die Rechtswissenschaft letztlich die Deutungshoheit über das Recht. Die Macht der Gesetzgebung – die im 19. Jahr-

---

[38] *A. Hellgardt*, Regulierung und Privatrecht, 2016, S. 333; zum klassischen römischen Recht *F. Schulz*, Prinzipien (Fn. 21), S. 13 ff.; *R. Zimmermann*, Römisches Recht, in: Handwörterbuch des Europäischen Privatrechts, Bd. II, 2009, S. 1310 f.

[39] *Windscheid*, Aufgaben (Fn. 37), S. 100, 112.

[40] *Windscheid*, Aufgaben (Fn. 37), S. 100, 112.

[41] *Schröder*, Recht (Fn. 22), S. 393.

hundert der bei *Puchta* sog. Obrigkeit[42] obliegt – wird selbstverständlich nicht in Abrede gestellt, doch ihre Rolle bleibt marginal. Im Fall eines Konflikts zwischen Gesetzes- und Gewohnheitsrecht entscheidet die Rechtswissenschaft darüber, welcher Regelung der Vorrang gebührt.

III. Rechtswissenschaft unter dem BGB

1. Kodifikation des Pandektenrechts

Das BGB ist die Zentralkodifikation des deutschen Privatrechts. Nach über zwanzigjähriger Vorbereitung im Jahre 1900 in Kraft getreten, bildet es seither den Hauptgegenstand der deutschen Zivilrechtswissenschaft. Die Verfasser des BGB beabsichtigten keinen Bruch mit dem zuvor geltenden Recht, sondern dessen Kodifikation. Zum überkommenen Recht zählten die Zivilrechtskodifikationen der deutschen Territorialstaaten, der im linksrheinischen Deutschland auch nach der Niederlage Napoleons geltende Code civil sowie vor allem das gemeine Recht. Zivilrechtskodifikationen erheben in den seltensten Fällen einen inhaltlichen Reformanspruch. Mit Abstrichen gilt dies sogar für den französischen Code civil von 1804, der vor allem auch der Vereinheitlichung von *droit écrit* und *droit coutumier* diente[43] und sich dabei auf die wissenschaftlichen Vorarbeiten insbesondere von *Domat* und *Pothier* stützen konnte.[44] Während der Code civil jedoch über die Rechtsvereinheitlichungsfunktion hinaus zur Gründungsurkunde der bürgerlichen Gesellschaft avancierte,[45]

---

[42] *Puchta*, Cursus (Fn. 23), S. 24 ff., 29.

[43] *K. Zweigert/H. Kötz*, Einführung in die Rechtsvergleichung, 3. Aufl. 1996, § 6 I, S. 74.

[44] Vgl. nur *Wieacker*, Privatrechtsgeschichte (Fn. 24), S. 340 f.; *Zweigert/Kötz*, Rechtsvergleichung (Fn. 43), S. 78 f., 86 f.

[45] *Wieacker*, Privatrechtsgeschichte (Fn. 24), S. 339: „Alle diese [Vernunftrechts-]Gesetzbücher überbietet an glanzvollen äußeren und inneren Wirkungen der Code civil von 1804".

blieb das BGB insoweit bescheiden und sprachlos. Die deutsche Zivilrechtskodifikation war eine Reaktion auf die erstmals, wenn auch nur im kleindeutschen Maßstab, gewonnene nationale Einheit, nicht hingegen auf die Übernahme der politischen Macht durch das Bürgertum.[46] Hinter dem BGB stand kein politisch ambitionierter Gesetzgeber, der eigene Wertungen setzen wollte. Vielmehr war die Kodifikation das Ergebnis einer „Gemeinschaftsunternehmung von Rechtswissenschaft und Gesetzgeber".[47] Auch deshalb konnten Stil und Dogmatik der Pandektenwissenschaft unter dem BGB zunächst beibehalten werden.

2. Abschied vom Gewohnheitsrecht

Mit dem BGB erledigte sich allerdings die Stellung des Gewohnheitsrechts als zentrale Rechtsquelle. An seine Stelle trat die Zivilrechtskodifikation selbst, also das Gesetz. Der erste Entwurf zum BGB enthielt noch eine ausdrückliche Vorschrift, die die Degradierung des Gewohnheitsrechts von der primären zur subsidiären Rechtsquelle besiegelte, die einer Autorisierung durch den Gesetzgeber bedürfen sollte. In § 2 des Ersten Entwurfs hieß es:

> „Gewohnheitsrechtliche Rechtsnormen gelten nur insoweit, als das Gesetz auf Gewohnheitsrecht verweist."[48]

In der Begründung wird beschwichtigend hinzugefügt, damit solle die Rolle der Wissenschaft bei der Systematisierung und Fortbildung des Rechts nicht beschnitten werden.[49] § 2 des Ersten Entwurfs wurde von der Zweiten Kommission zwar gestrichen, doch die damit verbundene sachliche Änderung blieb marginal. Einer-

[46] Nochmals *Wieacker*, Privatrechtsgeschichte (Fn. 24), S. 468 ff., 479.

[47] *W. Ernst*, Gelehrtes Recht, in: C. Engel/W. Schön (Hrsg.), Das Proprium der Rechtswissenschaft, 2007, S. 3, 9, mit Blick auf Kodifikationen allgemein: „Höhepunkte verwissenschaftlichter Gesetzgebung".

[48] *B. Mugdan*, Die gesammten Materialien zum Bürgerlichen Gesetzbuch, Bd. I, 1899, S. LII, mit Begründung S. 362 ff.

[49] *Mugdan*, Materialien (Fn. 48), S. 362 f.

seits wollte man klarstellen, dass der judikativen Rechtsfortbildung durch Analogie, einschränkende Auslegung und andere methodische Mittel keine Beschränkungen auferlegt werden sollten.[50] Die darüber hinaus erwünschte Derogation regional geltenden Gewohnheitsrechts ergebe sich bereits aus dem verfassungsrechtlichen Grundsatz „Reichsrecht bricht Landesrecht".

Auf eine Regelung der Auslegungsgrundsätze für das neue Gesetzbuch haben die Verfasser des Ersten Entwurfs bewusst verzichtet, und dabei ist es im Folgenden geblieben. Es sei nicht sinnvoll, in das Gesetzbuch Belehrungen über seine Auslegung aufzunehmen. Allerdings haben die Gesetzesverfasser klargestellt, dass sich die Rechtsfortbildung in Zukunft innerhalb der Kodifikation vollziehen solle, nicht außerhalb.[51] Der gegen Ende des 19. Jahrhunderts als Einfallstor für die Rechtsfortbildung dienende Topos der „Natur der Sache" wurde zwar zugelassen, allerdings nur im Rahmen des Gesetzes und unter Berücksichtigung der diesem zugrunde liegenden Prinzipien.[52]

Dementsprechend blieb der Stil der Zivilrechtswissenschaft nach 1900 demjenigen vor der Kodifikation eng verwandt. Auch nach Inkrafttreten des BGB sah die Zivilrechtswissenschaft ihre Hauptaufgabe darin, eine Zivilrechtskodifikation begrifflich und systematisch zu erschließen, die ihrerseits begriffliche Abstraktion und Präzision über Anschaulichkeit und intuitive Verständlichkeit gestellt hatte. Für *Wieacker* markierte das Inkrafttreten des BGB lediglich den Übergang vom wissenschaftlichen Positivismus zum Gesetzespositivismus.[53] An die Stelle der römischen Quellen seien die Bestimmungen des BGB getreten mit dem Ergebnis der „Begriffsjurisprudenz […] in einer […] von der

---

[50] *Mugdan*, Materialien (Fn. 48), S. 570.

[51] *Mugdan*, Materialien (Fn. 48), S. 570.

[52] *Mugdan*, Materialien (Fn. 48), S. 365 f.

[53] *Wieacker*, Privatrechtsgeschichte (Fn. 24), S. 458 ff.; kritisch dazu *J. Schröder*, Gab es im deutschen Kaiserreich einen Gesetzespositivismus?, FS Otte, 2005, S. 571 ff.; wieder abgedruckt in *ders.*, Rechtswissenschaft (Fn. 22), S. 505 ff.

Tradition abgeschnittenen und darum besonders beengten und dürftigen Gestalt".[54] Schon bei Inkrafttreten des BGB wurde die Befürchtung laut, die Regelungen der Kodifikation würden sich als „Gefängniszellen" erweisen.[55] Ganz sicher fand eine Konzentration der Rechtswissenschaft auf das frisch kodifizierte Recht statt. Das Gesetzbuch schnitt die Bezüge des geltenden Rechts sowohl zu seinen historischen Vorläufern als auch zu seinen rechtsvergleichend zu erschließenden Nachbarn ab.[56] In der juristischen Ausbildung an den Universitäten verlor die Pandektenvorlesung ihre zentrale Stelle im juristischen Curriculum und wurde von Vorlesungen zu den verschiedenen Büchern des BGB abgelöst.[57]

Ob diese Umstellungen mit dem Begriff des Gesetzespositivismus zutreffend gekennzeichnet sind, ist zweifelhaft und hängt nicht zuletzt davon ab, was genau unter Gesetzespositivismus verstanden wird. Genauso wie vor der Kodifikation bot der systematisierend-dogmatisierende Stil der Pandektenwissenschaft erhebliche Spielräume für die Auslegung und Fortbildung des Rechts. Diese wurden in der Rechtsprechung des Reichsgerichts auch genutzt.[58] Dem entsprechend finden *Zimmermann/Verse* nach Durchsicht der Rechtsprechung des Reichsgerichts zum Deliktsrecht die These, die Judikatur der frühen Jahre des BGB sei durch eine extrem buchstäbliche Anwendung des Gesetzes geprägt worden, nicht bestätigt. Im Gegenteil hätten „bereits die Richter der Kaiserzeit die Grundlagen für das [gelegt], was *von Caemmerer*

---

[54] *Wieacker*, Privatrechtsgeschichte (Fn. 24), S. 580.

[55] *H. Wüstendörfer*, Die deutsche Rechtswissenschaft am Wendepunkt, AcP 110 (1913), 219, 224.

[56] *R. Zimmermann*, in: Historisch-kritischer Kommentar zum BGB, Bd. I, 2003, Vor § 1 Rn. 14.

[57] *E. Friedberg*, Die künftige Gestaltung des deutschen Rechtsstudiums nach den Beschlüssen der Eisenacher Konferenz, 1896; *Zimmermann*, in: Historisch-kritischer Kommentar zum BGB, Bd. I (Fn. 56), Vor § 1 Rn. 15; *K. Luig*, Digesten und Dogmatik, Rechtshistorisches Journal 1986, 290 f.

[58] Vgl. dazu die Beiträge in *U. Falk/H. Mohnhaupt* (Hrsg.), Das bürgerliche Gesetzbuch und seine Richter, 2000.

die ‚Wandlungen des Deliktsrechts' genannt hat."[59] Dabei konnte das Reichsgericht allerdings an Rechtsprechungslinien anknüpfen, die bereits vor der Kodifikation begonnen worden waren.[60] Genauso verhielt es sich auch in anderen wichtigen Bereichen des Zivilrechts, wie etwa dem Gewährleistungsrecht.[61]

3. Zweckdenken, Freirecht und Interessenjurisprudenz

Noch vor dem Inkrafttreten des BGB hatte allerdings *Jhering* mit dem „Zweck im Recht" ein für die Zukunft wirkmächtiges Stichwort geprägt.[62] In den Worten von *Jan Schröder* läutet *Jhering* den Übergang zu einem „voluntaristischen Rechtsbegriff" ein, der das Recht nicht mehr im Volksgeist verortet, sondern im Willen des Gesetzgebers im Sinne eines „allgemeinen Willens".[63] Dies war keineswegs demokratisch im Sinne von „volonté générale" gedacht, denn die Bestimmung der Rechtszwecke und ihre Umsetzung in Rechtsnormen und Rechtsprinzipien blieben genuine Aufgaben der Rechtswissenschaft.[64] Für diese hielt *Jhering* an der Methode der „juristischen Konstruktion" fest und versuchte lediglich, sie weiterzuentwickeln.[65] Grundstürzende me-

---

[59] *R. Zimmermann/D. Verse*, Die Reaktion des Reichsgerichts auf die Kodifikation des deutschen Deliktsrechts (1900 – 1914), in: Falk/Mohnhaupt, BGB (Fn. 58), S. 319, 340. Die Bezugnahme auf *von Caemmerer* gilt dem Beitrag in FS 100 Jahre DJT, Bd. II, 1960, S. 49ff.

[60] *Zimmermann/Verse*, Reaktion (Fn. 59), S. 319, 341.

[61] *F. Ranieri*, Kaufrechtliche Gewährleistung und Irrtumsproblematik: Kontinuität und Diskontinuität in der Judikatur des Reichsgerichts nach 1900, in: Falk/Mohnhaupt, BGB (Fn. 58), S. 207, 228f.

[62] *R. von Jhering*, Der Zweck im Recht, Bd. 1, 2. Aufl. 1884, Bd. 2, 1883.

[63] *Schröder*, Recht (Fn. 22), S. 281ff.

[64] Vgl. *Schröder*, Recht (Fn. 22), S. 284f.; *T. Wischmeyer*, Zwecke im Recht des Verfassungsstaates, 2015, S. 55, 56: Der Zweck im Recht bei *Jhering* als „Sphinx", „eingebettet in die Untiefen einer zwischen Idealismus und Naturalismus schwankenden Theorielandschaft, deren Kohärenz schon ihrem Urheber fragwürdig erschien."

[65] *N. Jansen/M. Reimann*, Begriff und Zweck in der Jurisprudenz – Ein Geburtstagsblatt für Rudolf von Jhering, ZEuP 2018, 89, 104f.

thodologische Folgen hatte die Entdeckung des Zwecks im Recht bei seinem Entdecker deshalb nicht.[66] Mit teleologischer Auslegung im Sinne der heutigen Methodenlehre hatte es nichts zu tun.[67] Dementsprechend erhob *Heck* gegen *Jhering* den Vorwurf, trotz seiner Hinwendung zum Zweckbegriff der von ihm pejorativ sog. Inversionsmethode nicht abgeschworen zu haben.[68]

Erst nach *Jhering* kam es zu heftigen Gegenbewegungen zur dogmatischen Zivilrechtswissenschaft. Die Freirechtsschule bezog massiv Stellung gegen den rechtswissenschaftlichen Mainstream, indem sie die Kontingenz richterlichen Entscheidens betonte.[69] Wesentlich wichtiger und erfolgreicher war die von *Philipp Heck* und der Tübinger Schule begründete Interessenjurisprudenz.[70] Mit dem Aufkommen der Interessenjurisprudenz wird erstmals ein politisch motivierter Gesetzgeber eingeführt,[71] der kontingente Wertungen trifft, an die der Rechtsanwender ebenso gebunden ist wie der Rechtswissenschaftler:

„Die Gesetzesgebote sind nun nicht nur darauf gerichtet, Interessen abzugrenzen, sondern sie sind selbst Interessenprodukte wie alle anderen Aktivgebote. [...] Die Gesetze sind die Resultanten der in jeder Rechtsgemeinschaft einander gegenübertretenden und um Anerkennung ringenden Interessen materieller, nationaler, religiöser und ethischer Richtung. In dieser Erkenntnis besteht der Kern der Interessenjurisprudenz. [...] Politik ist nichts anderes als Teilnahme an der Gesetzgebung. Allerdings tritt der Konflikt der Interessen nicht immer gleich deutlich in die Erscheinung.

---

[66] Die Kontinuitäten in *Jherings* Werk betont auch *Wischmeyer*, Zwecke (Fn. 64), S. 61 ff., 78 ff.

[67] *Wischmeyer*, Zwecke (Fn. 64), S. 81, mit der Aussage, im Vergleich zu *Jherings* Zweckdenken wirke „selbst Windscheids Methodenlehre problem- und praxisorientiert."

[68] *Heck*, Rechtsgewinnung (Fn. 33), S. 11 ff.

[69] Dazu *Wieacker*, Privatrechtsgeschichte (Fn. 24), S. 579 ff., einerseits; *Rückert*, Freirecht (Fn. 28), S. 201 ff., andererseits. Weiter *Heck*, Begriffsbildung (Fn. 34), S. 22 ff.; *Schröder*, Recht (Fn. 22), S. 335 ff.

[70] *Wieacker*, Privatrechtsgeschichte (Fn. 24), S. 574 ff.; eingehend zu Heck *M. Auer*, Methodenkritik und Interessenjurisprudenz, ZEuP 2008, 517.

[71] Ausdrücklich bei *Heck*, Begriffsbildung (Fn. 34), S. 37 f.

Am offenkundigsten wird er dort, wo die Stellung in dem abzugrenzenden Interessenkonflikte von vornherein vorgezeichnet ist. Dann erzeugt die Regelung der zukünftigen Interessenkonflikte einen aktuellen Konflikt der *Interessenten*. Das sind die eigentlichen politischen Fragen, bei denen sich große Interessentengruppen gegenüberstehen. […] Das Privatrecht zeigt solche Probleme nur ausnahmsweise. Mehr im Verborgenen vollzieht sich die Schlichtung des Interessenkonflikts, wenn die künftigen Rollen noch nicht verteilt sind, jedes Mitglied der Gemeinschaft die gleiche Chance hat, auf der einen oder auf der anderen Seite aufzutreten. Solche Probleme sind die unpolitischen, technischen Rechtsfragen. Ungleichheit der Chancen ermöglicht Zwischenformen (Mieter und Hausbesitzer)."[72]

Konsequenterweise vertrat *Heck* eine subjektive Auslegungszieltheorie, die den Gesetzeszweck nach den „wirklichen Vorstellungen der mit der Gesetzgebung beauftragten Menschen" bemisst.[73]

Trotz der Aufwertung des Gesetzgebers sah *Heck* die Rolle der Rechtswissenschaft praktisch unverändert in der Systembildung auf der Grundlage des geltenden Rechts. *Heck* gilt als Erfinder der bis heute tradierten Unterscheidung zwischen dem äußeren System des Zivilrechts und seinem inneren System. Unter dem äußeren System versteht *Heck* die Ordnungsbegriffe des Gesetzes und die Beziehungen zwischen diesen.[74] Das äußere System ist wichtig für die Praktikabilität des Gesetzes und die Vorhersehbarkeit von Einzelentscheidungen, mehr aber auch nicht. Unter dem inneren System verstand *Heck* weder eine Pyramide juristischer Grundbegriffe noch ein Geflecht allgemeiner Rechtsprinzipien. Dem Ansatz der Interessenjurisprudenz gemäß, soll sich das innere System aus den vom Gesetzgeber vorgezeichneten und von den Gerichten getroffenen „Konfliktsentscheidungen" zusammensetzen.[75]

---

[72] *P. Heck*, Gesetzesauslegung und Interessenjurisprudenz, in: R. Dubischar (Hrsg.), Philipp Heck, Das Problem der Rechtsgewinnung, 1968, S. 52.

[73] *Heck*, Gesetzesauslegung (Fn. 72), S. 40.

[74] *Heck*, Begriffsbildung (Fn. 34), S. 142 ff.

[75] *Heck*, Begriffsbildung (Fn. 34), S. 148 f.; vgl. auch S. 153 f.

Gegen *Heck* ist vorgebracht worden, die Interessenjurisprudenz verfehle die Einheit des Rechtssystems, d. h. sie verzichte auf die Vorstellung eines normativ konsistenten Rechtssystems.[76] In Wahrheit verstand *Heck* jedoch unter dem inneren System durchaus ein Produkt der Rechtswissenschaft, nämlich den sachlichen Zusammenhang zwischen den Gedanken, die rechtswissenschaftliche Forschung hervorgebracht hat, sowie die Methode der rechtswissenschaftlichen Forschung selbst.[77] Folglich ging er davon aus, dass die auf induktivem Wege gewonnen Konfliktsentscheidungen ein dem geltenden Recht immanentes System hervorbringen, das mit den bestehenden Systematisierungen des Stoffs mehr oder weniger übereinstimmt.[78]

Rückblickend markiert die Interessenjurisprudenz insofern den Abschied vom 19. Jahrhundert, als der Gesetzgeber als Urheber des Gesetzes die Bühne betritt und für sich in Anspruch nimmt. An die Stelle eines durch Begriffe und Prinzipien zusammengehaltenen und fortentwickelten Rechtssystems tritt eine Ansammlung von Konfliktsentscheidungen, die so oder anders hätten getroffen werden können.[79] Der Zweck einer Rechtsnorm wird vom Gesetzgeber bestimmt, der seinerseits auf eine bestimmte Interessenlage, d. h. auf einen Widerstreit konfligierender Interessen reagiert. Das Ideal eines normativ geschlossenen Rechtssystems, das von der

[76] *H. Coing*, System, Geschichte und Interesse der Privatrechtswissenschaft, JZ 1951, 481, 484; zustimmend *C.-W. Canaris*, Systemdenken und Systembegriff in der Jurisprudenz, 2. Aufl. 1983, S. 36.

[77] *Heck*, Begriffsbildung (Fn. 34), S. 143.

[78] *Heck*, Begriffsbildung (Fn. 34), S. 153: „Die Interessenjurisprudenz hat ja die kausale Bedeutung der Interessenlagen für die Entstehung der Rechtsnormen nicht etwa erfunden, sondern nur erkannt. Sie will die Interessenwirkung nicht neu einführen, sondern nur aufdecken und fortbilden. Die für sie erheblichen Übereinstimmungen haben von jeher bestanden und von jeher die Gliederung des Rechts bestimmt. Die bestehende Gliederung wird nicht umgestoßen, wohl aber durch Aufhellung der Ursachen erklärt und „begreiflich gemacht“. Diese Konstanz schließt natürlich Berichtigung und Ergänzung in Einzelfragen nicht aus.“

[79] Treffend *Auer*, Methodenkritik (Fn. 70), S. 533.

Rechtswissenschaft gehütet und fortentwickelt wird, wird zwar weiter behauptet, ist aber im Grunde prekär, weil es auf den kontingenten Entscheidungen des Gesetzgebers aufbaut.[80]

4. Wertungsjurisprudenz: Prinzipienbasiertes Systemdenken

a) Primat der Wissenschaft?

Die heute dominante Wertungsjurisprudenz knüpft zwar an die Interessenjurisprudenz an, doch im Kern geht es darum, eine neue Form der von der Rechtswissenschaft beherrschten System- und Prinzipienjurisprudenz unter veränderten Rahmenbedingungen fortzuschreiben. Bei *Larenz/Canaris* steht nicht mehr die vom Gesetzgeber getroffene „Konfliktsentscheidung" im Vordergrund, sondern es dominieren die normativen Vorgaben des Gesetzes in der Prägung, die sie durch Rechtsprechung und Rechtswissenschaft erhalten haben. Dies führt konsequenterweise zu einer – mehr oder weniger – objektiven Auslegungszieltheorie, die das geltende Recht im Horizont einer „Rechtsidee" interpretiert und dogmatisiert.[81] Dafür sensible Autoren sehen dies als Versuch, die Gewichte vom Gesetzgeber hin zur Rechtswissenschaft zu verschieben.[82] Letzterer wird auf diese Weise ein Stück der Souveränität zurückgegeben, die sie im 19. Jahrhundert über das Gewohnheitsrecht hatte.[83] Dass sie diese Souveränität durchaus

---

[80] Kritisch zur Integration der Zwecke des historischen Gesetzgebers in den prinzipienbasierten freiheitlich-individualistischen Privatrechtsbegriff auch *Hellgardt*, Regulierung (Fn. 38), S. 358 f.

[81] So, der Sache nach, *K. Larenz/C.-W. Canaris*, Methodenlehre der Rechtswissenschaft, 3. Aufl. 1995, S. 137 ff., 302; vgl. auch *K. Larenz*, Richtiges Recht, 1979, S. 33 ff.

[82] *B. Rüthers*, Demokratischer Rechtsstaat oder oligarischer Richterstaat?, JZ 2002, 365, 368 f.; *ders.*, Zwischenruf aus der methodischen Wüste: „Der Richter wird's schon richten"(?), JZ 2006, 958, 959; *ders.*, Hatte die Rechtsperversion in den deutschen Diktaturen ein Gesicht?, JZ 2007, 556, 559; vgl. auch *Auer*, Methodenkritik (Fn. 70), S. 528 f.

[83] Vgl. *Hellgardt*, Regulierung (Fn. 38), S. 360 ff., 366.

auch missbrauchen kann, haben die zwölf Jahre nach 1933 bittereindrucksvoll gezeigt.[84]

b) Äußeres und inneres System

Larenz/Canaris knüpfen an die von *Heck* getroffene Unterscheidung zwischen dem äußeren und dem inneren System an. Dabei ist das äußere System mehr oder weniger mit der Pyramide juristischer Grundbegriffe identisch. Es ist das „nach den Regeln der formalen Logik gebildete System der abstrakt-allgemeinen Begriffe, das der Systematik zahlreicher Gesetze, vornehmlich der des BGB, zugrunde liegt".[85] Das äußere System lässt sich durch Arbeit an den gesetzlichen Tatbeständen ableiten, indem einzelne Tatbestandselemente herauspräpariert und verallgemeinert werden, um sodann Gattungsbegriffe sowie Begriffe höherer Abstraktion zu bilden.[86] In Abgrenzung zur „Inversionsmethode" des 19. Jahrhunderts warnen *Larenz/Canaris* davor, das äußere System mit dem geltenden Recht zu verwechseln und im Wege der Deduktion die Lösung rechtlicher Konflikte aus begrifflichen Axiomen abzuleiten. Die formale Logik dürfe Teleologie und Rechtsethik nicht beiseiteschieben oder übertrumpfen.[87]

Maßgebend für die Steuerung der Gesetzesauslegung und der Rechtsanwendung sei vielmehr das innere System. Darunter verstehen *Larenz/Canaris* etwas anderes als *Heck*. Der Systembegriff der Interessenjurisprudenz wird abgelehnt, weil er zu sehr auf den Einzelfall und das konkrete Problem bezogen bleibe.[88] An die Stelle der Konfliktsentscheidungen tritt der „Sinnbezug auf die Rechtsidee".[89] Während Inhalt und Elemente des inneren Systems

---

[84] Vgl. *Rückert*, Freirecht (Fn. 28), S. 227 f.; eingehend *B. Rüthers*, Die unbegrenzte Auslegung, 7. Aufl. 2012, S. 115 ff., 137 ff.

[85] *Larenz/Canaris*, Methodenlehre (Fn. 81), S. 264.

[86] *Larenz/Canaris*, Methodenlehre (Fn. 81), S. 264.

[87] *Larenz/Canaris*, Methodenlehre (Fn. 81), S. 264.

[88] *Canaris*, Systemdenken (Fn. 76), S. 38; wieder abgedruckt in: *ders.*, Gesammelte Schriften, Bd. I, 2012, S. 191 ff., 223.

[89] *Larenz/Canaris*, Methodenlehre (Fn. 81), S. 302.

bei *Larenz* noch unklar bleiben, legt sich *Canaris* fest.[90] Die Bausteine des inneren Systems sind die allgemeinen Rechtsprinzipien,[91] wobei er darunter abwägungsfähige und -bedürftige Optimierungsgebote versteht, wie sie auch von *Alexy* profiliert worden sind.[92] Für Rechtsprinzipien in diesem Sinne gilt, dass sie nicht den Anspruch auf Ausschließlichkeit erheben, nicht ohne Ausnahmen gelten, zueinander in Widerspruch treten können, ihren „eigentlichen Sinngehalt erst in einem Zusammenspiel wechselseitiger Ergänzung und Beschränkung" entfalten und „zu ihrer Verwirklichung der Konkretisierung durch Unterprinzipien und Einzelwertungen mit selbständigem Sachgehalt" bedürfen.[93] Dementsprechend kann es sich bei dem inneren System „um kein deduktives System handeln."[94] Zu den zentralen Prinzipien des Privatrechts zählen danach die Prinzipien der Selbstbestimmung, der Selbstverantwortung und des Vertrauensschutzes, aber auch das Verschuldensprinzip.[95] Diese letzteren Prinzipien können allerdings nicht als Optimierungsgebote im Sinne *Alexys* angesprochen werden.[96] Dem Privatrecht geht es nicht um die Maximierung der Haftung für Verschulden oder die Maximierung des Vertrauensschutzes. Diese Grundsätze sind offensichtlich von anderer Struktur als etwa die Freiheits- und Gleichheitsversprechen der Verfassung.

Das innere System wird bei *Canaris* offen mit dem Ziel verknüpft, die Rechtswissenschaft als ein „methodisch geleitete[s],

---

[90] Grundlegend *Canaris*, Systemdenken (Fn. 76), S. 46 ff. = Gesammelte Schriften (Fn. 88), S. 230 f.

[91] *Canaris*, Systemdenken (Fn. 76), S. 53 ff. = Gesammelte Schriften (Fn. 88), S. 237 ff.; *Larenz/Canaris*, Methodenlehre (Fn. 81), S. 302 ff.

[92] *R. Alexy*, Theorie der Grundrechte, 1986, S. 75 ff.

[93] *Canaris*, Systemdenken (Fn. 76), S. 53 ff. = Gesammelte Schriften (Fn. 88), S. 237 ff.

[94] *Larenz/Canaris*, Methodenlehre (Fn. 81), S. 303.

[95] *Larenz/Canaris*, Methodenlehre (Fn. 81), S. 304.

[96] Selbst für die Privatautonomie ablehnend *T. Möllers*, Juristische Methodenlehre, 2017, S. 365 f.; a. A. (Privatautonomie als Optimierungsgebot) *M. Wolf/W. Neuner*, Allgemeiner Teil des Bürgerlichen Rechts, 11. Aufl. 2016, § 10 Rn. 30.

auf rationaler Argumentation beruhende[s] Unternehmen“ zu bewahren.[97] Im Sinne einer Hypothese wird behauptet, dass die „Folgerichtigkeit juristisch-axiologischen oder teleologischen Denkens rationaler Art und daher rational begründbar ist und dass sie sich somit in einem entsprechenden System erfassen lässt“.[98] Dazu sei es erforderlich, „eine einmal gesetzte (primäre) Wertung in allen ihren Konsequenzen zu Ende zu denken, sie auf vergleichbare Fälle zu übertragen, Widersprüche mit anderen, schon gesetzten Wertungen zu beseitigen und Widersprüche bei der Setzung neuer Wertungen zu verhüten“.[99] Das aus Prinzipien gebildete innere System ist daher offen und entwicklungsfähig.[100] Die Entwicklung des Systems liegt in der Hand der Rechtswissenschaft. Die Autonomie des inneren Systems wird auch daran deutlich, dass nicht der Anspruch erhoben wird, mit seiner Hilfe das gesamte Rechtssystem abbilden und legitimieren zu können. Einzelne Akte des Gesetzgebers können durchaus außerhalb des inneren Systems verbleiben, wenn sie sich nicht widerspruchsfrei in dieses integrieren lassen.[101]

5. Der heutige Stand der Methodenlehre

a) Eingebettete Rechtswissenschaft – Pflege des dogmatischen Feinsystems

Das Erbe der Pandektenwissenschaft kennzeichnet den Stil der deutschen Zivilrechtswissenschaft im Grunde bis heute.[102] Das

---

[97] *Canaris*, Systemdenken (Fn. 76), S. 43 = Gesammelte Schriften (Fn. 88), S. 228.

[98] *Canaris*, Systemdenken (Fn. 76), S. 45 = Gesammelte Schriften (Fn. 88), S. 230.

[99] *Canaris*, Systemdenken (Fn. 76), S. 45 = Gesammelte Schriften (Fn. 88), S. 230.

[100] *Canaris*, Systemdenken (Fn. 76), S. 63 = Gesammelte Schriften (Fn. 88), S. 246.

[101] *Larenz/Canaris*, Methodenlehre (Fn. 81), S. 317; *Larenz*, Methodenlehre (Fn. 26), S. 488 ff.

[102] *R. Stürner*, Die Zivilrechtswissenschaft und ihre Methodik – zu

äußere System übt nach wie vor auf viele Juristen „eine kaum zu überschätzende Faszination aus […].“[103] In vielen rechtsdogmatischen Texten steht die Arbeit an der Begriffswelt und -logik im Vordergrund. Ergebnis dieser Bemühungen ist eine komplexe Gebrauchsdogmatik, die sich als „Zwischenschicht“ oder „Feinsystem“ zwischen den zu entscheidenden Einzelfall und die allgemeinen Rechtsprinzipien des Privatrechts schiebt.[104] Die Domäne der Gebrauchsdogmatik sind die Lehrbücher und die Kommentarliteratur.[105] Der im Feinsystem erzogene Jurist läuft allerdings Gefahr, die dahinter stehenden Prinzipien nicht mehr zu erkennen und deshalb nicht imstande zu sein, das geltende Recht anders zu erklären als durch Rekurs auf System und Begriff.[106] Die Folge ist eine häufig beklagte Vulgarisierung der Gebrauchsdogmatik,[107] die mit dogmatischen Begriffen jongliert, ohne deren Funktion verstanden zu haben und die das Feinsystem zur Verfolgung politischer Interessen missbraucht.[108]

Gleichwohl: Ebenso wenig, wie die Leistungen der Pandektenwissenschaft *in puncto* Vollendung und Verfeinerung des Be-

rechtsanwendungsbezogen und zu wenig grundlagenorientiert?, AcP 214 (2014), 7, 13 ff.; eingehend zur historischen Entwicklung *Hellgardt*, Regulierung (Fn. 38), S. 325 ff.

[103] *Larenz/Canaris*, Methodenlehre (Fn. 81), S. 264.

[104] *R. Stürner*, Das Zivilrecht der Moderne und die Bedeutung der Rechtsdogmatik, JZ 2012, 10, 11 f.; *ders.*, Zivilrechtswissenschaft (Fn. 102), S. 11 ff.; vgl. auch *H. Kötz*, Rechtsvergleichung und Rechtsdogmatik, in: K. Schmidt (Hrsg.), Rechtsdogmatik und Rechtspolitik, 1990, S. 75, 83 ff.; für das öffentliche Recht *M. Jestaedt*, Wissenschaft im Recht, JZ 2014, 1, 6.

[105] *Stürner*, Zivilrecht (Fn. 104), S. 15.

[106] Treffend *Larenz/Canaris*, Methodenlehre (Fn. 81), S. 264: „Es [die Fokussierung auf das äußere System] hat aber auch seine Nachteile. Die Frage nach der zutreffenden Wertung wird nämlich in einem solchen System, solange man in seinem Rahmen bleibt, durch die nach der zutreffenden Subsumtion verdrängt; die formale Logik tritt an die Stelle der Teleologik und der Rechtsethik.“

[107] *Stürner*, Zivilrecht (Fn. 104), S. 17.

[108] *Jestaedt*, Wissenschaft (Fn. 104), S. 11.

griffssystems übersehen werden sollten,[109] darf der Nutzen des dogmatischen Feinsystems für die Qualität des Zivilrechts gering geschätzt werden.[110] Die Gebrauchsdogmatik hat eine wertvolle Speicher- und Entlastungsfunktion.[111] Sie ermöglicht es, dass der Rechtsanwender bei der Lösung eines Einzelfalls nicht zwischen allgemeinen Rechtsprinzipien, wie Vertragsfreiheit, *pacta sunt servanda* und Verschuldensprinzip einerseits und einer Fülle von Präjudizien andererseits hin- und herpendeln muss, sondern sich an einem System von Gattungsbegriffen orientieren kann, die die Lösung bis zu einem bestimmten Punkt vorzeichnen. Da die Kommentarliteratur noch dazu die Aufgabe übernimmt, den einzelnen Gattungsbegriffen die jeweils relevanten Einzelfallentscheidungen zuzuordnen, lassen sich Standardfälle mit Hilfe weniger Griffe in ein schmales Bücherregal bzw. nach wenigen Klicks durch eine Datenbank relativ zuverlässig lösen.

b) Enge Beziehung von Wissenschaft und Praxis

Die für das deutsche Recht kennzeichnende feinziselierte Gebrauchsdogmatik im Sinne einer „eingebetteten Rechtswissenschaft"[112] wird nicht im Elfenbeinturm entwickelt, sondern im engen Dialog mit der Rechtsprechung. Der intensive Austausch mit der juristischen Praxis ist ein weiteres Kennzeichen deutscher Rechtswissenschaft. Sie macht die deutsche Wissenschaft praxisnäher und die Rechtsprechung „wissenschaftlicher", als beide Teilsysteme es sonst wären und es in anderen Rechtskulturen auch

---

[109] *Kötz*, Rechtsvergleichung (Fn. 104), S. 75, 83.

[110] *Stürner*, Zivilrechtswissenschaft (Fn. 102), S. 10ff.; vgl. auch *Ernst*, Gelehrtes Recht (Fn. 47), S. 3, 15ff.

[111] *Stürner*, Zivilrecht (Fn. 104), S. 12.

[112] Der Begriff stammt von *T.D. Rakoff*, Introduction to Symposium: Law, Knowledge, and the Academy, 115 Harv. L. Rev. 1278, 1279 (2002) und ist in die deutsche Diskussion eingeführt worden von *H. Fleischer*, Gesellschafts- und Kapitalmarktrecht als wissenschaftliche Disziplin, in: C. Engel/W. Schön (Hrsg.), Das Proprium der Rechtswissenschaft, 2007, S. 50, 52.

tatsächlich sind.[113] Unterstellt man, dass wissenschaftliche Rationalität die gesellschaftliche Wohlfahrt fördert, ist die „Wissenschaftsnähe" der Rechtsprechung durchaus von Vorteil. Insbesondere wird die Fortbildung des Rechts durch die Gerichte erleichtert und verbessert. Die Rechtswissenschaft erarbeitet dogmatische Muster zur Lösung neuer Probleme, die zunächst im wissenschaftlichen Diskurs getestet und bewertet werden. Darauf können die Gerichte bei Bedarf zurückgreifen und auf diese Weise den „Sprung ins Dunkle",[114] den eine Rechtsfortbildung notwendig bedeutet, etwas berechenbarer machen.[115] Dass dies nicht immer gelingt, steht auf einem anderen Blatt.

Für die Rechtswissenschaft hat diese Symbiose allerdings zur Konsequenz, dass sie keine wirkliche Distanz zur Praxis aufbauen kann. Der in einer Subdisziplin des Rechts versierte Wissenschaftler steht in ständigem Austausch mit den entsprechend spezialisierten Praktikern in Anwaltschaft und Justiz. Dies führt zu Bindungen, manchmal auch zu Verstrickungen. Wer die Rechtsprechung eines Senats des Bundesgerichtshofs ständig begleitet und auf diese Weise fachliche oder sogar persönliche Beziehungen zu den beteiligten Richtern aufgebaut hat, dem fällt es naturgemäß schwer, von außen auf diese Judikatur zu blicken und grundlegende Alternativen aufzuzeigen. Dieser Befund ist bekannt, wird aber nur selten ausdrücklich benannt.[116] Ansätze für eine kritische Diskussion hat es nur im Gesellschaftsrecht gegeben, weil der dafür zuständige II. Zivilsenat des Bundesgerichtshofs besonders aktivistisch ist, also der Fortbildung des Rechts besonders aufgeschlossen gegenübersteht, und dabei von der Literatur nach

---

[113] So, für das öffentliche Recht, *Jestaedt*, Wissenschaft (Fn. 104), S. 3 f.

[114] So, auf die kollisionsrechtliche Rechtswahl gemünzt, das Diktum von *L. Raape*, Internationales Privatrecht, 5. Aufl. 1961, S. 90.

[115] *P. Mülbert*, Einheit der Methodenlehre? – Allgemeines Zivilrecht und Gesellschaftsrecht im Vergleich, AcP 214 (2014), 188, 292 f.; vgl. auch *H. Fleischer*, Gesellschafts- und Kapitalmarktrecht (Fn. 112), S. 50, 55.

[116] Vgl. aber das Referat von *Mülbert*, Einheit (Fn. 115), S. 291 ff.; und aus der Diskussion AcP 214 (2014), 304 ff.

Kräften unterstützt wird. Diese wohlwollende Haltung der Gesellschaftsrechtswissenschaft hat *Flume* mit Blick auf das sog. Video-Urteil des BGH zum GmbH-Konzernrecht mit harten Worten kritisiert.[117] Die Entscheidung ist später vom II. Zivilsenat revidiert worden.[118] Viel diskutiert wurde auch die Aufwertung der Gesellschaft bürgerlichen Rechts zu einem Rechtssubjekt, obwohl die Vorschrift des § 54 S. 1 BGB offensichtlich auf der Prämisse beruht, dass sie genau das nicht ist. Nach der Rechtsprechung des II. Zivilsenats hat § 54 S. 1 BGB nunmehr folgenden – absurden – Regelungsgehalt: „Vereine, die nicht rechtsfähig sind, sind nach den Vorschriften über die Gesellschaft rechtsfähig".[119]

---

[117] *W. Flume*, Das Video-Urteil als eine Entscheidung des II. Senats des BGH aus dessen Selbstverständnis der Innehabung gesetzgeberischer Gewalt, ZIP 1992, 817, 818: „Darum geht es in der Tat, daß das Video-Urteil [BGHZ 115, 187] mit § 13 Abs. 2 GmbHG unvereinbar ist. Das Wissen in Wirklichkeit alle, die sich bisher kritisch zu diesem Urteil geäußert haben. Es ist aber die Verbindung dieser Kritiker zu dem II. Senat des BGH und seinen Mitgliedern anscheinend so eng, daß sie glauben, es diesen nicht antun zu können, klipp und klar zu sagen, daß das Urteil gegen Gesetz und Recht verstößt und aus diesem Grunde keinen Bestand haben darf. Die Stellungnahme zu dem Video-Urteil wird von diesen, dem II. Senat verbundenen Kritikern unter die ‚Freund-Feind'-Alternative gestellt und so, wer das Urteil als ‚Bruch des GmbH-Rechts' und somit Verstoß gegen Art. 20 Abs. 3 GG verwirft, als polemisierend, d.h. als Feind diffamiert, obwohl man selbst als Freund zwar auch dem Urteil nicht zustimmen kann."

[118] Stationen dieser Revision waren: BGHZ 122, 123 – TBB; BGHZ 149, 10 – Bremer Vulkan; BGHZ 173, 246 – Trihotel; vorbereitend der spätere Vorsitzende des II. Zivilsenats *V. Röhricht*, Die GmbH im Spannungsfeld zwischen wirtschaftlicher Dispositionsfreiheit ihrer Gesellschafter und Gläubigerschutz, FG 50 Jahre BGH, Bd. I, 2000, S. 83ff.; Überblick über diese nicht unspektakuläre Entwicklung bei *H. Altmeppen*, Abschied vom „Durchgriff" im Kapitalgesellschaftsrecht, NJW 2007, 2657; Münch-KommBGB-*G. Wagner*, 7. Aufl. 2017, § 826 Rn. 165ff.

[119] Dazu eingehend *G. Wagner*, Grundprobleme der Parteifähigkeit, ZZP 117 (2004), 305ff.

c) Grenzen und Herausforderungen der heutigen Zivilrechtswissenschaft

Der vorstehende Durchgang durch wesentliche Stationen der deutschen Zivilrechtswissenschaft hat ergeben, dass sie eine dogmatisch orientierte, Theorie und Praxis vermittelnde, den „strictly legal point of view“[120] artikulierende und in diesem Sinne „eingebettete“ Disziplin darstellt. Als solche erhebt sie den Anspruch, das geltende Recht als widerspruchsfreies System zu integrieren und fortzuentwickeln. Wie soeben dargelegt, hat diese Prägung viele gute Seiten, doch sie hat auch Nachteile. Ein solcher Nachteil ist das Desinteresse an den normativen Grundlagen der Disziplin, also den Rechtsprinzipien, auf denen die dogmatischen Figuren des Feinsystems beruhen („warum“-Fragen).

Die Bindung an das Feinsystem macht weiter dann Schwierigkeiten, wenn der Zivilrechtsdogmatik von externen Akteuren Vorgaben gemacht werden, die sie nicht oder nicht ohne Weiteres in das bestehende System integrieren kann oder will. Solche Irritationen werden immer wieder durch den Gesetzgeber ausgelöst, soweit er den vorhandenen Bestand nicht lediglich kodifizieren will – wie bei der Schaffung des BGB –, sondern politisch determinierte Gestaltungsaufgaben wahrnimmt. Darüber hinaus wird das dogmatische Feinsystem durch die Konstitutionalisierung des Privatrechts in Frage gestellt. Auf der einen Seite bewirkt die Konstitutionalisierung eine Aufwertung der dem inneren System zugrunde liegenden Grundprinzipien, und diese Rückbesinnung kann dem Privatrecht nur gut tun.[121] Das Problem besteht allerdings darin, dass diese Rückbesinnung nicht innerhalb der Zivilrechtswissenschaft und der Zivilgerichtsbarkeit organisiert, sondern vom BVerfG und damit von außen an diese heran getragen wird. Zwar ist die Grundrechtsbindung des Privatrechts

---

[120] So die treffende Formulierung von *Ernst*, Gelehrtes Recht (Fn. 47), S. 3, 15ff.

[121] *Stürner*, Zivilrecht (Fn. 104), S. 15.

maßgeblich von Zivilrechtswissenschaftlern begründet und konzeptionell durchdacht worden,[122] doch diese Arbeiten haben in der Praxis des BVerfG keine sichtbaren Spuren hinterlassen.

Das Auftreten externer Akteure, die in die Zivilrechtsdogmatik „hineinregieren" und ihr sorgsam gehütetes Feinsystem durcheinanderbringen wird vollends deutlich, wenn der Blick auf das europäische Privatrecht gerichtet wird. Weder die Gesetzgebung in Brüssel noch der diese interpretierende EuGH sind den Strukturen der deutschen Rechtsdogmatik verpflichtet. Die Überlagerung des Zivilrechts durch Europarecht hat der deutschen Zivilrechtswissenschaft Probleme bereitet, die nur ganz allmählich verdaut werden und dabei unverdauliche Restbestände übriglassen. Zentrale Beispiele sind die Umgestaltung des bürgerlichen Vertragsrechts zu einem Verbraucherschutzrecht und die Instrumentalisierung des Privatrechts für Steuerungszwecke.

IV. Der politisch agierende Gesetzgeber

Eine schon lange bestehende Herausforderung dogmatischer Rechtswissenschaft ist der Gesetzgeber. Dies gilt noch am wenigsten für die Verfasser des BGB, die von der Pandektenwissenschaft erzogen worden waren und sich damit begnügt haben, das wissenschaftlich vorbereitete System in Gesetzesform zu gießen. Seither ist der Gesetzgeber viel „politischer" und darüber hinaus auch viel aktiver geworden. Für eine Privatrechtwissenschaft, die sich als Hüterin eines dogmatischen Systems versteht, ist dies unter zwei Aspekten ein Problem.[123]

---

[122] *C.-W. Canaris*, Grundrechte und Privatrecht, AcP 184 (1984), 201; *ders.*, Grundrechte und Privatrecht, 1991.

[123] *Stürner*, Zivilrechtswissenschaft (Fn. 102), S. 20.

1. Irritation des Feinsystems

Der Gesetzgeber bereitet der Zivilrechtswissenschaft zum einen dadurch Probleme, dass er sich nicht an die Spielregeln des dogmatischen Systems „hält". Die daraus entspringende Gefühlslage hat *Stürner* treffend beschrieben und an einem Beispiel aus dem von Reformen sonst wenig berührten Sachenrecht demonstriert:

„Für den zivilistischen Dogmatiker ist der Weg zu fachkompetent besetzten Kommissionen gangbar, den Weg zu parlamentarischen juristischen Laien, wozu auch der fachfremde, nicht eingearbeitete Jurist gehören kann, erlebt er hingegen nicht selten als Abstieg, führt er doch in Argumentationsmuster, die dem geschlossenen System fremd und die Jahrtausende alte geronnene Weisheiten der Dogmatik in Frage stellen. Der an der Ästhetik eines geglückten Systems geschulte Dogmatiker ist nicht geschaffen für so plumpe Ereignisse wie die Diskussion um die Frage, ob eine zwingende sechsmonatige Kündigungsfrist bei der Grundschuld, die eigentlich wegen des abstrakten Charakters der Grundschuld sofort bei der Bestellung erfolgen kann, den Darlehensnehmer sinnvoll zu schützen vermag. Natürlich kann sie das nicht, ohne das dogmatische System zu deformieren, es wäre der Weg über den Sicherungsvertrag zu wählen. Gesetz ist diese Vorschrift [...] trotzdem geworden und muss nunmehr zurechtgezimmert werden. Für die parlamentarische Gesetzgebung sind solche systemzerstörenden Eingriffe inzwischen eher die Regel als die Ausnahme, nachdem die immer hektischere und meist reaktive Gesetzgebung nur noch ausnahmsweise durch geordnet arbeitende Kommissionen vorbereitet wird."[124]

Die Kritik an einem Gesetzgeber, der die feinsinnigen dogmatischen Distinktionen der Zivilrechtsdogmatik mitunter ignoriert, hat *Flume* auf den rhetorischen Punkt gebracht: Das BGB sei ein „Kulturdenkmal", das der Gesetzgeber nicht „verunstalten" dürfe.[125] Tatsächlich ist das Gegenteil richtig: Das BGB unterliegt dem Zugriff des demokratisch legitimierten Gesetzgebers wie jedes andere Gesetz auch. Anders als das Gewohnheitsrecht

---

124 *Stürner*, Zivilrechtswissenschaft (Fn. 102), S. 20 f.

125 *W. Flume*, Vom Beruf unserer Zeit für Gesetzgebung, ZIP 2000, 1427, 1429 f.

des 19. Jahrhunderts ist das BGB nicht im Besitz der Zivilrechtswissenschaft.

2. *Politische Vorgaben: Zurückdrängung der Privatautonomie*

a) Rechtspolitische Umwälzungen seit 1900

Eine zweite Erklärung für das „Spannungsverhältnis zur demokratischen Gesetzgebung“[126] sind politisch motivierte Reformen, die die Zivilrechtswissenschaft nicht mitgestaltet hat und die – jedenfalls aus Sicht von Teilen derselben – in die „falsche“ Richtung gehen. Dieser Prozess hat eigentlich schon mit dem Inkrafttreten des BGB im Jahr 1900 begonnen. Der Gesetzgeber des 20. Jahrhunderts hat die damals von dem Kathedersozialisten *Anton Menger* aufgestellte Liste von Kritikpunkten aufgenommen und die daran geknüpften Reformforderungen Stück für Stück abgearbeitet.[127] Es wäre falsch zu behaupten, die Umwälzungen, die beispielsweise das Familienrecht seit 1900 erfahren hat, wären sämtlich gegen den Widerstand der Zivilrechtswissenschaft durchgesetzt worden. Sicher ist allerdings, dass sich das Familienrecht nicht nur in einem Tempo gewandelt hat, das die Entwicklung und Pflege eines dogmatischen Feinsystems kaum noch erlaubt, sondern dass dabei auch die grundlegenden Prinzipien dieses Rechtsgebiets binnen relativ kurzer Zeit ausgetauscht worden sind. Nicht alle Rechtswissenschaftler, deren Arbeit in das jeweils geltende Rechtsgebiet „eingebettet“ ist, können damit Schritt halten.

b) Zurückdrängung der Vertragsinhaltsfreiheit

Für das Selbstverständnis der Zivilrechtswissenschaft gravierender ist die Umgestaltung des Vertragsrechts, das schon zu Zeiten des gemeinen Rechts als Herzkammer des Zivilrechts galt, in der das

---

[126] *Stürner*, Zivilrechtswissenschaft (Fn. 102), S. 20.

[127] *A. Menger*, Das bürgerliche Recht und die besitzlosen Volksklassen, 5. Aufl. 1927.

römische Recht noch quasi in Reinform regierte. Das Vertragsrecht ist durch das Verbraucherschutz- und das Anti-Diskriminierungsrecht, aber auch durch einige länger zurückreichende Entwicklungen in einer Weise umgestaltet worden, die nicht nur das Feinsystem erschüttert, sondern seine normativen Grundlagen in Frage stellt.[128] Entsprechend heftig fiel der Widerstand von Teilen der Profession gegen das Anti-Diskriminierungsrecht aus.[129] Mit Blick auf das ältere und für die Praxis wesentlich wichtigere Verbrauchervertragsrecht hieß es noch 1998 in einer der ersten Monographien, die der Kanonisierung des Verbrauchervertragsrechts durch die Zivilrechtswissenschaft dienen wollte:[130]

> „Wie sich am Beispiel des Verbraucherschutzes […] zeigt, erschwert der Übergang zum demokratischen Gesellschafts- und Verfassungssystem sowie zur pluralistischen Industriegesellschaft eine wesentlich nach dogmatischen Überlegungen strukturierte und auf Dauer angelegt Kodifikation."[131]

Die Schwierigkeiten der Zivilrechtswissenschaft, sich das Regelungsprogramm des Verbrauchervertrags- und des Antidis-

---

[128] Eingehend dazu bereits *G. Wagner*, Materialisierung des Schuldrechts unter dem Einfluss von Verfassungsrecht und Europarecht – Was bleibt von der Privatautonomie?, in: U. Blaurock/G. Hager (Hrsg.), Obligationenrecht im 21. Jahrhundert, 2010, S. 13, 40 ff.

[129] *F. Säcker*, „Vernunft statt Freiheit!" – Die Tugendrepublik der neuen Jakobiner – Referentenentwurf eines privatrechtlichen Diskriminierungsgesetzes, ZRP 2002, 286; *E. Picker*, Antidiskriminierungsgesetz – Der Anfang vom Ende der Privatautonomie?, JZ 2002, 880; *ders.*, Antidiskriminierung als Zivilrechtsprogramm?, JZ 2003, 540; *ders.*, Antidiskriminierungsprogramme im freiheitlichen Privatrecht, in: E. Lorenz (Hrsg.), Karlsruher Forum 2004, 2005, S. 7 ff.

[130] Zur Entwicklung des Verbrauchervertragsrechts und zur skeptischen Haltung der deutschen Zivilrechtswissenschaft *B. Dauner-Lieb*, Verbraucherschutz durch Ausbildung eines Sonderprivatrechts für Verbraucher, 1983, S. 108 ff.; *J. Drexl*, Die wirtschaftliche Selbstbestimmung des Verbrauchers, 1998, S. 25 ff.; *H. Roth*, Verbraucherschutz – Entwicklungen und Grenzen, in: E. Lorenz (Hrsg.), Karlsruher Forum 2011, S. 5, 11 ff., 45 ff.; *B. Gsell*, Verbraucherschutz, in: D. Kaiser/M. Stoffels (Hrsg.), Eckpfeiler des Zivilrechts, 6. Aufl. 2018, Rn. 1 ff.

[131] *Drexl*, Selbstbestimmung (Fn. 130), S. 75.

kriminierungsrechts zu eigen zu machen, liegen sicher auch an der europäischen Provenienz der jeweils dahinterstehenden Politiken.[132] Diese sowie die begrenzten Kompetenzen der EU zur Regelung des Privatrechts führen zu „fragmentarischer Rechtsvereinheitlichung", die den Systemwillen deutscher Zivilrechtsdogmatiker nicht befriedigt.[133] Inhaltlich wird der Verbraucherschutz mit vertragsrechtlichen Mitteln verbreitet als eine von Brüssel übergestülpte Zwangstransplantation empfunden. Diese Sichtweise stellt nicht in Rechnung, dass die deutsche Regierung über den Rat der Europäischen Union und darüber hinaus das mit wachsenden Kompetenzen ausgestattete Europaparlament an den europäischen Rechtssetzungsprozessen stets beteiligt waren und bei der Umsetzung von Richtlinien über das aus europarechtlich Erforderliche zum Teil noch hinausgegangen sind. Mitunter, wie zum Beispiel beim Vertragsschluss außerhalb von Geschäftsräumen, hat die deutsche Rechtspolitik der europäischen auch vorgegriffen: Das Haustürwiderrufsgesetz ging der Richtlinie über den Vertragsschluss außerhalb von Geschäftsräumen voraus.[134]

Die eigentlichen Schwierigkeiten des Zivilrechts mit der Verarbeitung des Antidiskriminierungs- und Verbrauchervertragsrechts wurzeln jedoch in den Regelungsprogrammen dieser Materien. Ohne jede Übertreibung lässt sich sagen, dass die Vertragsfreiheit im Verhältnis zwischen Unternehmen und Verbrauchern inzwischen auf einen Umfang zusammengeschmolzen ist, der je nach rechtspolitischem Standpunkt als Kern oder Rest bezeichnet werden mag.

Ein Paukenschlag gegen die Vertragsinhaltsfreiheit war die Richtlinie 1999/44/EG über bestimmte Aspekte des Verbrauchsgüterkaufs und der Garantien für Verbrauchsgüter,[135] nach deren

---

[132] Dazu noch unten, VI.

[133] *H. C. Grigoleit*, Der Verbraucheracquis und die Entwicklung des Europäischen Privatrechts, AcP 210 (2010), 354, 378 ff.

[134] MünchKommBGB-*H.-W. Micklitz/K. Purnhagen*, 7. Auflage 2015, Vor §§ 13, 14 Rn. 5 ff.; *Gsell*, Verbraucherschutz (Fn. 130), Rn. 5 ff.

[135] Richtlinie vom 25.5.1999, ABl. L 171, 12 ff.

Art. 7 die von ihr eingeräumten Rechte durch Parteienvereinbarung nicht zu Lasten des Verbraucher-Käufers abbedungen werden dürfen.[136] Das Recht des Verbrauchsgüterkaufs ist demnach einseitig-zwingendes Recht, § 476 BGB. Damit ist die Vertragsinhaltsfreiheit für den praktisch wichtigsten Vertragstyp jedenfalls im Rechtsverkehr zwischen Unternehmen und Verbrauchern weitgehend beseitigt. Der Ausbau des zwingenden Rechts auf Kosten der Vertragsfreiheit bleibt aber auch für den Handelsverkehr nicht folgenlos, denn gemäß § 478 Abs. 2 BGB darf der Rückgriff des jeweiligen Letztverkäufers entlang der Vertriebskette bis zurück zum Hersteller durch Vertrag nicht ausgeschlossen oder umgangen werden. Mit diesen Regelungen ist der fundamentale und jahrhundertelang tradierte Grundsatz, dass das Vertragsrecht dispositives Recht ist, das den Parteien Transaktionskosten ersparen, nicht aber den Interessenausgleich im Einzelnen regeln will, für Kaufverträge über Konsumgüter weitgehend hinfällig geworden.

Der große Schatten, den das Kaufrecht innerhalb der Zivilrechtswissenschaft wirft, hat mitunter verdeckt, dass die Vertragsinhaltsfreiheit im Rechtsverkehr zwischen Unternehmen und Verbrauchern ohnehin weitgehend zurückgedrängt ist. Schon seit langem gilt das Regelungsmuster des zwingenden Rechts auch für Darlehensverträge. Nach dem heutigen § 512 BGB darf in einem Verbraucherdarlehensvertrag iSd § 491 BGB nicht zum Nachteil des Verbrauchers von den gesetzlichen Vorgaben abgewichen werden. Diese Vorgaben sind in den §§ 491 ff. BGB übrigens detailliert und mit zahlreichen Differenzierungen so geregelt, dass sie sich teilweise wie Verwaltungsvorschriften für Kreditinstitute lesen.

Darüber hinaus ist zum 1. Januar 2018 das Gesetz zur Reform des Bauvertragsrechts in Kraft getreten,[137] das eine neue Form des

[136] Kritisch dazu *G. Wagner*, Zwingendes Privatrecht, ZEuP 2010, 243, 268 ff.

[137] Gesetz zur Reform des Bauvertragsrechts, zur Änderung der kaufrechtlichen Mängelhaftung, zur Stärkung des zivilprozessualen Rechts-

Werkvertrags einführt, nämlich den sog. Verbraucherbauvertrag gemäß §§ 650i ff. BGB.[138] Wiederum darf von den gesetzlichen Regelungen durch Vereinbarung nicht zum Nachteil des Verbrauchers abgewichen werden, § 650o BGB. Gleiches gilt gemäß § 650u iVm § 650o BGB auch für den Verbraucherbauträgervertrag.

Mit dem Kauf-, und dem Darlehensvertrag sowie wichtigen Untertypen des Werkvertrags sind drei zentrale Vertragstypen des Zivilrechts jedenfalls für den Bereich des Massenverkehrs zwischen Unternehmen und Verbrauchern der Vertragsinhaltsfreiheit weitgehend entzogen worden. Das dadurch entstehende Bild ist gleichwohl in irreführender Weise unvollständig, denn es lässt sich kaum noch ein für Wirtschaft und Konsumenten relevanter Vertragstyp finden, für den noch das Prinzip der Vertragsinhaltsfreiheit gilt. Beispielsweise sind auch beim Reisevertrag als besonderem Werkvertrag abweichende Vereinbarungen zu Lasten des Reisenden ausgeschlossen (§ 651m BGB). Pauschalreisen im Sinne des § 651a BGB können zwar theoretisch auch von Geschäftsreisenden gebucht werden, doch dies kommt in der Praxis kaum vor, sodass es sich auch hier um funktionales Verbrauchervertragsrecht handelt.[139]

Funktionales Verbrauchervertragsrecht findet sich auch bei zwei weiteren Vertragstypen, die für die Rechtspraxis wie auch für die Lebenswelt des Einzelnen von zentraler Bedeutung sind, nämlich Miet- und Dienstverträgen. Das für Wohnräume geltende Mietvertragsrecht ist zwar bisher nicht als Verbrauchervertragsrecht qualifiziert worden, doch erfüllen die Vorschriften der §§ 549 ff. BGB eine äquivalente Funktion. Soweit Unternehmen Nutzungsrechte an Immobilien erwerben, handelt es sich schließlich nicht

---

schutzes und zum maschinellen Siegel im Grundbuch- und Schiffsregisterverfahren, BGBl. I 2017, 969 ff.

[138] Dazu *J. Glöckner*, BGB-Novelle zur Reform des Bauvertragsrechts als Grundlage effektiven Verbraucherschutzes – Teil 1, Teil 2, VuR 2016, 123 ff., 163 ff.

[139] MünchKommBGB-*K. Tonner*, 7. Aufl. 2017, § 651a Rn. 11; MünchKommBGB-*Micklitz/Purnhagen* (Fn. 134), § 13 Rn. 31.

um Wohnraum-, sondern um Gewerberaummiete. Für große Stücke des Wohnraummietrechts gilt nun ebenfalls das aus dem Verbrauchervertragsrecht schon geläufige Prinzip, dass zum Nachteil des Mieters von den gesetzlichen Vorgaben abweichende Vereinbarungen unwirksam sind, wie der Gesetzgeber an zahlreichen Stellen des BGB mit stereotyper Formulierung bestimmt hat.[140]

Historisch gesehen ist das Dienstvertragsrecht für Verbraucher in der Rolle des Dienstnehmers als erstes aus dem allgemeinen Vertragsrecht ausgegliedert und verselbstständigt worden. Die Ausgestaltung des Dienstvertrags im BGB von 1900 als „freier" Schuldvertrag nach dem Vorbild der römischen Dienstmiete (locatio conductio operarum) war eines der Hauptmonita der Kritiker der Kodifikation.[141] Noch während des Inkrafttretens des Gesetzbuchs ist es in Gestalt des Arbeitsrechts zu einem eigenen Gebiet erstarkt. Der dominante *modus operandi* des Individualarbeitsrechts ist das *ius cogens*, d. h. die Vertragsfreiheit der Parteien eines Arbeitsvertrags ist sehr weitgehend eingeschränkt.[142] Die Nähe von Verbraucherschutzrecht und Arbeitsrecht wird auch daran deutlich, dass Arbeitnehmer im allgemeinen Zivilrecht als Verbraucher qualifiziert werden, sodass sie in den Genuss der insoweit geltenden Schutzstandards kommen.[143]

---

[140] §§ 536 Abs. 4, 547 Abs. 2, 551 Abs. 4, 553 Abs. 3, 554a Abs. 3, 555a Abs. 4, 555c Abs. 5, 555d Abs. 7, 555e Abs. 3, 556 Abs. 4, 556a Abs. 3, 556b Abs. 2 S. 2, 556c Abs. 4, 557 Abs. 4, 557a Abs. 4, 557b Abs. 4, 558 Abs. 5, 558b Abs. 4, 559 Abs. 6, 559a Abs. 5, 559b Abs. 3, 560 Abs. 6, 561 Abs. 2, 563 Abs. 5, 563a Abs. 3, 565 Abs. 3, 569 Abs. 5, 571 Abs. 3, 572 Abs. 2, 573c Abs. 4, 573d Abs. 4, 574 Abs. 4, 574 Abs. 3, 574a Abs. 3, 574b Abs. 3, 574c Abs. 3, 575 Abs. 4, 575a Abs. 4, 576 Abs. 2, 576a Abs. 3, 576b Abs. 2, 577 Abs. 5, 577a Abs. 3 BGB.

[141] *Menger*, Volksklassen (Fn. 127), S. 168 ff.; *O. von Gierke*, Der Entwurf eines bürgerlichen Gesetzbuchs und das deutsche Recht, 1889, S. 104, 247: Unter dem BGB unterliege das damals sog. Gesinde „einem nach dem Muster der Sachmiete gebildeten Schuldrecht".

[142] Vgl. *W. Dütz/G. Thüsing*, Arbeitsrecht, 21. Auflage 2016, Rn. 2; *R. Waltermann*, Arbeitsrecht, 17. Auflage 2014, Rn. 152.

[143] BVerfG NJW 2007, 286; BAG, NJW 2005, 3305; 2010, 2827; MünchKommBGB-*Micklitz/Purnhagen* (Fn. 134), § 13 Rn. 57 ff.

Ein weiteres großes und praktisch wichtiges Gebiet, in dem die Inhaltsfreiheit der Vertragsparteien zum Schutz von Verbrauchern weitgehend ausgeschlossen wurde, ist das Versicherungsvertragsrecht. Nach dem heute geltenden VVG kann von zahlreichen Vorschriften des Versicherungsvertragsrechts nicht zu Lasten des Versicherungsnehmers abgewichen werden (§§ 18, 32, 42, 51 Abs. 2, 52 Abs. 5, 67, 87, 112, 129, 171, 175, 191, 208 VVG). Nun sind die Begriffe des Versicherungsnehmers und des Verbrauchers nicht kongruent, obwohl bei zahlreichen Versicherungsarten nur natürliche Personen als Versicherungsnehmer in Betracht kommen, wie beispielsweise bei der Lebens- und Krankenversicherung und darüber hinaus bei sämtlichen Personenversicherungen. Vor allem aber nimmt § 210 Abs. 1 VVG ausdrücklich Großrisiken von den „Beschränkungen der Vertragsfreiheit nach diesem Gesetz“ aus, und § 210 Abs. 2 Nr. 3 VVG definiert Großrisiken durch Rückgriff auf die Größe des Unternehmens des Versicherungsnehmers. Vor dem Hintergrund dieses Regelungsgeflechts erscheint es berechtigt, auch die relevanten Teile des Versicherungsvertragsrechts als funktionales Verbraucherschutzrecht zu qualifizieren,[144] wenn auch mit der Besonderheit, dass kleinere und mittlere Unternehmen wie Verbraucher geschützt werden.[145]

Bei alledem ist zu berücksichtigen, dass die Vertragsinhaltsfreiheit auch dann, wenn ausnahmsweise kein zwingendes Verbrauchervertragsrecht eingreift, keineswegs unbeschränkt ist. Da im Verbraucherverkehr in aller Regel vorformulierte Vertragsbedingungen eingesetzt werden, ist das Recht der Inhaltskontrolle allgemeiner Geschäftsbedingungen zu beachten, das in seinen

[144] *M. Wandt*, Versicherungsvertragsrecht, 6. Aufl. 2016, Rn. 183: „Sie [die zitierten Vorschriften] sind ein probates Mittel des Verbraucherschutzes“. Eingehend *D. Klimke*, Die halbzwingenden Vorschriften des VVG, 2004.

[145] Die Definition der Großrisiken in § 210 Abs. 2 VVG ist der Negativabdruck der Kommissionsempfehlung betreffend die Definition der Kleinstunternehmen sowie der kleinen und mittleren Unternehmen, 2003/361/EG, ABl. L 124, 36ff.

§§ 309, 308 BGB zahlreiche Klauselverbote enthält, die die Rechtsposition des Verbrauchers schützen. Dabei werden in weitem Umfang Klauseln invalidiert, die bereits nach zwingendem Kaufrecht unwirksam sind. An Vorschriften wie § 309 Nr. 8 BGB über den Ausschluss oder die Beschränkung kauf- und werkvertragsrechtlicher Gewährleistungsansprüche wird die funktionale Äquivalenz von einseitig-zwingendem Verbrauchervertragsrecht (§§ 476, 650 BGB) und Vertragsinhaltskontrolle nach AGB-Recht besonders gut deutlich. Im Hintergrund bleibt die Generalklausel des § 307 BGB anwendbar, der unangemessene Benachteiligungen des Verbrauchers verbietet. Dies gilt gemäß § 310 Abs. 3 Nr. 1 BGB selbst dann, wenn die Vertragsklauseln nicht vom Unternehmer gestellt, sondern von einem neutralen Dritten – etwa einem Notar – in den Vertrag eingeführt wurden.

c) Beschränkung der Vertragsabschlussfreiheit

Die Vertragsabschlussfreiheit ist im Rechtsverkehr zwischen Unternehmen und Verbrauchern durch das Allgemeine Gleichbehandlungsgesetz (AGG) von 2006 wesentlich zurückgedrängt worden. Auch das AGG ist kein Verbraucherschutzgesetz im technischen Sinne, weil es nicht an den Verbraucherbegriff des § 13 BGB anknüpft und auch kein Äquivalent definiert. Allerdings sind Inhalt und Zweck des AGG klar auf den Schutz natürlicher Personen in den Bereichen Arbeit, Soziales und Versorgung mit Gütern und Dienstleistungen bezogen (§ 2 Abs. 1 AGG). Der arbeitsrechtliche Teil des AGG dient dem Schutz der Beschäftigten vor Benachteiligung (§§ 6 ff. AGG). Bei Beschäftigten handelt es sich zweifellos um natürliche Personen und um Verbraucher im Sinne des allgemeinen Zivilrechts. Für das Benachteiligungsverbot im Zivilrechtsverkehr ist nach einigem hin und her darauf verzichtet worden, es ausdrücklich auf Geschäfte zwischen Unternehmern (§ 14 BGB) und Verbrauchern (§ 13 BGB) zu beschränken.[146] Der

[146] Eingehend MünchKommBGB-*G. Thüsing*, 7. Aufl. 2015, § 119 AGG Rn. 123 m. w. N. zur Entstehungsgeschichte.

Sache nach handelt es sich jedoch auch beim zivilrechtlichen Diskriminierungsverbot um materielles Verbrauchervertragsrecht, denn die Privatperson, die ihre täglichen Einkäufe an Lebensmitteln abwickelt, ist nicht gehalten, eine diskriminierungsfreie Wahl zwischen den zur Verfügung stehenden Supermärkten zu treffen. Vielmehr gilt (nur) umgekehrt, dass der Einzelhändler potentielle Verbraucher-Kunden nicht diskriminieren darf. § 19 Abs. 1 AGG bringt dies dadurch zum Ausdruck, dass er den Anwendungsbereich des zivilrechtlichen Diskriminierungsverbots beschränkt auf privatrechtliche Versicherungsverträge sowie auf Schuldverhältnisse, „die typischerweise ohne Ansehen der Person zu vergleichbaren Bedingungen zustande kommen (Massengeschäfte) oder bei denen das Ansehen der Person nach der Art des Schuldverhältnisses eine nachrangige Bedeutung hat und die zu vergleichbaren Bedingungen in einer Vielzahl von Fällen zustande kommen“. Damit wird der Großteil derjenigen Fälle, in denen nach geltendem Verbrauchervertragsrecht die Inhaltsfreiheit durch zwingendes Recht weitgehend zurückgedrängt ist, auch vom AGG erfasst, das wiederum der Abschlussfreiheit Grenzen zieht.

d) Konsequenzen für die Zivilrechtsdogmatik

Der kurze Durchgang durch das heutige Vertragsrecht führt zu einem eindeutigen Befund: Die Vertragsfreiheit ist in der Masse der Fälle, nämlich im Rechtsverkehr zwischen Unternehmen und natürlichen Personen, die als Verbraucher, Arbeitnehmer, Wohnraummieter, Reisender oder Versicherungsnehmer auftreten, nur noch in einer Richtung vorhanden, nämlich zugunsten der eben genannten Personen. Die Inhaltsfreiheit ist durch zwingendes Vertragsrecht weit zurückgedrängt, die Abschlussfreiheit im Massengeschäft praktisch beseitigt. Die Vertragsfreiheit beschränkt sich im Verhältnis zwischen Unternehmen und Verbrauchern im weiteren Sinne de facto auf die Entscheidung, mit einem frei zu bestimmenden Leistungsangebot zu einem frei gewählten Preis am Markt teilzunehmen. Unternehmen haben die Wahl, dies zu tun oder zu unterlassen. Dies gilt auch im grenzüberschreitenden Verkehr, denn Art. 6 Rom I-VO gewährleistet die Anwendung der am Wohnsitz des Verbrauchers geltenden Schutzstandards. Im Zivilprozessrecht schließlich setzt sich der Verbraucherschutz in den Bestimmungen der Art. 17 ff. Brüssel Ia-VO,[147] § 38 ZPO fort.

Mit der Europäisierung des Zivilrechts hat die „Einhegung" der Vertragsfreiheit durch Gleichbehandlungsgebote, Vertragsinhaltskontrolle und zwingendes Recht weniger zu tun als mitunter angenommen wird. Dieser Prozess begann lange vor Gründung der Europäischen Gemeinschaft mit dem Abzahlungsgesetz von 1894[148] und findet auch unabhängig von europäischen Vorgaben statt, wie die überschießende Umsetzung der Anti-Diskriminierungsrichtlinien im AGG[149] sowie die 2018 in Kraft getretenen Vorschriften zum Verbraucherbauvertrag zeigen.[150] Es fällt schwer, den Schutz des Verbrauchers durch *ius cogens* unter dem Gesichtspunkt der Vertragsfreiheit zu kritisieren. Denjenigen Verbraucher, der Kaufverträge des täglichen Lebens, Verbraucherkreditverträge, Versicherungsverträge, Wohnungsmietverträge oder Bauverträge versiert aushandelt und damit seine Interessen wahrt, gibt es nicht, und wenn es ihn gibt, hat das Interesse am Aushandeln der Vertragsbedingungen auf Massenmärkten keine Chance. Auf den Rechtsverkehr zwischen Unternehmen und Verbrauchern trifft das Diktum von *Zweigert/Kötz* aus dem Jahr 1984, die Vertragsfreiheit sei ein „Traumschloss",[151] durchaus zu. Diesen Befund muss die Zivilrechtswissenschaft zur Kenntnis

---

[147] Für Streitigkeiten aus Versicherungs- und Arbeitsverträgen gelten die äquivalenten Regelungen der Art. 10 ff., 20 ff. Brüssel Ia-VO.

[148] Gesetz vom 16.5.1894, RGBl. 1894, 450.

[149] MünchKommBGB-*Thüsing* (Fn. 146), Einl. AGG Rn. 24; vgl. auch *G. Wagner/N. Potsch*, Haftung für Diskriminierungsschäden nach dem Allgemeinen Gleichbehandlungsgesetz, JZ 2006, 1085, 1097.

[150] Oben, Fn. 138.

[151] Dies ist ein geflügeltes und viel zitiertes Wort von *K. Zweigert*, FS Rheinstein II, 1969, S. 493, 504; *K. Zweigert/H. Kötz*, Einführung in die Rechtsvergleichung, 2. Aufl., Bd. II, Tübingen 1984, S. 9 f. (zurückhaltender 3. Aufl. 1996 [Fn. 43], S. 323 ff.); kritisch dazu *C.-W. Canaris*, Verfassungs-

nehmen und verarbeiten. Doch „zu Legitimationen der Vertragsfreiheit liest man heute bei Zivilisten und Juristen selten etwas Vertiefendes".[152]

Tatsächlich hat die Zivilrechtswissenschaft die beschriebenen Entwicklungen zwar bemerkt, doch hat sie die Funktionsverschiebung des Vertragsrechts, weg von dem Ziel der Minimierung von Transaktionskosten und hin zur Regulierung des Vertragsinhalts zum Schutz und im Interesse einer Vertragspartei, bisher nicht in vollem Umfang verarbeitet.[153] Mit der Privatautonomie im traditionellen Sinn ist es in weiten Bereichen der Vertragspraxis nicht mehr weit her; die Maxime des „stat pro ratione voluntas"[154] ist mit Blick auf den Vertragsinhalt und die Person des Vertragspartners weitgehend durch das umgekehrte Prinzip des „pro voluntate stat ratio" ersetzt worden.[155] Diese Erkenntnis wird in der zivilrechtlichen Literatur mitunter ignoriert[156] oder kritisiert, ohne dass deutlich würde, wie sich dadurch an dem Befund etwas ändern könnte.[157] Solange sich die Zivilrechts-

---

und europarechtliche Aspekte der Vertragsfreiheit in der Privatrechtsgesellschaft, FS Lerche, 1993, S. 873, 882 ff.

[152] *J. Rückert*, Zur Legitimation der Vertragsfreiheit im 19. Jahrhundert, in: D. Klippel (Hrsg.), Naturrecht und Rechtsphilosophie in der Neuzeit, Bd. 1, 1997, S. 135, 141.

[153] Neben den oben, Fn. 130 ff., genannten Beiträgen zum Verbraucherprivatrecht vgl. insbesondere *H. Eidenmüller/F. Faust/H. C. Grigoleit/N. Jansen/G. Wagner/R. Zimmermann*, Revision des Verbraucher-acquis, 2011; speziell zum zwingenden Vertragsrecht *Wagner*, Zwingendes Vertragsrecht (Fn. 136), S. 245 ff.

[154] *W. Flume*, Allgemeiner Teil des Bürgerlichen Rechts, Bd. 2, Das Rechtsgeschäft, 3. Aufl. 1979, § 1 1, S. 1.

[155] *Wagner*, Materialisierung (Fn. 128), S. 13, 81 ff.

[156] Repräsentativ *H. C. Grigoleit*, Anforderungen des Privatrechts an die Rechtstheorie, in: M. Jestaedt/O. Lepsius (Hrsg.), Rechtswissenschaftstheorie, 2008, S. 51, 54: „Tatsächlich bedeutet Privatautonomie – und muss Privatautonomie bedeuten! –, dass die Regelung der Interaktion von Individuen deren Willkür überantwortet wird."

[157] *M. Martinek*, Das Prinzip der Selbstverantwortung im Vertrags- und Verbraucherrecht, in: K. Riesenhuber (Hrsg.), Das Prinzip der Selbstverantwortung, 2012, S. 247, 252 f.

wissenschaft als dogmatische Disziplin in der deutschen Tradition versteht, kommt sie nicht umhin, sich die Entscheidungen des Gesetzgebers zu eigen zu machen – ob sie gefallen oder nicht.

Die Vorstellung des Zivilrechts als eines „Reichs der Freiheit", in dem die Privatautonomie uneingeschränkt herrscht, ist in weiten Bereichen nicht haltbar. Privatautonomie und Vertragsfreiheit sind voraussetzungsvolle Konzepte. Ein präferenzgerechter Vertrag verdient Respekt, wenn nicht Rechte Dritter oder der Allgemeinheit beeinträchtigt werden, doch welche Anforderungen an den Vertragsschluss zu stellen sind, damit präferenzgerechte Ergebnisse für beide Vertragsparteien gewährleistet werden, ist durchaus unklar. Die Beschwörung der Privatautonomie ist nicht dazu geeignet, der Zivilrechtswissenschaft die Auseinandersetzung mit Störungen des Vertragsmechanismus' zu ersparen. Der Schwerpunkt der zivilrechtlichen Auseinandersetzung mit der Vertragsfreiheit liegt deshalb bei der Bestimmung ihrer Voraussetzungen und ihrer Grenzen.[158]

Eine Perspektive für die Weiterentwicklung der Vertragsrechtstheorie wird eröffnet, wenn Privatautonomie explizit als Freiheit zur Wahl – nur – zwischen verschiedenen rechtlich konstituierten Vertragstypen verstanden wird.[159] Die von der Rechtsordnung bereit gestellten Vertragstypen verfügen von vornherein über eine Verfassung, die die Interessen der Parteien in bestimmter Weise zuordnet und darüber hinaus Allgemeinwohlziele, wie etwa der Inklusion bestimmter Gruppen, einschleust. Auch wenn die Rechtssubjekte einen bestimmten ihnen zur Verfügung gestellten Vertragstyp nicht oder jedenfalls nur in einer Richtung modifizieren können, so bleibt ihnen doch die Wahl zwischen verschiedenen Vertragstypen sowie die Option, auf den Vertragsschluss ganz

---

[158] *S. Hofer*, in: Historisch-kritischer Kommentar zum BGB, Bd. II, 2007, Vor § 241 Rn. 5; *G. Wagner*, Prävention und Verhaltenssteuerung durch Privatrecht – Anmaßung oder legitime Aufgabe?, AcP 206 (2006), 352, 423 f.

[159] So *H. Dagan/M. Heller*, The Choice Theory of Contracts, 2017, S. 67 ff.

zu verzichten (negative Vertragsfreiheit). Eine solche Perspektive hat den großen Vorteil, dass sie dem real vorfindlichen Vertragsrecht entspricht und nicht von einem kontrafaktischen Zustand ausgeht. Die Auseinandersetzung mit den einschlägigen rechtspolitischen Interessen und Problemen wird dadurch allerdings nicht überflüssig. So ist in kritischer Absicht gefordert worden, sophistizierten Verbrauchern ein „opt-out“ aus dem Verbraucherschutzrecht zu eröffnen, etwa den Verzicht auf das Widerrufsrecht im Fernabsatz[160] oder auf den Schutz des gesetzlichen Kauf-Gewährleistungsrechts.[161] Über die Anforderungen an die Wirksamkeit eines solchen „Verzichts in Selbstbestimmung“ ist zu diskutieren, doch diese Debatte wäre lohnender als die Beschwörung der Privatautonomie angesichts eines Vertragsrechts, dass Privatautonomie im Sinne von Willkürfreiheit schon längst nicht mehr gewährleistet.

V. Erschütterung des äußeren Systems: Konstitutionalisierung des BGB durch das BVerfG

1. Drittwirkung der Grundrechte

Die Konstitutionalisierung des Zivilrechts begann mit dem *Lüth*-Urteil des BVerfG aus dem Jahr 1958.[162] Die sog. Ausstrahlungswirkung der Grundrechte auf das Privatrecht wird in dem *Lüth*-Urteil mit dem Argument begründet, der Grundrechtsabschnitt

---

[160] Für ein optionales Widerrufsrecht *G. Wagner*, Zwingendes Vertragsrecht, in: H. Eidenmüller/F. Faust/H.C. Grigoleit/N. Jansen/G. Wagner/R. Zimmermann (Hrsg.), Revision des Verbraucher-acquis, 2011, S. 29f.; *H. Eidenmüller*, Widerrufsrechte, ebd., S. 109, 133ff.

[161] Dafür *H. Dagan/M. Heller*, Choice Theory (Fn. 159), S. 71f., mit Hinweis auf entsprechende Befugnisse von „well-counseled individuals who are ‘not in a significantly disparate bargaining position’“ nach den Rechtsordnungen von Massachusetts und Texas.

[162] BVerfGE 7, 198, 205ff. = NJW 1958, 257; zuletzt BVerfG NJW 2018, 1667 Rn. 32ff.

des GG habe eine „objektive Wertordnung" aufgerichtet, von der auch die Legislative und Judikative „Richtlinien und Impulse" empfingen, und zwar im Fall des Privatrechts vermittelt durch die sog. Generalklauseln nach Art des § 826 BGB.[163] Der Zivilrichter habe „kraft Verfassungsgebots zu überprüfen, ob die von ihm anzuwendenden materiellen zivilrechtlichen Vorschriften in der beschriebenen Weise grundrechtlich beeinflusst sind; trifft das zu, dann hat er bei Auslegung und Anwendung dieser Vorschriften die sich hieraus ergebende Modifikation des Privatrechts zu beachten".[164] Darüber hinaus betont die *Lüth*-Entscheidung den Vorrang des Grundgesetzes vor dem BGB: „keine bürgerlich-rechtliche Vorschrift darf in Widerspruch zu ihm stehen, jede muss in seinem Geiste ausgelegt werden".[165]

In den Jahrzehnten seit dem *Lüth*-Urteil hat das BVerfG zahlreiche Entscheidungen zu verschiedenen Einzelfragen des Zivilrechts getroffen.[166] Regelmäßig ging es dabei um Entscheidungen der Zivilgerichte, die im Rahmen von Urteilsverfassungsbeschwerden vor das BVerfG kamen. Nicht immer beließ es das Gericht bei der Korrektur der Einzelfallentscheidung; mitunter wurden auch zivilrechtliche Normen für verfassungswidrig erklärt. Insbesondere das Familienrecht hat wesentliche Impulse vom BVerfG erhalten, zumal hier die Gleichstellungsaufträge des Art. 3 Abs. 2 GG, Art. 117 Abs. 1 GG und des Art. 6 Abs. 5 GG zu beachten sind.

Die Zivilrechtswissenschaft hat die Konstitutionalisierung des Privatrechts aktiv mitzugestalten gesucht. Die insoweit richtungsweisenden Beiträge von *Canaris* halten an der Prämisse fest, dass

---

[163] BVerfGE 7, 198, 205 f. = NJW 1958, 257, 258.

[164] BVerfGE 7, 198, 206 f. = NJW 1958, 257.

[165] BVerfGE 7, 198, 205 = NJW 1958, 257.

[166] Eine Vielzahl einschlägiger Entscheidungen wird diskutiert und nachgewiesen bei *U. Diederichsen*, Das Bundesverfassungsgericht als oberstes Zivilgericht. Ein Lehrstück der juristischen Methodenlehre, AcP 198 (1998), 171. Umfassend *M. Ruffert*, Vorrang der Verfassung und Eigenständigkeit des Privatrechts, 2001, S. 15 ff.

nur der Staat an die Grundrechte gebunden ist, während die Privatrechtssubjekte insoweit frei bleiben.[167] Allerdings wirkt sich die Grundrechtsbindung des Staates auch dann aus, wenn er als Privatrechtsgesetzgeber oder als Zivilgericht auftritt (Art. 1 Abs. 3 GG). Medium der Grundrechtsbindung sind keineswegs allein die zivilrechtlichen Generalklauseln nach Art der §§ 138, 242, 826 BGB. Vielmehr müssen sämtliche Normen des Zivilrechts den Grundrechten ebenso entsprechen wie die Urteile der Zivilgerichte. Insbesondere sind Legislative und Judikative im Bereich des Privatrechts dazu verpflichtet, nicht nur selbst Eingriffe in grundrechtlich geschützte Rechtspositionen Privater zu unterlassen, sondern darüber hinaus auch entsprechende Eingriffe anderer Privatrechtssubjekte zu verhindern. Das verfassungsdogmatische Instrument dazu ist die grundrechtliche Schutzpflicht.[168]

Mit der so umrissenen Dogmatik der „mittelbaren" Drittwirkung ist die Konstitutionalisierung des Zivilrechts bewältigt worden, ohne den Schutzbereich der Grundrechte in vollem Umfang in das Horizontalverhältnis zwischen Privatrechtssubjekten zu projizieren. Allerdings hat die damit verbundene Anerkennung der Konkretisierungsmacht des BVerfG, die durch den gesetzesgleichen Rang von dessen Urteilen noch verstärkt wird (§ 31 BVerfGG), zu einem weiteren Bedeutungsverlust der Zivilrechtsdogmatik geführt.[169] Mit dem BVerfG trat ein Akteur auf den Plan, der Gewissheiten der Zivilrechtsdogmatik aufbrechen und zivilrechtlichen Entwicklungen eine völlig neue Richtung geben konnte.

Das daraus resultierende Unbehagen blühte überwiegend im Verborgenen, bis es von *Diederichsen* Ende der neunziger Jahre vehement artikuliert wurde.[170] Damit wurde die Frage aufgewor-

---

[167] *Canaris*, Grundrechte (Fn. 122), S. 224; *ders.*, Grundrechte und Privatrecht, 1999, S. 30 ff.

[168] *Canaris*, Grundrechte (Fn. 122), S. 225 ff.

[169] *Wagner*, Materialisierung (Fn. 128), S. 13, 77 ff.

[170] *U. Diederichsen*, Die Rangverhältnisse zwischen den Grundrechten und dem Privatrecht, in: C. Starck (Hrsg.), Rangordnung der Gesetze, 1995, S. 39 ff.; *ders.*, Bundesverfassungsgericht (Fn. 166), S. 171 ff.

fen, ob zwischen Verfassungs- und Zivilrecht tatsächlich ein Verhältnis der Über-/Unterordnung besteht oder ob es sich nicht vielmehr um disparate und daher gleichrangige Regelungsmaterien handelt, die einander nicht viel zu sagen haben.[171] Nach *Diederichsen* hat das Verfassungsrecht den Vorrang usurpiert, indem das BVerfG mit dem *Lüth*-Urteil die Grundrechte um eine Grundwerteordnung ergänzt und damit umgedeutet habe.[172] Der Preis dieser Entwicklung sei der „Verlust der Gestaltungsfreiheit des einfachen Gesetzgebers und damit der Eigenständigkeit des Privatrechts, das sich in der Abwägung kollidierender Grundrechte auflöst".[173] Sofern man die Konstitutionalisierung des Zivilrechts nicht rückgängig machen könne, sei jedenfalls die Zivilrechtsdogmatik als Schutzgut der Verfassung anzuerkennen: Sie stehe im Rahmen des Grundrechts auf freie Entfaltung der Persönlichkeit (Art. 2 Abs. 1 GG) „institutionell unter dem Schutz des Grundgesetzes".[174]

Tatsächlich lässt sich die Grundrechtsbindung des Privatrechtsgesetzgebers und der Zivilgerichte nicht in Abrede stellen. Das gilt auch unabhängig von Art. 1 Abs. 3 GG, über dessen privatrechtsbezogenen Regelungsgehalt sich streiten lässt. Freiheit und Gleichheit sind nicht nur zentrale Verfassungsgewährleistungen, sondern zugleich die zentralen Prinzipien des Privatrechts. Insofern findet Privatrecht notwendig im grundrechtsrelevanten Bereich statt. Bereits das RG hat – wenn auch wesentlich zurückhaltender als das BVerfG – privatrechtliche Gesetze an den Vorgaben der Weimarer Reichsverfassung gemessen.[175] Auch international ist die Horizontalwirkung grundrechtlicher Garantien

---

[171] *Diederichsen*, Rangverhältnisse (Fn. 170), S. 49 ff.

[172] *Diederichsen*, Rangverhältnisse (Fn. 170), S. 82 ff.

[173] *Diederichsen*, Rangverhältnisse (Fn. 170), S. 92 f.

[174] *Diederichsen*, Bundesverfassungsgericht (Fn. 166), S. 211.

[175] RGZ 107, 370, betreffend die Regelung der Hypothekenaufwertung in der dritten Steuernotverordnung 1924; RGZ 11, 320, zum Aufwertungsgesetz.

keine Anomalie, sondern Standard.[176] Es ist demnach problemlos möglich, die Grundrechte als Prinzipien in ein normativ konzipiertes Privatrechtssystem zu integrieren. Den dafür benötigten dogmatischen Rahmen hat *Canaris* zur Verfügung gestellt.[177] Wie das Zusammenspiel zwischen Verfassungsrecht bzw. Verfassungsgericht und Zivilrechtsdogmatik im Einzelnen funktioniert, soll im Folgenden anhand von Beispielen untersucht werden.

2. Beispiel 1: Eigentumsschutz für Mieter

Der Einfluss, den die Rechtsprechung des BVerfG auf das Mietrecht ausgeübt hat, lässt sich gut an dem Beschluss aus dem Jahr 1993 demonstrieren, mit dem die Rechtsposition des Mieters von Wohnraum zu einem Eigentumsrecht im Schutzbereich des Art. 14 Abs. 1 S. 1 GG aufgewertet worden ist.[178] Seither stehen sich insbesondere bei der Eigenbedarfskündigung zwei Eigentumsrechte gegenüber, nämlich dasjenige des Vermieters und dasjenige des Mieters. Vor dieser Entscheidung hatte das BVerfG die Belange des Mieterschutzes „nur" im Rahmen der Inhalts- und Schrankenbestimmung gemäß Art. 14 Abs. 1 S. 2, Abs. 2 GG zu Lasten des Eigentumsrechts des Vermieters zur Geltung gebracht.

Das zentrale Begründungselement des BVerfG bei der Promotion der Mieterinteressen zu einem Eigentumsrecht war die besondere Eigenart der Mietwohnung, die „für jedermann Mittelpunkt seiner privaten Existenz" sei.[179] Weiter habe der Gesetzgeber das Besitzrecht des Mieters so ausgestaltet, dass es ihm wie Sacheigentum zugeordnet sei. Zum Beleg verweist das BVerfG auf die

---

[176] *Wagner*, Materialisierung (Fn. 128), S. 13, 59 ff. m. w. N.

[177] Vgl. oben, III. 4. b).

[178] BVerfGE 89, 1 = NJW 1993, 2035; eingehend dazu *O. Depenheuer*, Der Mieter als Eigentümer? Anmerkungen zum Beschluß des BVerfG vom 26.5.1993, NJW 1993, 2035, NJW 1993, 2561; *B. Rüthers*, Ein Grundrecht auf Wohnung durch die Hintertür?, NJW 1993, 2587; *O. Lepsius*, Besitz und Sachherrschaft im öffentlichen Recht, 2002, S. 83 ff.

[179] BVerfGE 89, 1 = NJW 1993, 2035.

Regelungen des BGB über den Besitzschutz (§§ 858ff. BGB), den Schutz des Besitzes als sonstiges Recht gemäß § 823 Abs. 1 BGB und auf den Grundsatz „Kauf bricht nicht Miete“ (§ 566 BGB). Daraus ergibt sich in den Augen des Gerichts, dass das Besitzrecht eine vermögenswerte Rechtsposition darstellt, die eine Nutzungs- und Verfügungsbefugnis zum Inhalt habe.

Aus zivilrechtlicher Sicht erscheint es auf den ersten Blick absurd, ein Recht zum Besitz als Eigentum zu qualifizieren, nachdem das BGB klar und eindeutig zwischen Besitz und Eigentum unterscheidet und das Eigentumsrecht in § 903 BGB als umfassendes Herrschaftsrecht definiert. Es trifft auch nicht zu, dass das Besitzrecht des Mieters Nutzungs- und Verfügungsbefugnisse zum Inhalt habe, wie das BVerfG formuliert hat, denn der Mieter hat nur Nutzungs- aber keine Verfügungsrechte.[180] Wie das BVerfG selbst darlegt, kann der Mieter nicht über das ihm zustehende Besitzrecht disponieren, denn er kann die Nutzung der Sache nur mit Zustimmung des Vermieters einem Dritten überlassen (§ 549 BGB aF = § 540 BGB nF).

Eine an § 903 BGB festgemachte Kritik an dem Beschluss des BVerfG führt jedoch in die Irre, denn der verfassungsrechtliche Eigentumsbegriff ist mit dem zivilrechtlichen nicht identisch. Das BVerfG hat nicht gesagt, das Besitzrecht des Mieters sei Eigentum im Sinne des § 903 BGB, sondern es hat eine Aussage zum Schutzbereich des Art. 14 Abs. 1 S. 1 GG getroffen. Diese ist wegen der Weite des verfassungsrechtlichen Eigentumsbegriffs im Grunde wenig spektakulär.[181] Nach einer stehenden Formulierung des BVerfG umfasst Art. 14 Abs. 1 S. 1 GG sämtliche vermögenswerten Rechte, die dem Berechtigten ausschließlich zur pri-

---

[180] Zutreffend *Depenheuer*, Mieter (Fn. 178), S. 2563; *V. Emmerich*, Der Mieter als Eigentümer von Gerichts wegen, FS Gitter, 1995, S. 241, 244.

[181] So auch *Rüthers*, Grundrecht (Fn. 178), S. 2587f.: „Diese Konstruktion ist nach dem weiten verfassungsrechtlichen Eigentumsbegriff logisch möglich.“ Freilich mit dem Zusatz: „Sie ist jedoch geeignet, die Strukturen des Wohnungsmarktes nachhaltig zu beeinflussen.“

vaten Nutzung und zur eigenen Verfügung zugeordnet sind.[182] Dazu zählen jedenfalls diejenigen privaten Rechtspositionen, auf die sich der Deliktsschutz gemäß § 823 Abs. 1 BGB unter dem Gesichtspunkt des „sonstigen Rechts" erstreckt.[183] Erfasst sind die sogenannten beschränkt-dinglichen Rechte, also Nießbrauch, Fahrnispfand, Hypothek, Grundschuld und Dienstbarkeit, sowie das dingliche Vorkaufsrecht und möglicherweise auch das Recht am eingerichteten und ausgeübten Gewerbebetrieb.[184] Schließlich genießt auch der berechtigte Besitz den Deliktsschutz gemäß § 823 Abs. 1 BGB,[185] und selbst obligatorische Rechte sind als Eigentum iSd Art. 14 Abs. 1 S. 1 GG schutzfähig.[186]

Unter diesen verfassungsrechtlichen Prämissen ist es konsequent, den berechtigten Besitz generell – auch jenseits der Wohnungsmiete – als verfassungsrechtlich geschütztes Eigentum anzuerkennen. Dann aber ist die Begründung des BVerfG in dem Mieterbeschluss kritikwürdig. Fallen obligatorische Besitzrechte in den Schutzbereich der Eigentumsgarantie, kann es nicht darauf ankommen, ob die Mietsache als Wohnung „für jedermann Mittelpunkt seiner privaten Existenz" ist. Vielmehr wäre auch das Besitzrecht des Mieters von Gewerberäumen eigentumsrecht-

---

[182] BVerfGE 78, 58, 71 = NJW 1988, 2594; BVerfGE 83, 201 = NJW 1991, 1807; BVerfGE 112, 93 = NJW 2005, 879, 880; BGHZ 185, 44 Rn. 21 = NJW 2010, 1948.

[183] Vgl. die Aufzählung bei *P. Axer* in: V. Epping/C. Hillgruber (Hrsg.), BeckOK Grundgesetz, 35. Ed. 2017, Art. 14 Rn. 48 ff. sowie *H.-J. Papier*, in: T. Maunz/G. Dürig (Hrsg.), GG, 59. EL 2010, Art. 14 Rn. 95 ff. (Recht am Gewerbebetrieb), Rn. 160 ff. (Vermögen), Rn. 295 (Anteilseigentum), Rn. 196 (Unternehmen), Rn. 197 ff. (Geistiges Eigentum), Rn. 203 ff. (Bergbau-, Wasser, Jagd- und Fischereirechte).

[184] Erwogen und im Ergebnis offen gelassen von BVerfGE 51, 193, 221 f. = NJW 1980, 383; BVerfGE 68, 193, 222 f. = NJW 1985, 1385; BVerfGE 105, 252, 277 = NJW 2002, 2621; BVerfG NVwZ 2009, 1426, 1428; vgl. auch MünchKommBGB-*Wagner* (Fn. 118), § 823 Rn. 270 ff.

[185] MünchKommBGB-*Wagner* (Fn. 118), § 823 Rn. 287 ff.

[186] Ständige Rechtsprechung, vgl. nur BVerfGE 45, 142, 197 = NJW 1977, 2024; BVerfGE 83, 201 = NJW 1991, 1807; BVerfGE 115, 97 Rn. 33 = NJW 2006, 1191; BVerfGE 112, 93 = NJW 2005, 879, 880.

lich geschützt.[187] Zwar genießt der Mieter von Gewerberäumen keinen gesetzlichen Kündigungsschutz nach dem Muster der §§ 573 ff. BGB, doch dies steht der Anerkennung seines Besitzrechts als verfassungsrechtlich geschütztes Eigentum nicht entgegen. Der Schutzbereich des Art. 14 GG wäre beispielsweise verletzt, wenn der Staat dem Mieter eines Betriebsgrundstücks, der einen langfristigen Mietvertrag geschlossen hat, den Besitz an diesem Grundstück entziehen würde; dies wäre ggf. als Enteignung zu qualifizieren. Genauso liegt es bei der Miete beweglicher Sachen. Beispielsweise kann der Mieter einer Yacht Schadensersatz von demjenigen verlangen, der sie schuldhaft beschädigt oder zerstört und dadurch eine Reise vereitelt, und genauso wäre es unter dem Gesichtspunkt des Art. 14 GG zu beurteilen, wenn der Staat in das Besitzrecht eingriffe. Das gilt unabhängig davon, ob die jeweilige Sache den „Mittelpunkt der privaten Existenz" des Besitzers darstellt.

Umgekehrt ist der nicht berechtigte Besitz entgegen einer in der Literatur vertretenen Auffassung weder als Eigentum gemäß Art. 14 Abs. 1 S. 1 GG[188] noch als „sonstiges Recht" im Rahmen von § 823 Abs. 1 geschützt. Zwar gelten die §§ 858 ff. BGB für den Besitz als solchen, ohne Rücksicht auf seine Berechtigung, also ein Recht zum Besitz. Diese Regelung dient jedoch allein dem öffentlichen Interesse an der Wahrung des Rechtsfriedens,[189] und besagt nichts dafür, dass der unrechtmäßige Besitzer anderen gegenüber eine schutzwürdige Rechtsposition innehat.[190]

Das eigentliche Problem der Entscheidung zum Mietrecht liegt darin, dass das BVerfG dem Mieter Schutz gerade *gegenüber dem*

---

[187] Für abwegig hält dies *D. Reuter*, Die sog. Verwertungskündigung des Vermieters, GS Sonnenschein, 2003, S. 329, 346; vgl. auch MünchKommBGB-*M. Häublein*, 7. Aufl. 2016, § 573 Rn. 8.

[188] *Lepsius*, Besitz (Fn. 178), S. 91.

[189] Vgl. dazu MünchKommBGB-*D. Joost*, 7. Aufl. 2017, Vor § 854 Rn. 15.

[190] Vgl. dazu in anderem Kontext MünchKommBGB-*Wagner* (Fn. 118), § 823 Rn. 289.

Vermieter als dem Eigentümer gewährt. Im Kündigungsschutzprozess um die Wirksamkeit einer Eigenbedarfskündigung nach dem heutigen § 573 BGB geht es um die Frage, ob das verfassungsrechtlich als Eigentum geschützte Besitzrecht des Mieters durch wirksame Kündigung beendet worden ist. Das BVerfG erkennt in seinem Beschluss ausdrücklich an, das Besitzrecht des Mieters ende mit der wirksamen Kündigung des Vermieters, lehnt es jedoch ab, daraus den Schluss zu ziehen, gesetzliche Regelungen und fachgerichtliche Entscheidungen zum Kündigungsschutz seien nicht an Art. 14 GG zu messen.[191] Vielmehr sollen der Gesetzgeber und die Gerichte verpflichtet sein, die Beendigung des Besitzrechts des Mieters nur dann zu gestatten, wenn überwiegende Interessen des Vermieters dies rechtfertigen.[192] Das BVerfG scheint also davon auszugehen, dass die von Art. 14 GG geschützte Eigentumsposition des Mieters sich unmittelbar aus dem Innehaben der Wohnung ergibt und von der Ausgestaltung des Kündigungsschutzrechts und der gesetzlichen Anerkennung des Grundsatzes Kauf bricht nicht Miete unabhängig ist. Geschützt ist dann der Besitz als solcher, soweit er sich auf eine Sache bezieht, die „Mittelpunkt der privaten Existenz" ist. Unter dieser Prämisse müsste auch ein Hausbesetzer, der eine fremde Wohnung ohne Rechtstitel zu seinem Lebensmittelpunkt macht, den Schutz der Eigentumsgarantie genießen.

Der Mieterbeschluss des BVerfG ist somit differenziert zu sehen: Die Qualifikation der Rechtsposition des Mieters als Eigentum ist konsequent und wenig überraschend, soweit es um den Schutz des berechtigten Besitzes geht. Problematisch ist es hingegen, dem Mieter nach Kündigung ein Eigentumsrecht gegenüber dem Eigentümer zuzuerkennen. Der Kündigungsschutzprozess dreht sich schließlich allein um die Frage, ob das Besitzrecht des Mieters wirksam beendet wurde. Ist dies der Fall, steht dem Mieter kein Ei-

[191] BVerfGE 89, 1 = NJW 1993, 2035, 2036; anders *Reuter*, Verwertungskündigung (Fn. 187), S. 329, 346.

[192] Wie engmaschig das BVerfG dabei vorgeht, demonstriert *Diederichsen*, Bundesverfassungsgericht (Fn. 166), S. 219.

gentumsrecht zu; bleibt der Mietvertrag hingegen wirksam, hat der Mieter verfassungsrechtlich geschütztes Eigentum. Das Interesse des Mieters daran, dass sein Besitzrecht an der Wohnung fortbesteht, ist im Rahmen seiner Handlungsfreiheit, möglicherweise auch speziell durch das allgemeine Persönlichkeitsrecht gemäß Art. 2 Abs. 1 GG geschützt, denn es geht um den „Mittelpunkt der privaten Existenz". Über Art. 14 Abs. 1 S. 2, Abs. 2 GG beschränken diese Belange das Interesse des Eigentümers an der Beendigung des Mietvertrags. Ein Eigentumsrecht im Sinne des Art. 14 Abs. 1 S. 1 GG generieren sie nicht.

Für das Zivilrecht bleibt die Judikatur des BVerfG zum Eigentumsrecht des Mieters folgenlos. Dass die Interessen des Mieters bei der Beurteilung einer Eigenbedarfskündigung eine Rolle spielen, liegt auf der Hand. Die Art und Weise, wie dies zu geschehen hat, ist in den §§ 573ff. BGB detailliert vorgegeben. Die Frage, ob die Bestandsinteressen des gekündigten Mieters verfassungsrechtlich in Art. 2 Abs. 1 GG oder in Art. 14 Abs. 1 S. 1 GG verankert werden, ist für das praktische Ergebnis des Interessenausgleichs irrelevant. Theoretisch erscheint die Qualifikation des Bestandsinteresses des gekündigten Wohnungsmieters als verfassungsrechtlich geschütztes Eigentum allerdings kritikwürdig: Das bloße Interesse des Einzelnen am Behalten einer fremden Sache begründet kein Eigentumsrecht, auch dann nicht, wenn das Interesse noch so existentiell begründet ist.

3. Beispiel 2: Beschränkung der Räumungsklage wegen Suizidgefahr

Praktisch weniger bedeutsam, für die Funktionen des Zivilrechts jedoch hoch interessant und relevant ist die Judikatur des BVerfG zum Räumungsschutz bei Suizidgefahr. Ansatzpunkt für diese Rechtsprechung ist der Schuldnerschutz im Zwangsvollstreckungsverfahren, der nach § 765a Abs. 1 S. 1 ZPO zu gewähren ist, wenn die Zwangsvollstreckung für den Schuldner „unter voller Würdigung des Schutzbedürfnisses des Gläubigers wegen ganz besonderer Umstände eine Härte bedeuten würde, die mit den guten

Sitten nicht vereinbar ist". Seit einem grundlegenden Beschluss des Ersten Senats des BVerfG aus dem Jahr 1979 sind die Vollstreckungsgerichte gehalten, die Zwangsvollstreckung zur Räumung einer Wohnung für einen längeren Zeitraum einzustellen, wenn die Räumungsvollstreckung für den Schuldner „einen ganz unverhältnismäßig schwerwiegenden Eingriff und eine erhebliche Gefährdung seines Lebens und seiner Gesundheit darstellen könnte".[193] Eine solche Gefährdung sei gegeben, wenn der Schuldner geltend mache, er sei ernstlich psychisch krank und könne daher bei einer Räumungsvollstreckung lebensgefährliche Schäden erleiden, weil er sich ggf. das Leben nehmen werde.[194]

Seit diesem Beschluss des BVerfG von 1979 gehören Entscheidungen zur „Suiziddrohung bei der Räumungsvollstreckung" zum Repertoire sowohl der Zivilgerichte als auch des BVerfG. Entwicklung und aktueller Stand der Judikatur können hier nicht im Detail nachgezeichnet werden. Der I. Zivilsenat des BGH hat in einem Beschluss aus dem Jahre 2005 eine restriktive Linie eingeschlagen.[195] Dabei wird im Ausgangspunkt betont, nicht nur der Schuldner, sondern auch der Gläubiger könne sich auf Grundrechte berufen. Deshalb sei sorgfältig zu prüfen, ob der Suizidgefahr „nicht auch auf andere Weise als durch Einstellung der Zwangsvollstreckung wirksam begegnet werden kann".[196] Die Räumungsvollstreckung könne möglicherweise in einer besonderen Art und Weise durchgeführt werden, aber auch die Unterbringung des Suizidgefährdeten nach Polizeirecht sei eine Option. Darüber hinaus sei es dem Suizidgefährdeten zuzumuten, ärztliche Hilfe und ggf. auch einen stationären Aufenthalt in einer Klinik in Anspruch zu nehmen.[197] Danach ist die Räumungsvollstreckung wegen Suizidgefahr stets nur vorläufig einzustellen, bis

[193] BVerfGE 52, 214, 221.
[194] BVerfGE 52, 214, 219 ff.
[195] BGHZ 163, 66.
[196] BGHZ 163, 66, 74
[197] BGHZ 163, 66, 74.

zu dem Zeitpunkt, in dem die Suizidgefahr auf andere Weise ausgeräumt ist.[198]

Die Spruchpraxis des BVerfG und auch des V. Zivilsenats des BGH ist über diesen restriktiven Ansatz des I. Zivilsenats hinweg gegangen. Nach der aktuellen Judikatur des BVerfG, die von verschiedenen Kammern des Ersten Senats geprägt werden, sind die Handlungsmöglichkeiten und -pflichten der Vollstreckungsgerichte im Rahmen von § 765a ZPO nicht auf die einstweilige Einstellung der Räumungsvollstreckung beschränkt. Vielmehr kann der Schutz der Grundrechte des suizidgefährdeten Schuldners auch die Einstellung der Zwangsvollstreckung auf unbestimmte Zeit rechtfertigen und erfordern.[199] Verstößt der Schuldner gegen die ihm erteilten Auflagen, ist das kein Grund, dem Zwangsvollstreckungsverfahren Fortgang zu geben, wenn die Suizidgefahr nicht gebannt ist.[200] Ob sie gebannt ist, kann das Vollstreckungsgericht kaum beurteilen. Aus berufenem Munde ist deshalb mit Recht eine pessimistische Schlussfolgerung gezogen worden:

> „[...] da nie ganz auszuschließen ist, dass ein zu allem entschlossener Schuldner, der alle gut gemeinten Auflagen zur Inanspruchnahme einer fachärztlichen Behandlung unbeachtet lässt, das angedrohte Mittel letztlich doch wählt, erscheinen die erörterten Auflagen und Weisungen des Gerichts an den Schuldner ein wenig lebensfremd und auch wirkungslos.“[201]

Helfen Auflagen und Weisungen nicht, kommt immer noch die Unterbringung des Schuldners in Betracht. Nach der Rechtsprechung des V. Zivilsenats des BGH hingegen soll die permanente Unterbringung des Schuldners kein verhältnismäßiges

---

[198] BGHZ 163, 66, 76.

[199] BVerfG NZM 2014, 346; NZM 2014, 701 Rn. 11; NZM 2016, 807 Rn. 17.

[200] *M. J. Schmid*, Selbstmordgefahr und Verhinderung der Zwangsräumung, WM 2010, 2108, 2109.

[201] *W. Schuschke*, Lebensschutz contra Eigentumsgarantie – Zu den Grenzen des § 765a ZPO in der Räumungsvollstreckung, NJW 2006, 874, 875.

Mittel sein, um die Suizidgefahr zu bannen, weil sie übermäßig stark in dessen Freiheit eingreife.[202] Die substantiierte Berufung des Schuldners darauf, sich im Fall einer Räumung das Leben zu nehmen, führt demnach zu einem unbefristeten Bleiberecht.

An der Rechtsprechung des BVerfG lässt sich kritisieren, sie sehe die Zwangsvollstreckung als einen staatlichen Eingriff in die grundrechtlich geschützte Sphäre des Schuldners und lasse außer Acht, dass der Gläubiger einen Anspruch auf Räumung der Wohnung habe. Bevor ein solcher Anspruch tituliert wird, müssen anspruchsvolle Voraussetzungen des materiellen Wohnungsmietrechts überwunden werden. Der Vermieter muss entweder schwere Verfehlungen des Mieters nachweisen oder Eigenbedarf geltend machen können (§§ 569, 573 BGB), es gelten asymmetrisch zugunsten des Mieters gestaltete Kündigungsfristen (§ 573c BGB), und der Mieter kann der Kündigung widersprechen und die Fortsetzung des Mietverhältnisses verlangen, wenn ein Umzug für ihn, seine Familie oder einen anderen Angehörigen seines Haushalts eine unzumutbare Härte bedeuten würde (§ 574 BGB). Nur wenn die Kündigungsfrist abgelaufen ist und das zuständige Zivilgericht sowohl einen Kündigungsgrund bejaht als auch einen Härtefall verneint hat, kann der Vermieter überhaupt einen Räumungstitel in der Hand halten. Wird dennoch die Vollstreckung des Räumungsurteils im Rahmen von § 765a ZPO wegen Suizidgefahr abgelehnt, so wird im Ergebnis das Recht des Gläubigers vereitelt; besonders deutlich im Fall der permanenten Einstellung der Zwangsvollstreckung. Eine solche Maßnahme kommt einer Enteignung des Gläubigers gleich, der für Aufgaben in Anspruch genommen wird, die eigentlich dem Staat obliegen.[203]

[202] BGH NZM 2016, 243 Rn. 8.

[203] BGHZ 163, 66, 73; *Schuschke*, Lebensschutz (Fn. 201), S. 875; *W.-D. Walker/M. Gruß*, Räumungsschutz bei Suizidgefahr und altersbedingter Gebrechlichkeit, NJW 1996, 352, 353 f.; *T. Linke*, Drohender „Bilanzselbstmord“ als Räumungsvollstreckungshindernis bei der Gewerbemiete?, NZM 2002, 205, 208.

Der zentrale Punkt ist jedoch ein anderer: Die Gewährung von Räumungsschutz bei Geltendmachung von Suizidgefahr setzt einen starken Anreiz, dieses Mittel einzusetzen. Denn die Drohung mit Suizidgefahr verspricht die de-facto Fortsetzung des Mietverhältnisses auch dann noch, wenn alle Schutzinstrumente des materiellen Wohnungsmietrechts ausgeschöpft, alle Fristen abgelaufen und alle Rechtsmittel verbraucht sind und es nur noch um den Vollzug des Räumungsurteils durch Zwangsvollstreckung geht. Die für die Anwendung des § 765a ZPO zuständigen Vollstreckungsgerichte sind ungeeignet dafür, die Schwere psychischer Störungen zu beurteilen. Bei der Wahrnehmung dieser Aufgabe dürfen sie sich nicht einmal auf die Urteile der Betreuungsgerichte verlassen, d.h. selbst wenn das zuständige Betreuungsgericht die Anordnung einer Betreuung des Suizidgefährdeten mangels Erforderlichkeit abgelehnt hat, darf sich das Vollstreckungsgericht dieser Wertung nicht anschließen, sondern muss selbst prüfen und entscheiden.[204] Die von ihm im Zwangsvollstreckungsverfahren regelmäßig hinzugezogenen psychologischen Sachverständigen haben es denkbar schwer, die Ernsthaftigkeit der Suiziddrohung zu überprüfen und jeden Anreiz, im Zweifel den vorsichtigen Weg zu wählen, was die Erfolgschancen des Antrags nach § 765a ZPO weiter erhöht.[205] Der BGH hat inzwischen selbst eingeräumt, es lasse sich in vielen Fällen nicht zuverlässig feststellen, ob die Berufung auf Suizidgefahr echt oder nur vorgeschoben sei.[206] Und das BVerfG hat ausgesprochen, die Räumung müsse auch dann unterbleiben, wenn der Schuldner nicht an einer psychischen Krankheit leide, sondern seine „Charakterstruktur und […] emotionale Befindlichkeit" für die Suiziddrohung ursächlich seien.[207] Bei dieser Rechtslage muss ein kompetenter Rechtsanwalt seinem

[204] BVerfG NZM 2016, 807 Rn. 12.

[205] *Schmid*, Selbstmordgefahr (Fn. 200), S. 2108 f.

[206] BGH NJW-RR 2011, 423 Rn. 13: „Dass Suizidabsichten vorgespiegelt sein können, um unberechtigt Vollstreckungsschutz nach § 765a ZPO zu erlangen, ist bekannt." Genauso *Schuschke*, Lebensschutz (Fn. 201), S. 876.

[207] BVerfG NJW 1994, 1719, 1720.

Mandanten eigentlich dazu raten, es zumindest einmal zu versuchen.

Um nicht missverstanden zu werden: Es gibt zweifellos psychisch kranke Menschen, denen Rücksicht und Unterstützung gebührt. Die Frage ist nur, ob die Einstellung der Zwangsvollstreckung das richtige Mittel ist, einer Selbstmordgefahr zu begegnen. Die Unterbringung akut selbstmordgefährdeter Menschen zum Schutz vor sich selbst ist immer dann die richtige Antwort, wenn die Suiziddrohung nicht mit der Räumung einer Wohnung im Zusammenhang steht. Warum nicht auch hier?

Die Fixierung der verfassungsgerichtlichen Rechtsprechung auf die Wohnraummiete verstellt die Sicht darauf, dass es sich um eine allgemeine Fragestellung handelt: Kann die Drohung mit dem Selbstmord die Durchsetzung rechtlicher Pflichten suspendieren? Wird dies bejaht, müsste auch die Durchsetzung von Steuerforderungen, privaten Geldforderungen, verkehrspolizeilichen Bußgeldern und sonstiger Pflichten ausgesetzt werden, wenn der Schuldner glaubhaft droht, sich andernfalls das Leben zu nehmen.[208] Darüber hinaus ist mit Fällen zu rechnen, in denen der Selbstmord angedroht wird, um eine Leistung erstmals zu erhalten. Wie wäre zu entscheiden, wenn eine Person glaubhaft macht, sie werde sich das Leben nehmen, wenn sie eine bestimmte Wohnung, ein Automobil oder sonstige Güter nicht bekomme? Es gibt bereits einige Fälle, die das Potential deutlich machen. So hat ein Mieter von Gewerberäumen angekündigt, er werde sich im Fall deren Räumung das Leben nehmen; das BVerfG hat auch insoweit die Einstellung der Zwangsvollstreckung für verfassungsmäßig geboten gehalten, und zwar erneut völlig unabhängig davon, ob der Selbstmorddrohung Krankheitswert zukommt.[209] Im Zwangsversteigerungsrecht sind die Fälle notorisch, in denen die Bewohner

---

[208] *F. Zschieschack*, (Dauerhaftes) Vollstreckungshindernis Suizidandrohung? „Hard cases make bad law“ oder: Der „Schwarze Peter“ bleibt bei den Beschwerdekammern, NZM 2017, 15, 16.

[209] BVerfG NZM 2001, 951.

der zu versteigernden Immobilie bereits die Verwertung durch Zuschlag zu verhindern suchen.[210] Auch in diesem Punkt reagieren die Gerichte entsprechend und untersagen dem Gläubiger uU die Verwertung der belasteten Sache. In einem besonders sprechenden Fall haben zudem die Inhaber des Räumungstitels vorgetragen, sie würden sich ihrerseits das Leben nehmen, wenn die Zwangsvollstreckung wegen der von den Bewohnern geltend gemachten Selbstmordgefahr eingestellt würde.[211] Womöglich in der Vorahnung, das Gericht werde diesem Vortrag nicht die gebührende Aufmerksamkeit schenken, hatten sie die Fenster der streitgegenständlichen Wohnung kurzerhand eingeschlagen. Der BGH machte den Vollstreckungsschutz gemäß § 765a ZPO davon abhängig, ob die Suizidgefahr für den Schuldner höher zu bewerten war als die für den Gläubiger.[212]

Die dynamische Wirkung seiner eigenen Rechtsprechung ist vom BVerfG möglicherweise unterschätzt worden. Die Vielzahl der veröffentlichten Entscheidungen von Gerichten jeder Hierarchiestufe legt die Schlussfolgerung nahe, dass der Beschluss des BVerfG aus dem Jahr 1979 eine Initialzündung für die Geltendmachung der Suizidgefahr als Schutzschild vor der Räumungsvollstreckung war.[213] Unverkennbar spiegeln sich in den Sachverhalten zu § 765a ZPO schwere menschliche Schicksale. Diese Schicksale dürfen jedoch nicht den Blick darauf verstellen, dass die Drohung mit dem eigenen Suizid kein Instrument sein darf, um der Rechtsordnung Vorteile abzupressen, die dem Betroffenen sonst nicht zustehen. Wenn dies dennoch zugelassen wird, werden starke Anreize gesetzt, das Instrument auch einzusetzen.

---

[210] BVerfG NJW 1994, 1272; NZM 2016, 807; BGH NJW-RR 2011, 423; NZM 2017, 51.

[211] BGH NZM 2016, 654.

[212] BGH NZM 2016, 654 Rn. 17.

[213] Treffend *C. Paulus*, in: B. Wieczorek/R. A. Schütze (Hrsg.), ZPO, 4. Aufl. 2016, § 765a Rn. 35: enormer Anstieg der Suizidgefahr unter Räumungsschuldnern.

4. Beispiel 3: Auskunftsanspruch des Scheinvaters

Ein drittes Beispiel für das Verhältnis von Zivilrecht und Verfassungsrecht bzw. Verfassungsrechtsprechung betrifft den Regress des Scheinvaters gegen denjenigen Mann, der das Kind tatsächlich gezeugt hat wegen der dem Kind erbrachten Unterhaltsleistungen. Die Geltendmachung des Regressanspruchs aus §§ 1607 Abs. 3 S. 2, Abs. 2 S. 1, 1613 Abs. 2 BGB ist gemäß § 1600d Abs. 4 BGB erst möglich, nachdem dessen Vaterschaft anerkannt oder gerichtlich festgestellt wurde. Das Vaterschaftsfeststellungsverfahren gegen den biologischen Vater können indessen entsprechend § 1600 Abs. 1 BGB nur Mutter oder Kind anstrengen; der Scheinvater ist dazu nicht befugt.[214] Die Rechtsprechung hat daher unter gewissen Umständen die Inzidentfeststellung der Vaterschaft im Unterhaltsregressprozess des Scheinvaters zugelassen.[215] Die Geltendmachung aller dieser Ansprüche setzt jedoch voraus, dass der Scheinvater die Identität des biologischen Vaters kennt. Zu diesem Zweck hatte der BGH dem Scheinvater auf der Grundlage des § 242 BGB einen Auskunftsanspruch gegen die Kindesmutter auf Benennung des biologischen Vaters eingeräumt. Die Kindesmutter sei kraft Treu und Glaubens gehalten, dem Scheinvater Auskunft über die Person zu geben, die ihr während der Empfängniszeit beigewohnt hat.[216] Bei den Streitparteien handelt es sich in der Regel um geschiedene Eheleute oder um inzwischen getrennte Partner einer nicht-ehelichen Lebensgemeinschaft.

Diese Judikatur hat das BVerfG für verfassungswidrig erklärt[217] und dem BGH vorgeworfen, er habe die ihm grundsätzlich zustehende Kompetenz zur Rechtsfortbildung überschritten, indem er die Kindesmutter ohne explizite gesetzliche Grundlage einem

---

[214] MünchKommBGB-*M. Wellenhofer*, 7. Aufl. 2017, § 1600d Rn. 13.

[215] BGHZ 176, 327 Rn. 11 ff. = NJW 2008, 2433.

[216] BGHZ 191, 259 Rn. 17 ff. = NJW 2012, 450; BGHZ 196, 207 Rn. 28 ff. = NJW 2013, 2108; BGH NJW 2014, 2571.

[217] BVerfGE 138, 377 = NJW 2015, 1506 Rn. 35 ff.

Auskunftsanspruch ausgesetzt habe.[218] Der Gegenstand des Auskunftsanspruchs berühre die Intimsphäre der Kindesmutter, während auf Seiten des Scheinvaters lediglich finanzielle Interessen eine Rolle spielten.[219] In dieser Situation obliege dem Gesetzgeber die Entscheidung über den Ausgleich der betroffenen Grundrechtspositionen.

Die Entscheidung des BVerfG ist bemerkenswert, weil der zuständige XII. Zivilsenat des BGH sich große Mühe gegeben hatte, den Auskunftsanspruch auf eine sichere juristische Grundlage zu stellen und dabei die betroffenen Grundrechtspositionen ausführlich gewürdigt hatte.[220] Die gefundene Lösung über Treu und Glauben ist keine ad hoc-Konstruktion zu einer auf andere Fälle zugeschnittenen Generalklausel, denn § 242 BGB ist der richtige und auch sonst einschlägige Tatbestand für materiell-rechtliche Auskunftsansprüche. Die Verfasser des BGB haben bewusst davon abgesehen, einen allgemeinen Auskunftstatbestand zu schaffen und statt dessen den Gerichten ausdrücklich die Aufgabe anvertraut, Treu und Glauben als Grundlage für die situationsangemessene Entwicklung von Auskunftspflichten und zugehörigen -ansprüchen zu nutzen.[221] Obwohl es sich bei dieser Aufgabenzuweisung um eine solche des vorkonstitutionellen Gesetzgebers handelt, bleibt es fragwürdig, die Wahrnehmung eines aus guten Gründen ausdrücklich eingeräumten – und von den Zivilgerichten seit Jahrzehnten wahrgenommenen – Rechtsfortbildungsauftrags für verfassungswidrig zu erklären.[222]

---

[218] BVerfGE 138, 377 = NJW 2015, 1506 Rn. 28, 44.

[219] BVerfGE 138, 377 = NJW 2015, 1506 Rn. 29 f., 45 f.

[220] BGHZ 191, 259 Rn. 23 ff. = NJW 2012, 450.

[221] Motive zum Bürgerlichen Gesetzbuch, Bd. I, 1888, S. 208. Eingehend *U. Huber*, Aufklärungspflichten, in E. Lorenz (Hrsg.), Karlsruher Forum 2000, 2001, S. 5 f.

[222] Übereinstimmend *J. Neuner*, Die Kontrolle zivilrechtlicher Entscheidungen durch das Bundesverfassungsgericht, JZ 2016, 435, 437 ff.; gegen die Entscheidung des BVerfG auch *P. M. Reuß*, Anmerkung zu BVerfG, Beschluss vom 24.2.2015 – 1 BvR 472/14, NJW 2015, 1509 f.

Das Argument, Rechtsfortbildung sei im grundrechtssensitiven Bereich mit besonderer Zurückhaltung zu handhaben, ist ebenfalls erstaunlich. Immerhin hat das BVerfG vierzig Jahre zuvor in seiner *Soraya*-Entscheidung die Rechtsprechung des BGH zum allgemeinen Persönlichkeitsrecht und dessen Schutz im Rahmen der §§ 823 Abs. 1, 1004 BGB abgesegnet,[223] obwohl diese Rechtsfortbildung dem Willen des historischen Gesetzgebers eindeutig widersprach.[224] Dabei besteht die wichtigste Funktion des allgemeinen Persönlichkeitsrechts darin, den Informationsfreiheiten des Art. 5 GG etwas entgegen zu setzen. Wenn die Zivilgerichte dazu befugt sind, im Schutzbereich des Art. 5 GG neue Rechtspositionen *contra legem* zu „erfinden", um die Pressefreiheit und den Spielraum der Medien einzuschränken, wie kann es dann verfassungswidrig sein, einen Auskunftsanspruch aus § 242 BGB herzuleiten, der das Grundrecht des Art. 2 Abs. 1 GG berührt?

Schließlich begründet das BVerfG die Überschreitung der verfassungsrechtlichen Grenzen richterlicher Rechtsfortbildung damit, auf Seiten des Scheinvaters seien „nur" finanzielle Interessen betroffen, während die Beeinträchtigung der Grundrechte der Mutter schwer wiege und darüber hinaus auch „das Persönlichkeitsrecht und das Familienleben eines zu benennenden Mannes" beeinträchtigt werde.[225] Diese Argumentation verkennt m. E. die emotionalen Hintergründe familienrechtlicher Streitigkeiten. Obwohl es nur um finanzielle Interessen geht, ist der Scheinvaterregress gegen den biologischen Vater nicht mit der Abwicklung eines Schadensersatzanspruchs wegen Sachbeschädigung nach einem Verkehrsunfall zu vergleichen. Besonders in Fällen,

---

[223] BVerfGE 34, 269, 278 ff. = JZ 1973, 662 mit Anm. *F. Kübler*, zu BGHZ 13, 334.

[224] *K. Larenz/C.-W. Canaris*, Schuldrecht II/2, 13. Aufl. 1994, § 80 I, S. 491 ff.; *Kötz/Wagner*, Deliktsrecht (Fn. 1), Rn. 365 ff.; *G. Wagner*, Geldersatz für Persönlichkeitsverletzungen, ZEuP 2000, 200, 203 f.; *ders.*, Gesetzliche Schuldverhältnisse, in: D. Willoweit (Hrsg.), Rechtswissenschaft und Rechtsliteratur im 20. Jahrhundert, 2007, S. 181, 192 ff.

[225] BVerfGE 138, 377 = NJW 2015, 1506 Rn. 45 f.

in denen der Scheinvater über die Abstammung des vermeintlich eigenen Kindes von der Mutter getäuscht worden ist, geht es auch und vor allem darum, die wahren Verantwortlichkeiten klar zu benennen. Darüber hinaus stellt sich die Frage, ob das Interesse des biologischen Vaters daran, dass die Abstammung des Kindes nicht publik wird, tatsächlich Schutz verdient. Bei Verneinung eines Auskunftsanspruchs wird die Täuschung anderer nicht sanktioniert, sondern mit einem Weigerungsrecht belohnt.

In dem Rechtsstreit, der dem BVerfG vorlag, waren diese Umstände allerdings nicht gegeben. Die Abstammung des Kindes war von Anfang zweifelhaft, denn die Mutter war im Zeitpunkt der Eheschließung mit dem Scheinvater bereits schwanger, sie hatte bereits ein weiteres Kind mit einem anderen Mann und sie hatte dem Scheinvater niemals erklärt, das Kind sei von ihm. Bei diesem Sachverhalt lässt sich das OLG Schleswig, dessen Urteil mit einer Verfassungsbeschwerde angegriffen worden war, mit guten Gründen dafür kritisieren, dass es einen Auskunftsanspruch bejaht hat. Das BVerfG artikuliert diese Kritik,[226] erklärt aber nicht, wieso die Verfassungsmäßigkeit der BGH-Judikatur zum Auskunftsanspruch des Scheinvaters davon abhängig ist, ob im konkreten Fall des OLG Schleswig die beteiligten Grundrechtspositionen richtig abgewogen worden sind. Wenn das BVerfG im konkreten Fall ein anderes Abwägungsergebnis für geboten hielt, hätte es genügt, das angegriffene Urteil – und nicht die diesem zugrunde liegende richterliche Rechtsfortbildung – für verfassungswidrig zu erklären. Schließlich betont das Gericht, der Gesetzgeber dürfe durchaus einen Auskunftsanspruch des Scheinvaters gegen die Kindesmutter einführen und dabei sogar „einen stärkeren Schutz vorsehen, als ihn die Gerichte durch die Anwendung der bestehenden Generalklauseln gewähren können".[227]

Insgesamt changiert die Entscheidung des BVerfG zwischen dem Bedürfnis nach der „richtigen" Entscheidung des konkreten

---

[226] BVerfGE 138, 377 = NJW 2015, 1506 Rn. 34.
[227] BVerfGE 138, 377 = NJW 2015, 1506 Rn. 52.

Einzelfalls und der Formulierung verfassungsrechtlicher Anforderungen an richterliche Rechtsfortbildung im Bereich des Zivilrechts. Die insoweit angedeutete These, richterliche Rechtsfortbildung sei im grundrechtssensiblen Bereich unzulässig, kann so nicht richtig sein, denn das gesamte Privatrecht dient der Zuordnung grundrechtlich geschützter Rechtspositionen. Zwar geht es in vielen Fällen „nur" um finanzielle Interessen, doch von deren Realisierung hängt für die Beteiligten sehr oft viel ab. Im Familienrecht, aber nicht nur dort, stehen auch immaterielle Belange auf dem Spiel. Ohne Revision der Soraya-Entscheidung ist es nicht möglich, eine grundrechtliche Grenze für richterliche Rechtsfortbildung im Bereich des Zivilrechts zu postulieren.

5. *Würdigung*

Die Entscheidungen des BVerfG zu zivilrechtlichen Fragen, die im Rahmen von Urteilsverfassungsbeschwerden zu dem Gericht kommen, sind Interventionen, die von der Zunft entweder als aufklärerische Taten oder als normative Missgriffe wahrgenommen werden. Insofern kommt viel auf den rechtspolitischen Standpunkt an. Zwar bringt das BVerfG mitunter Begriffe und Gewissheiten ins Wanken, die von den Zivilgerichten und der Zivilrechtswissenschaft als feststehend angenommen wurden, doch methodische Probleme entstehen dadurch nicht. Die zivilrechtlichen „Einfallstore" für verfassungsrechtlich angeleitete Interessenabwägungen stehen weit offen und erlauben es, die Interventionen des BVerfG angemessen zu verarbeiten. So fordert das Recht der Eigenbedarfskündigung in § 574 Abs. 1 BGB explizit eine Abwägung der Interessen von Mieter und Vermieter und zusätzlich bietet der Begriff des Eigenbedarfs weiten Spielraum für interessensgeleitete Wertungen. Das scheinbar so formale und rigide Zwangsvollstreckungsrecht enthält in § 765a ZPO quasi eine Generalklausel für Interessenabwägungen. Die Regelung des Regresses des Scheinvaters gegen den biologischen Vater ist derart fragmentarisch, dass richterliche Ergänzungen und Fortbildungen geradezu vorgezeichnet sind.

Von der anderen Seite aus betrachtet enthält die Verfassung in ihrem Grundrechtsteil Gewährleistungen, die sich als privatrechtliche Prinzipien reformulieren lassen bzw. umgekehrt eine verfassungsrechtliche Paraphrase privatrechtlicher Prinzipien sind. Das gilt beispielsweise für die Gewährleistung der Privatautonomie im Rahmen von Art. 2 Abs. 1 GG, für die Berufsfreiheit, die Eigentumsgarantie, die Testierfreiheit und den Schutz von Ehe und Familie. Die rechtspolitisch und normativ zentralen Prämissen des Privatrechts, die das BGB – anders als der Code civil – sowieso nie ausgesprochen hatte, finden sich heute in der Verfassung kodifiziert. Dieser Teil des Grundgesetzes ist im Grunde genuines Privatrecht. Soweit das BVerfG diese Gewährleistungen in seiner Rechtsprechung konkretisiert und für zivilrechtliche Konflikte fruchtbar macht, betreibt es unmittelbar die Fortbildung des Zivilrechts. Der Zivilrechtswissenschaft ist zu empfehlen, sich aktiv an diesem Prozess zu beteiligen.

Wäre der BGH ein integrierter Oberster Gerichtshof unter Einschluss der Funktion des Verfassungsgerichts,[228] gäbe es aller Wahrscheinlichkeit nach keine Debatte um die Konstitutionalisierung des Privatrechts. Diese würde nämlich von den Zivilgerichten selbst betrieben und von der Wissenschaft begleitet. In der Verfassungsordnung des GG hingegen hat die Konstitutionalisierung des Zivilrechts zur Folge, dass ein als „extern" wahrgenommener Akteur zentrale Weichenstellungen trifft. Das BVerfG interveniert in der Regel gegen den BGH oder andere Zivilgerichte und korrigiert deren Entscheidungen. Diese Korrekturen erfolgen anhand von Einzelfällen, die die Breite der in dem jeweiligen Rechtsgebiet auftretenden Konstellationen und Probleme naturgemäß nicht abbilden. Die Struktur der Verfassungsbeschwerde als unilaterales Verfahren hat zur Folge, dass die Gegenpartei des zugrunde liegenden Zivilprozesses oder Zwangsvollstreckungs-

---

[228] Das RG hatte das Recht zum „judicial review" für sich in Anspruch genommen und Reichsgesetze an den Vorgaben der Weimarer Reichsverfassung gemessen – wenn auch nur sehr selten. Vgl. oben, Fn. 175.

verfahrens weder beteiligt ist, noch gehört wird.[229] Bei der Urteilsverfassungsbeschwerde wehrt sich ein Individuum gegen den Staat und dessen Gerichte, deren Entscheidungen als „Grundrechtseingriffe" qualifiziert werden. Der zugrunde liegende Konflikt ist jedoch bilateraler Natur, wobei sich beide Parteien auf grundrechtliche Gewährleistungen berufen können. Sicherlich sind diese Umstände den Richterinnen und Richtern des BVerfG nicht entgangen. Gleichwohl ist davon auszugehen, dass die zivilrechtlichen Konflikten unangemessene Struktur des Verfassungsbeschwerdeverfahrens als Bürger/Staat-Streit die Entscheidungsperspektive mitprägt.

Diese beiden Punkte, dass das BVerfG mit wenigen Einzelfällen aus einem breiten Spektrum von Konflikten und Problemen konfrontiert wird und dies im Rahmen einer Beschwerde eines einzelnen Bürgers gegen den Staat erfolgt, könnten die Erklärung dafür sein, dass die privatrechtsbezogene Judikatur des Gerichts dazu tendiert, ein Einzelinteresse in den Mittelpunkt zu rücken und die dynamischen Anreizwirkungen der eigenen Festlegungen zu unterschätzen. Die Entscheidung zum Auskunftsanspruch des Scheinvaters zur Vorbereitung des Regresses gegen den biologischen Vater hinterlässt den Eindruck, dass sich das BVerfG maßgeblich von dem Einzelfall beeindrucken ließ, der einen solchen Anspruch womöglich nicht hergab.[230] Für die Verfassungswidrigkeit der vom BGH betriebenen Rechtsfortbildung besagt dies im Grunde nichts.

In den Entscheidungen zum Mietrecht wird das Bestandsinteresse des Mieters mit einem Rang versehen, der von dem Vermieter nur noch schwer überwunden werden kann. Die „existentielle" Sicht auf das verständliche Interesse des Mieters daran, in der angestammten Wohnung zu verbleiben, führt zur Anerkennung auch nicht berechtigten Besitzes als verfassungs-

---

[229] Kritisch auch *C. Möllers*, Legalität, Legitimität und Legitimation des Bundesverfassungsgerichts, in: M. Jestaedt/O. Lepsius/C. Möllers/C. Schönberger, Das entgrenzte Gericht, 2011, S. 281, 318f.

[230] Oben, Fn. 226.

rechtlich geschütztes Eigentum und zur Anerkennung von Suiziddrohungen als Grund für die Einstellung der Zwangsvollstreckung im Rahmen von § 765a ZPO. Aus zivilrechtlicher Sicht wenig überraschend kommt es zu einem starken Anstieg solcher Drohungen und vereinzelt antwortet der Räumungsgläubiger nun seinerseits mit Suiziddrohungen, die er durch Gewaltmaßnahmen gegen Sachen unterstreicht. Dann stellt sich die Frage, wessen Suiziddrohung schwerer wiegt.[231] Die Antwort darauf wäre den Vollstreckungsgerichten besser erspart worden.

Die viel diskutierte und hier nicht nochmals erörterte Bürgschaftsentscheidung des BVerfG hat zweifellos einen berechtigten Impuls zur Überprüfung der Vertragspraxis in diesem Segment gegeben.[232] Ihre Prämisse, die Privatautonomie als das Recht zur Gestaltung der Rechtsverhältnisse durch den Einzelnen nach seinem Willen sei zwar als Teil der allgemeinen Handlungsfreiheit gewährleistet, jedoch durch die gleiche Gewährleistung zugunsten des Vertragspartners begrenzt,[233] verdient Zustimmung. Die daran angeschlossene Forderung, die Zivilrechtsordnung müsse korrigierend eingreifen, wenn die Vertragsparität in einer typisierbaren Fallgestaltung gestört sei, weil sie „eine strukturelle Unterlegenheit des einen Vertragsteils erkennen" lasse und die „Folgen des Vertrages für den unterlegenen Teil ungewöhnlich belastend" seien,[234] hat die Rechtsentwicklung hingegen in die falsche Richtung gelotst. Die Anknüpfung an die besondere Schwäche des Bürgen hat in der Rechtsprechung des BGH dazu geführt, dass nur solche Personen vor Bürgschaften zugunsten von Angehörigen geschützt werden, die vermögenslos sind,[235] nämlich „voraussichtlich nicht einmal die von den Darlehensvertragspar-

---

231 Vgl. oben, Fn. 212.

232 BVerfGE 89, 214 = NJW 1994, 36; dazu bereits *Wagner*, Materialisierung (Fn. 128), S. 13, 30 ff.

233 BVerfGE 89, 214, 234 = NJW 1994, 36.

234 BVerfGE 89, 214, 234 = NJW 1994, 36.

235 Grundlegend der IX. Zivilsenat in BGHZ 125, 206, 210 f.; genauso auch der nunmehr allein zuständige XI. Zivilsenat in BGHZ 151, 34,

teien festgelegte Zinslast aus dem pfändbaren Teil [ihres] Einkommens und Vermögens bei Eintritt des Sicherungsfalls dauerhaft tragen [können]".[236] Hingegen werden Familienangehörige, die durchaus über Einkommen und Vermögen verfügen und in derselben psychischen Drucksituation eine Bürgschaft für einen Angehörigen oder Partner eingehen, sich selbst überlassen, d.h. sie verlieren bei Eintritt des Sicherungsfalls alles.[237] Die auf der Bürgschaftsentscheidung des BVerfG aufsetzende Rechtsprechung des BGH schützt ausgerechnet diejenigen Bürgen, die des Schutzes am wenigsten bedürfen, weil sie wirtschaftlich ohnehin nichts zu verlieren haben.

Geboten wäre stattdessen ein Schutz sämtlicher Verbraucher (§ 13 BGB) vor der Eingehung von Bürgschaften zugunsten von Familienangehörigen und anderen ihnen nahestehenden Personen, unabhängig davon, ob der Bürge über wirtschaftliche Mittel verfügt oder nicht. Maßgebend ist allein die bei der Angehörigenbürgschaft „strukturell" bestehende emotionale Drucksituation beim Vertragsschluss, nicht hingegen die „Schwäche" des Bürgen, die in seiner Einkommenslage und Vermögensausstattung begründet sein soll.[238] Darüber hinaus gehend wäre zu diskutieren, ob die vom Gesetzgeber immerhin vorgesehene Schriftform der nicht-kaufmännischen Bürgschaft (§ 766 BGB) tatsächlich ausreicht, um einen hinreichenden Schutz vor Übereilung und

37; eingehende und klare Darstellung der Rechtsprechung bei MünchKommBGB-*M. Habersack*, 7. Aufl. 2017, § 765 Rn. 23ff.

[236] BGHZ 156, 302, 306.

[237] Kritisch dazu bereits *Wagner*, Materialisierung (Fn. 128), S. 13, 30ff.

[238] Diesen Prämissen entspricht weitgehend die Lösung des englischen Rechts mit Hilfe des auf die Vertragsabschlusssituation bezogenen Instituts des „undue influence". Vgl. dazu grundlegend *Barklays Bank PLC. v. O'Brien*, (1993) W.L.R. 786 = ZEuP 1996, 314 mit Bespr. *U. Blaurock*; *Royal Bank of Scotland plc. v. Estridge (No. 2)*, [2002] 2 A.C. 773, 805ff. = [2001] 3 WLR 1021, 1038ff.; eingehend *N. Jansen*, Seriösitätskontrollen existentiell belastender Versprechen, in: R. Zimmermann (Hrsg.), Störungen der Willensbildung bei Vertragsschluss, 2008, S. 125, 149ff., 153; *P. Ungan*, Sicherheiten durch Angehörige, 2012, S. 27ff.

anderen Rationalitätsdefiziten beim Abschluss eines Hochrisikogeschäfts, als das die Bürgschaft einzuordnen ist, zu gewährleisten.

Diese Kritik richtet sich nicht primär an das BVerfG, sondern an die Zivilgerichte und die Zivilrechtswissenschaft. Das BVerfG ist kein Ersatzgesetzgeber und seine Urteilsbegründungen dürfen deshalb nicht wie Gesetze gelesen werden. Es handelt sich vielmehr um gerichtliche Urteile, deren *ratio decidendi* mit dem Einzelfall nicht identisch ist.[239] Daran ändert auch die Bindungswirkung verfassungsgerichtlicher Entscheidungen nach § 31 Abs. 1 BVerfGG nichts. Nach der Bürgschaftsentscheidung des BVerfG hätte es dem BGH freigestanden, den Schutz des Bürgen auf eine teleologisch überzeugendere Grundlage zu stellen und auf die Verzerrung der Vertragsabschlusssituation abzustellen, anstatt auf die Vermögenslosigkeit des Bürgen. Das vom BVerfG eingeführte Kriterium der „strukturellen Unterlegenheit" ist ohnehin vage und offen für Konkretisierungen. Auch im Rahmen eines konstitutionalisierten Privatrechts bleibt es die Aufgabe der Zivilgerichte und der ihnen zuarbeitenden Wissenschaft, die passenden dogmatischen Kategorien für die Umsetzung verfassungsrechtlich determinierter Abwägungsentscheidungen zu finden oder zu entwickeln.

VI. Herausforderung des inneren Systems: Europäisierung des Zivilrechts

1. Verbrauchervertragsrecht

Wie oben bereits dargestellt, ist die Vertragsfreiheit im Bereich der Verbraucherverträge durch zwingendes Recht weitgehend beseitigt worden.[240] Zusammen mit dieser Umstellung hat sich der Inhalt des Vertragsrechts für Verbraucherverträge verändert. Zwei

[239] Zum richtigen Umgang mit Präjudizien des EGMR und des EuGH, aber auch des BVerfG *O. Lepsius*, Relationen: Plädoyer für eine bessere Rechtswissenschaft, 2016, 56 ff.

[240] Oben, IV. 2.

Hauptinstrumente des europäisch inspirierten Verbrauchervertragsrechts sind Informationspflichten und Widerrufsrechte.

2. *Widerruf von Verbraucherverträgen*

a) Widerrufsrecht als Standardelement des Verbrauchervertragsrechts

Ein Beispiel für die normativen Brüche, die das europäische Sekundärrecht im Privatrecht verursachen kann, ist das Widerrufsrecht bei Verbraucherverträgen. Auf europäischer Ebene ist es erstmals 1985 mit der sog. Haustürgeschäfte-Richtlinie eingeführt worden.[241] Seither hat es sich zu einem Standard-Element des europäischen Verbrauchervertragsrechts entwickelt, nach dessen Zweck und Rechtfertigung nicht mehr gefragt wird. Schritt für Schritt ist das Widerrufsrecht erstreckt worden auf Verträge über Teilzeitnutzungsrechte,[242] auf Fernabsatzverträge,[243] einschließlich des gesamten Online-Handels und auf Kreditverträge.[244] Es kann heute als ein Standardelement des Verbrauchervertragsrechts gelten, auf einer Stufe mit der Bindungswirkung von Verträgen,

---

[241] Richtlinie 85/577/EWG vom 20.12.1985 betreffend den Verbraucherschutz im Falle von außerhalb von Geschäftsräumen geschlossenen Verträgen, ABl. L 372, 31; abgelöst durch Richtlinie 2011/83/EU vom 25.10. 2011 über die Rechte der Verbraucher, ABl. L 304, 64.

[242] Richtlinie 94/47/EG vom 26.10.1994 zum Schutz der Erwerber im Hinblick auf bestimmte Aspekte von Verträgen über den Erwerb von Teilzeitnutzungsrechten an Immobilien, ABl. 1994 L 280, 83; aufgehoben und ersetzt durch Richtlinie 2008/122/EG vom 14.01.2009 über den Schutz der Verbraucher im Hinblick auf bestimmte Aspekte von Teilzeitnutzungsverträgen, Verträgen über langfristige Urlaubsprodukte sowie Wiederkaufs- und Tauschverträgen, ABl. L 33, 10.

[243] Richtlinie 97/7/EG vom 20.05.1997 über den Verbraucherschutz bei Vertragsabschlüssen im Fernabsatz, ABl. L 144/19; abgelöst durch Richtlinie 2002/65/EG über den Fernabsatz von Finanzdienstleistungen an Verbraucher, ABl. L 271, 16.

[244] Richtlinie 85/102/EWG über Verbraucherkreditverträge, aufgehoben und ersetzt durch Richtlinie 2008/48/EG über Verbraucherkreditverträge, ABl. 2008, L 133, 66 ff.

die man mit dem – ursprünglich ganz anders motivierten[245] – Satz *pacta sunt servanda* ausdrücken mag. In einem Standard-Kommentar zum BGB heißt es mit Recht, das Widerrufsrecht sei heute „zu einem zentralen Rechtsinstitut des Schuldrechts geworden".[246]

Das Widerrufsrecht bei Verbraucherverträgen spart den Vertrieb von Waren auf traditionellem Weg weitgehend aus, d.h. es gilt nicht für den Abschluss von Kaufverträgen innerhalb von Geschäftsräumen. Gleichwohl hat es massive Auswirkungen auf die Vertragspraxis auch in diesem Bereich. Die Gewährung des Widerrufsrechts beim Vertragsschluss im Internet prägt die Erwartungen und das Konsumverhalten von Verbrauchern. Der stationäre Handel wiederum ist daran interessiert, den eigenen Umsatz zu steigern und die Abwanderung von Kunden zu Online-Anbietern zu stoppen. Beides zusammen erklärt, warum die großen Handelsketten auch beim Einkauf in ihren Geschäftsräumen in aller Regel großzügig bemessene Umtausch- und Rückgaberechte gewähren, die dem Widerrufsrecht des Europarechts gleichkommen oder letzteres noch übertreffen.[247] Im Ergebnis ist die Bindungswirkung des Vertrags somit für die Masse der Verbrauchergeschäfte während einer mehrwöchigen „cooling off"-Periode beseitigt.

b) Schwankende teleologische Fundierung

Die teleologische Fundierung des Widerrufsrechts bei Verbraucherverträgen steht in umgekehrtem Verhältnis zu seiner praktischen Bedeutung. Welcher Gesichtspunkt es rechtfertigt,

---

[245] *Pacta sunt servanda* ist eigentlich eine Abgrenzungsformel zum klassischen römischen Recht, nach dem sog. nuda pacta nicht bindend waren; vgl. *M. Kaser/R. Knütel*, Römisches Privatrecht, 19. Aufl. 2008, § 38 Rn. 13, 15, 18.

[246] Palandt-*C. Grüneberg*, BGB, 77. Aufl. 2018, Vor § 355 Rn. 1.

[247] *J. Smits*, Rethinking the Usefulness of Mandatory Rights of Withdrawal in Consumer Contract Law: The Right to Change Your Mind?, 29 Penn St. Int'l L. Rev. 671, 677 ff. (2011).

in den genannten Fällen dem Verbraucher ein Reuerecht einzuräumen, das zudem durch vertragliche Vereinbarung nicht abbedungen werden darf, bleibt weitgehend unklar. In den Erwägungsgründen und sonstigen Materialien zu den europäischen Rechtsakten, mit denen das Widerrufsrecht jeweils eingeführt worden ist, finden sich regelmäßig nur spärliche oder floskelhafte Angaben. Mitunter begnügt sich der europäische Gesetzgeber mit dem Hinweis, das Widerrufsrecht sei einfach erforderlich, „um einen optimalen Schutz des Verbrauchers zu gewährleisten".[248]

Wissenschaftliche Untersuchungen zur Legitimation des Widerrufsrechts in Verbraucherverträgen sind rar.[249] Die vorliegenden Studien ergeben einen sehr gemischten Befund. Bei Geschäften, die in der Wohnung oder am Arbeitsplatz des Verbrauchers abgeschlossen werden und beim Vertragsschluss anlässlich vom Unternehmer organisierter Ausflugsfahrten ist das Widerrufsrecht zur Kompensation einer Überrumpelungssituation gut begründet.[250] Nur diese Fallgruppen waren Gegenstand der ursprünglichen Richtlinie 85/577/EWG aus dem Jahr 1985.[251] Mit Art. 9 Abs. 1 der Verbraucherrechte-Richtlinie ist das Widerrufsrecht auf sämtliche Verträge, die außerhalb von Geschäftsräumen abgeschlossen wurden, ausgedehnt worden.[252] Die dafür in Erwägungsgrund Nr. 21 der Richtlinie gegebene Begründung, der Verbraucher stehe außerhalb von Geschäftsräumen „möglicherweise psychisch unter Druck", entbehrt einer tragfähigen Grundlage.[253] Wenn sich überhaupt Abstufungen aus-

---

[248] Richtlinie 2002/65/EG vom 23.09.2002 über den Fernabsatz von Finanzdienstleistungen an Verbraucher, ABl. 2002 L 271/18, Erwägungsgrund Nr. 23.

[249] Vgl. aber *Eidenmüller*, Widerrufsrechte (Fn. 160), S. 109 ff.; umfassend *P. Mankowski*, Beseitigungsrechte, 2003.

[250] *Eidenmüller*, Widerrufsrechte (Fn. 160), S. 141; *Wagner*, Vertragsrecht (Fn. 160), S. 1, 21 f.

[251] Art. 1 Abs. 1 Richtlinie 85/577/EWG.

[252] Richtlinie 2011/83/EU vom 25.10.2011 über die Rechte der Verbraucher, ABl. L 304, 64.

[253] *Eidenmüller*, Widerrufsrechte (Fn. 160), S. 142 ff.

machen lassen, dann dürfte der „psychische Druck" innerhalb von Geschäftsräumen größer sein als außerhalb. Es verwundert deshalb nicht, dass Art. 16 der Verbraucherrechte-Richtlinie[254] einen langen Katalog von Ausnahmen enthält.

Die Schwierigkeiten, das Widerrufsrecht bei Verbraucherverträgen teleologisch überzeugend zu erklären, setzen sich bei Fernabsatzverträgen fort. In dieser Fallgruppe, der den gesamten Online-Handel einschließt, geht es darum, dem Kunden die Inaugenscheinnahme und Prüfung des zu erwerbenden Produkts zu ermöglichen. Eben deshalb hat der Unternehmer-Verkäufer bei den meisten Produkten selbst ein Interesse an der Einräumung eines Widerrufsrechts, sodass kein Anlass dazu besteht, ihn per europäischem Rechtsakt dazu zu zwingen.[255] Die Regelung eines zwingenden gesetzlichen Widerrufsrechts verlangt erneut nach zahlreichen Ausnahmen,[256] verhindert Wettbewerb auf Online-Märkten und stärkt die Position der ohnehin schon stärksten Anbieter in diesem Segment.

Das Widerrufsrecht bei Verbraucherkrediten gemäß Art. 14 der einschlägigen Richtlinie[257] wiederum soll der Komplexität dieser Produkte sowie dem Umstand Rechnung tragen, dass die Konsequenzen der mit einem Verbraucherkredit verbundenen Ratenzahlungen für die eigene Lebensführung von manchen Verbrauchern nur schwer abgeschätzt werden können. Ist das die Begründung, erscheint es allerdings als dysfunktional, die Widerrufsfrist mit dem Vertragsschluss beginnen zu lassen, wie dies in Art. 14 Abs. 1 der Richtlinie geregelt ist; erforderlich wäre die An-

---

[254] Richtlinie 2011/83/EU vom 25.10.2011 über die Rechte der Verbraucher, ABl. 2011, L 304, 64 ff.

[255] *Eidenmüller*, Widerrufsrechte (Fn. 160), S. 131 ff., 133; *Wagner*, Vertragsrecht (Fn. 160), S. 1, 27 ff.

[256] Vgl. wiederum Art. 16 der Richtlinie und dazu *Wagner*, Vertragsrecht (Fn. 160), S. 1, 25.

[257] Richtlinie 2008/48/EG vom 23.4.2008 über Verbraucherkreditverträge, ABl. 2008, L 133, 66 ff.

knüpfung an die erste Ratenzahlung oder die Gewährung eines Kündigungsrechts anstelle des Widerrufsrechts.[258]

Die Diskussion über die normativen Grundlagen des Widerrufsrechts bedarf keiner weiteren Vertiefung. Die angestellten Überlegungen sollten lediglich demonstrieren, wie schwer es fällt, diesem inzwischen zentralen Rechtsinstitut des Verbrauchervertragsrechts einen vernünftigen Sinn abzuringen. Der Zweck des Widerrufsrechts variiert von Fall zu Fall. In der praktisch häufigsten Konstellation des Fernabsatzgeschäfts lässt sich ein überzeugender Grund für eine zwingende gesetzliche Vorgabe nicht ausmachen. In einem anderen praktisch wichtigen Fall, dem Verbraucherkredit, besteht ein Problem, doch es ließe sich auf andere Weise, durch Gewährung eines zeitlich später ansetzenden Kündigungsrechts, besser angehen als mit Hilfe eines kurz befristeten Widerrufsrechts.

Für eine Zivilrechtswissenschaft, die ihre Aufgabe nicht ausschließlich darin sieht, das geltende Recht zu katalogisieren, sondern die mit dem Anspruch auftritt, das geltende Recht als eine im Kern rationale und konsistente Ordnung zu rekonstruieren, stellt das Widerrufsrecht eine erhebliche Hürde dar.

c) Normative Brüche

Die mangelnde teleologische Fundierung des Widerrufsrechts ist ein Problem, normative Brüche innerhalb des geltenden Europarechts ein anderes. Beispielhaft für einen solchen Bruch stehen in Haustürsituationen abgeschlossene Bürgschaftsverträge. Unter der Geltung der früheren Haustürgeschäfte-Richtlinie war der Europäische Gerichtshof mit der Frage konfrontiert worden, ob auch Bürgschaftsverträge widerrufen werden können, wenn sie außerhalb von Geschäftsräumen abgeschlossen werden. In seinem Urteil in der Rechtssache *Dietzinger* entschied der Gerichtshof, die Bürgschaft falle nur dann in den Anwendungsbereich der

258 *Eidenmüller*, Widerrufsrechte (Fn. 160), S. 148 f.

Haustürgeschäfte-Richtlinie, wenn die Hauptschuld ein Verbraucherkredit ist, nicht aber, wenn der Kredit im Rahmen der Erwerbstätigkeit des Hauptschuldners eingegangen wurde.[259] In dem Urteil heißt es:

> „Aus dem Wortlaut von Artikel 1 der Richtlinie und dem akzessorischen Charakter der Bürgschaft folgt jedoch, dass unter die Richtlinie nur eine Bürgschaft für eine Verbindlichkeit fallen kann, die ein Verbraucher im Rahmen eines Haustürgeschäfts gegenüber einem Gewerbetreibenden als Gegenleistung für Waren oder Dienstleistungen eingegangen ist. Da die Richtlinie außerdem nur die Verbraucher schützen soll, kann sie nur einen Bürgen erfassen, der sich gemäß Artikel 2 erster Gedankenstrich der Richtlinie zu einem Zweck verpflichtet hat, der nicht seiner beruflichen oder gewerblichen Tätigkeit zugerechnet werden kann."

Maßgebend für die Existenz des Widerrufsrechts nach der Haustürgeschäfte-Richtlinie war somit der Umstand, dass die Hauptforderung in einer Haustürsituation begründet, also beispielsweise der Darlehensvertrag, aus dem die Rückzahlungsforderung resultierte, in der Wohnung des Darlehensnehmers begründet wurde. Diese Auslegung lag nach dem Wortlaut von Art. 1 Abs. 1 der Richtlinie 85/577/EWG nahe, denn danach erstreckte sich der Geltungsbereich dieses Rechtsakts und damit auch des Widerrufsrechts auf „Verträge, die zwischen einem Gewerbetreibenden, der Waren liefert oder Dienstleistungen erbringt, und einem Verbraucher geschlossen werden […]". Eine Bürgschaft ist ein einseitig verpflichtender Vertrag allein zu Lasten des Bürgen, nicht hingegen des Gläubigers. In der relevanten Fallkonstellation, zu der auch der dem EuGH vorgelegte Fall gehörte, verpflichtet sich allein der Verbraucher, nicht hingegen der Gewerbetreibende. Folglich ist in den Bürgschaftsfällen bei wörtlicher Auslegung des Art. 1 Abs. 1 Richtlinie 85/577/EWG der Anwendungsbereich der Richtlinie nicht eröffnet und ein Widerrufsrecht des Bürgen nicht gegeben.

---

[259] EuGH, 17.03.1998, C-45/96, *Bayerische Hypotheken- und Wechselbank AG ./. Dietzinger*, Rn. 22 f. = NJW 1998, 1295.

Der EuGH hat offenbar keinen Weg gesehen, den engen Wortlaut des Art. 1 der Haustürgeschäfte-Richtlinie berichtigend so auszulegen, dass er auch einseitig verpflichtende Verträge zu Lasten von Verbrauchern umfasst. Der Gerichtshof stellte stattdessen für die Anwendung der Richtlinie auf die akzessorische Natur der Bürgschaft ab. Sofern der Vertrag, aus dem die gesicherte Hauptforderung entspringt, in den Anwendungsbereich der Richtlinie fällt, soll dies auch für die Bürgschaft gelten. Der Bürge ist folglich nur dann geschützt, wenn die Hauptschuld aus einem Kauf- oder Dienstleistungsvertrag folgt und dieser Vertrag zwischen einem Gewerbetreibenden und einem Verbraucher geschlossen wurde. Dementsprechend hat der BGH in seinem Schlussurteil zu *Dietzinger* dem Bürgen ein Widerrufsrecht versagt, weil der in einer Haustürsituation abgeschlossene Bürgschaftsvertrag zur Absicherung eines gewerblichen Kredits diente, also nicht auf ein Verbrauchergeschäft bezogen war.[260]

Dieses Ergebnis, dass dem in einer Haustürsituation vertraglich verpflichteten Bürgen das Widerrufsrecht nicht bzw. nur dann zusteht, wenn die Hauptschuld in den Anwendungsbereich der Richtlinie fällt, ist in der Literatur zu Recht als „teleologisch absurd" bezeichnet worden.[261] Wenn es zutrifft, dass die Fähigkeit zu rationaler Selbstbestimmung beim Vertragsschluss in der eigenen Wohnung oder am Arbeitsplatz herabgesetzt ist, dann gilt dies unabhängig davon, ob der Vertrag die Lieferung von Waren, die Erbringung von Dienstleistungen oder eine Bürgschaft zum Gegenstand hat. Bei der Bürgschaft ist die Privatautonomie des Bürgen niemals deshalb gefährdet, weil die Hauptschuld in einer Haustürsituation begründet wurde, sondern immer nur, weil die Bürgschaftserklärung selbst in der Wohnung des Verbrauchers abgegeben wurde. Zwar erfasst Art. 1 Abs. 1 der Richtlinie nur Verträge, in denen sich der Gewerbetreibende zu einer Leistung

---

[260] BGHZ 139, 21, 24 ff. = NJW 1998, 2356.

[261] *S. Lorenz*, Richtlinienkonforme Auslegung, Mindestharmonisierung und der „Krieg der Senate". Zur Anwendung des Haustürgeschäftewiderrufsgesetzes auf Bürgschaften, NJW 1998, 2937, 2938.

verpflichtet, doch der in einer Haustürsituation gefangene Verbraucher bedarf eines Widerrufsrechts umso dringender, wenn es sich um einen Vertrag handelt, der eine einseitige Verpflichtung zu seinen Lasten begründet, der Verbraucher für die von ihm eingegangene Verpflichtung also noch nicht einmal eine Gegenleistung erhält. Aus teleologischer Sicht muss sich das Widerrufsrecht somit *erst recht* auf einseitig verpflichtende Verträge erstrecken, die den Verbraucher verpflichten. Vom Anwendungsbereich der Richtlinie 85/577/EWG auszunehmen wären allein solche Vertragstypen, die allein den Gewerbetreibenden verpflichten, den Verbraucher also lediglich begünstigen. Darum ging es in der Rechtssache *Dietzinger* indessen gerade nicht. Dementsprechend ist mit Blick auf das Urteil gesagt worden, „noch gründlicher [könne] man die Ratio der Richtlinie kaum verfehlen".[262]

Nach dem Wechsel der Zuständigkeit für das Bürgschaftsrecht vom IX. zum XI. Zivilsenat des BGH ist der eben beschriebene teleologische Bruch beseitigt und dem in einer Haustürsituation kontrahierenden Bürgen ein Widerrufsrecht unabhängig davon zugestanden worden, ob die Hauptschuld ein Verbraucherdarlehen oder ein gewerblicher Kredit war und ob diese Forderung vom Hauptschuldner in einer Haustürsituation begründet worden ist.[263] Europarechtlich wurde diese Ausweitung des Schutzbereichs des Widerrufsrechts mit Art. 8 der Richtlinie 85/577/EWG begründet, der den Mitgliedstaaten das Recht einräumte, günstigere Verbraucherschutzbestimmungen zu erlassen oder beizubehalten. Auf diese Weise ließ sich ein teleologisch unhaltbares Ergebnis vermeiden.

Ob die vom BGH gefundene Lösung heute noch trägt, muss indessen bezweifelt werden. Die Haustürgeschäfte-Richtlinie ist inzwischen durch die Richtlinie 2011/83/EU über Rechte der Ver-

---

[262] *T. Pfeiffer*, Die Bürgschaft unter dem Einfluss des deutschen und europäischen Verbraucherrechts, ZIP 1998, 1129, 1134.

[263] BGH NJW 2006, 845 Rn. 13 ff.; bestätigt von BGH NJW 2007, 2106 Rn. 36.

braucher abgelöst worden.[264] Gemäß Art. 4 der Richtlinie 2011/83/EU über Rechte der Verbraucher sind deren Bestimmungen vollharmonisierend, d. h. die Mitgliedstaaten dürfen innerstaatliche Rechtsvorschriften, die ein strengeres oder weniger strenges Verbraucherschutzniveau gewährleisten, weder aufrecht erhalten noch einführen. Damit ist die Rechtsprechung des BGH, die auf eine „überschießende" Umsetzung der Regelungen zum Widerrufsrecht in Haustürsituationen hinausläuft, eigentlich erledigt. Allerdings ist die Rechtslage nicht ganz eindeutig, weil Art. 3 der Richtlinie 2011/83/EU ihren Geltungsbereich auf sämtliche Verträge zwischen Unternehmern und Verbrauchern erstreckt und die Beschränkung auf Kauf- und Dienstleistungsverträge fallen gelassen hat. Der deutsche Gesetzgeber wiederum hat den Anwendungsbereich des Widerrufsrechts in § 312 Abs. 1 BGB auf „entgeltliche Verträge" bzw. Verträge im Verhältnis zwischen Unternehmen und Verbrauchern, die „eine entgeltliche Leistung des Unternehmers zum Gegenstand haben" beschränkt. Ob diese Beschränkung mit der Verbraucherrechte-Richtlinie vereinbar ist, ist zweifelhaft.[265] Unabhängig davon wird in der Literatur überwiegend davon ausgegangen, dass Bürgschaften als quasi-entgeltliche Geschäfte unter § 312 BGB fallen.[266] Die Gegenauffassung macht mit einiger Plausibilität geltend, „dass die von einem Verbraucher gestellte Drittsicherheit zu einem Geldkredit eine Leistung eines Unternehmers sei, [lasse] sich schlicht nicht behaupten".[267]

Das Beispiel der in einer Haustürsituation eingegangen Bürgschaft ist hier so ausführlich dargestellt worden, um zu zeigen, welche Probleme das europäische Recht und die Rechtsprechung

---

[264] Vgl. bereits oben, Fn. 254.

[265] MünchKommBGB-*C. Wendehorst*, 7. Aufl. 2016, § 312 Rn. 19.

[266] MünchKommBGB-*Wendehorst* (Fn. 265), § 312 Rn. 22; Palandt-*Grüneberg* (Fn. 246), § 312 Rn. 5; a. A. *A. von Loewenich*, Einbeziehung von Finanzdienstleistungen in das Gesetz zur Umsetzung der Verbraucherrechterichtlinie, NJW 2014, 1409, 1411.

[267] *von Loewenich*, Einbeziehung (Fn. 266), S. 1411.

des EuGH für eine dogmatisch-systematisch orientierte Rechtswissenschaft aufwerfen können. Aus europäischer Sicht geht es den vertragsrechtlichen Richtlinien primär um die Schaffung eines einheitlichen Binnenmarkts für Güter und Dienstleistungen und nicht um die Schaffung eines einheitlichen Rechtsrahmens für Verträge. Zweck und Ansatzpunkt der Richtlinie 85/577/EWG ist die Rechtsvereinheitlichung im Bereich des Vertriebs von Waren und Dienstleistungen, und zwar beschränkt auf einen sehr kleinformatigen Punkt.[268] Entsprechend sah sich der EuGH nicht dazu in der Lage, die Richtlinie als Instrument zur Lösung eines privaten Interessenkonflikts zu sehen und ihre Regelungen in den normativen Rahmen eines allgemeinen Zivilrechtssystems zu stellen.

3. Aufbrechen der Prinzipien des Leistungsstörungsrechts im Kaufrecht

a) Das Kaufrecht im Plural

Das Kaufrecht des BGB, vormals das Regelungsmodell für sämtliche Austauschverträge, befindet sich heute in einem höchst fragmentierten Zustand. Damit ist nicht gemeint, dass das Kaufrecht lückenhaft geworden oder der Inhalt der Rechtssätze nicht mehr vorhersehbar sei. Vielmehr geht es um seine normativen Grundprinzipien. Ein kohärenter Kanon vertragsrechtlicher Grundprinzipien ist im Bereich des Kaufrechts nicht mehr erkennbar. Der Grund dafür ist weder ein Versagen des nationalen Gesetzgebers noch die Irreleitung der Rechtsprechung, sondern

---

[268] Vgl. Erwägungsgrund Nr. 2 der Richtlinie: „Die Unterschiede zwischen diesen Rechtsvorschriften können sich unmittelbar auf das Funktionieren des Gemeinsamen Marktes auswirken. Daher ist es nötig, die einschlägigen Bestimmungen anzugleichen." Allerdings ist in Erwägungsgrund Nr. 1 nicht nur von Verträgen, sondern auch von „einseitigen Verpflichtungserklärungen" die Rede. In dem Verfahren vor dem EuGH hat dies jedoch – soweit ersichtlich – keine Rolle gespielt.

die Überlagerung des BGB-Kaufrechts durch europäisches Recht und die dazu ergangene Rechtsprechung des EuGH. Die Richtlinie 1999/44/EG über bestimmte Aspekte des Verbrauchsgüterkaufs und der Garantien für Verbrauchsgüter[269] regelt zentrale Fragen des Gewährleistungsrechts beim Kauf, insbesondere den Fehlerbegriff (Art. 2), die Rechte des Käufers im Fall der Lieferung mangelhafter Ware, mit Ausnahme des Anspruchs auf Schadensersatz (Art. 3), den Rückgriff innerhalb der Lieferkette (Art. 4) und die Gewährleistungsfristen (Art. 5).

b) Die Rechtsprechung des EuGH zur Kaufrechts-Richtlinie

Der EuGH hat zentrale Regelungen der Richtlinie inzwischen durch Entscheidungen konkretisiert. Die dabei erzielten Ergebnisse sind durchweg mit dem Text der deutschen Umsetzungsnormen oder mit der Auslegung, die der BGH den entsprechenden Vorschriften des BGB gegeben hatte, unvereinbar.[270] Der Chronologie der einschlägigen Judikatur des EuGH folgend ging es um den Ausschluss des Anspruchs des Verkäufers auf Nutzungsersatz nach Ersatzlieferung einer mangelfreien Sache (§ 439 Abs. 4 BGB aF; nunmehr korrigiert durch § 475 Abs. 3 BGB),[271] den Anspruch des Käufers auf Erstattung der Aus- und Einbaukosten nach Lieferung einer mangelfreien Ersatzsache im Rahmen der Nacherfüllung

[269] Richtlinie vom 25.5.1999, ABl. L 171, 12.

[270] Eingehend *G. Wagner*, Der Verbrauchsgüterkauf in den Händen des EuGH: Überzogener Verbraucherschutz oder ökonomische Rationalität?, ZEuP 2016, 87 ff., mit Dokumentation der Rechtsprechung des EuGH und des BGH.

[271] EuGH, 17.4.2008, C-404/06 (*Quelle AG ./. Bundesverband der Verbraucherzentralen und Verbraucherverbände*), NJW 2008, 1433, Rn. 33 ff. Die Vorschrift des § 474 Abs. 3 BGB wurde erst durch das Gesetz zur Reform des Bauvertragsrechts geschaffen; zuvor handelte es sich um § 474 Abs. 2 S. 1 BGB i.d.F. von Art. 5 des Gesetzes zur Durchführung des Übereinkommens vom 30.10.2007 über die gerichtliche Zuständigkeit und die Anerkennung und Vollstreckung von Entscheidungen in Zivil- und Handelssachen, vom 10.12.2008, BGBl. I 2399; dazu BT-Drs. 16/10119.

(§ 439 Abs. 3 nF BGB),[272] die Ablehnung einer Begrenzung der Nacherfüllungspflicht des Verkäufers bei mangelhafter Lieferung nach Maßgabe sog. absoluter Unverhältnismäßigkeit (§ 439 Abs. 3 S. 3 aF, § 439 Abs. 4 S. 3, § 475 Abs. 4 BGB nF),[273] und die binnen sechs Monaten nach Gefahrübergang zugunsten des Käufers eingreifende Mangelvermutung des früheren § 476 BGB aF, jetzigen § 477 BGB nF.[274]

In sämtlichen eben genannten Fällen entschied sich der EuGH für eine Auslegung der Richtlinie 1999/44/EG, die dem Verbraucher mehr entgegen kam als die gesetzliche Regelung des BGB bzw. – im Fall der Mangelvermutung nach § 477 BGB – der Auslegung des BGH. Ausweislich der vom Gerichtshof gegebenen Urteilsbegründungen war dafür der Wortlaut der Richtlinie maßgebend, vor allem aber ihr Zweck, den Verbraucher zu schützen. So heißt es in der Quelle-Entscheidung zum Wertersatz für die Nutzung der mangelhaften Sache, die gefundene Auslegung werde „dadurch bestätigt, dass der Gemeinschaftsgesetzgeber in Art. 3 Abs. 3 Unterabs. 3 der Richtlinie seinem Willen Ausdruck verliehen hat, einen wirksamen Verbraucherschutz zu gewährleisten".[275] Sie entspreche zudem dem „Zweck der Richtlinie, mit der, wie aus ihrem ersten Erwägungsgrund hervorgeht, ein Beitrag zur Erreichung eines hohen Verbraucherschutzniveaus geleistet werden soll".[276] In der Entscheidung in Sachen *Weber und Putz* hält der Gerichtshof dafür, die Allokation der Aus- und Einbaukosten zum Verkäufer entspreche „überdies dem Zweck der Richt-

---

[272] EuGH, 16.06.2011, C-65/09 und C-87/09 (*Gebr. Weber GmbH ./. Wittmer und Putz ./. Medianess Electronics GmbH*), Rn. 66ff.

[273] EuGH, 16.06.2011, C-65/09 und C-87/09 (*Gebr. Weber GmbH ./. Wittmer und Putz ./. Medianess Electronics GmbH*), Rn. 66ff.

[274] EuGH, 4.6.2015, C-497/13 (*Froukje Faber ./. Autbedrijf Hazet Ochten BV*) Rn. 70ff., 75.

[275] EuGH, 17.4.2008, C-404/06 (*Quelle AG ./. Bundesverband der Verbraucherzentralen und Verbraucherverbände*), NJW 2008, 1433, Rn. 35.

[276] EuGH, 17.4.2008, C-404/06 (*Quelle AG ./. Bundesverband der Verbraucherzentralen und Verbraucherverbände*), NJW 2008, 1433, Rn. 36.

linie, mit der, wie aus ihrem ersten Erwägungsgrund hervorgeht, ein hohes Verbraucherschutzniveau gewährleistet werden soll".[277] Auf der anderen Seite hat der EuGH die Begrenzung des Anspruchs auf Nachbesserung oder Ersatzlieferung in Fällen unverhältnismäßiger Nacherfüllungskosten mit der Erwägung begründet, die Richtlinie wolle einen „gerechten Ausgleich zwischen den Interessen des Verbrauchers und denen des Verkäufers herstellen".[278] Zwar sei dem Verbraucher als schwächerer Vertragspartei ein umfassender und wirksamer Schutz vor Schlechterfüllung durch den Verkäufer zu gewähren, doch auf der anderen Seite seien auch „vom Verkäufer angeführte wirtschaftliche Überlegungen zu berücksichtigen."[279]

c) Anpassung des BGB-Kaufrechts

Für das deutsche Zivilrecht stellte sich die Frage, wie mit den Entscheidungen des EuGH umzugehen sei. Dabei gibt es grundsätzlich zwei Möglichkeiten: Entweder die jeweilige Vorgabe bleibt auf den Anwendungsbereich der Verbrauchsgüterkauf-Richtlinie beschränkt oder sie wird darüber hinaus für das gesamte Kaufrecht verallgemeinert. Die zweite Option lag eigentlich nahe, denn eine Grundentscheidung der Schuldrechtsreform 2002 bestand gerade darin, eine Spaltung des Kaufrechts in eines für Verbraucherkäufe und ein anderes für Handelskäufe zu vermeiden. Auf der anderen Seite widersprachen die einschlägigen Entscheidungen des EuGH durchweg der deutschen Rechtslage. Der BGH ist dem EuGH deshalb stets zähneknirschend und nur insoweit gefolgt, als dies europarechtlich zwingend geboten war. Zu diesem Zweck hat der BGH die Auslegung der von der Recht-

---

[277] EuGH, 16.06.2011, C-65/09 und C-87/09 (*Gebr. Weber GmbH ./. Wittmer und Putz ./. Medianess Electronics GmbH*), Rn. 55.

[278] EuGH, 16.06.2011, C-65/09 und C-87/09 (*Gebr. Weber GmbH ./. Wittmer und Putz ./. Medianess Electronics GmbH*), Rn. 75.

[279] EuGH, 16.06.2011, C-65/09 und C-87/09 (*Gebr. Weber GmbH ./. Wittmer und Putz ./. Medianess Electronics GmbH*), Rn. 75.

sprechung des EuGH betroffenen Normen des BGB gespalten und zwischen Verbraucherkauf einerseits und Handelskauf sowie Kaufgeschäften unter Privaten andererseits differenziert:

In der Quelle-Entscheidung ging es um die Frage, ob der Käufer nach Lieferung einer mangelfreien Ersatzsache Ersatz der Nutzungen schuldet, die er durch Gebrauch der zunächst gelieferten mangelhaften Sache gezogen hat.[280] Nach der Entscheidung des EuGH, dass die Gewährung eines Anspruchs auf Nutzungsersatz mit Art. 3 Abs. 2, 4 der Richtlinie unvereinbar ist,[281] bekannte sich der BGH zu einer teleologischen Reduktion des damaligen § 439 Abs. 4 BGB – allerdings nur für den Verbraucherkauf.[282] Für die übrigen Fälle – Vertrag zwischen Unternehmen oder zwischen Privaten – sollte es bei der Verweisung des § 439 Abs. 4 BGB auf § 346 BGB und damit beim Nutzungsersatzanspruch verbleiben.[283] Die gespaltene Auslegung des § 439 Abs. 4 BGB ist inzwischen vom Gesetzgeber durch den aktuellen § 475 Abs. 3 S. 1 BGB überflüssig gemacht worden, doch bei den unterschiedlichen Lösungen für den Verbraucherkauf und den Handelskauf ist es geblieben.

Die Erstreckung der Nacherfüllungspflicht des Verkäufers auf die Aus- und Einbaukosten infolge der Entscheidung des EuGH in der Rechtssache *Weber und Putz*[284] hat der BGH zunächst durch eine richtlinienkonforme Auslegung des § 439 Abs. 1 Alt. 2 BGB bewältigt, nach der die Verpflichtung zur Lieferung einer mangelfreien Sache auch den Ausbau und die Entsorgung der mangelhaften Ware umfasse.[285] Auch diese Interpretation blieb auf den Verbraucherkauf beschränkt, sodass dieselbe Norm in ihrer An-

---

[280] Dazu *Wagner*, Verbrauchsgüterkauf (Fn. 270), S. 113 ff.

[281] *EuGH* 17.4.2008 – C-404/06 – (*Quelle AG/Bundesverband der Verbraucherzentralen und Verbraucherverbände*), NJW 2008, 1433 Rn. 33 ff.

[282] BGHZ 179, 27 Rn. 26; anders zuvor noch BGH NJW 2006, 3200 Rn. 14.

[283] BGHZ 179, 27 Rn. 28.

[284] EuGH, 16.06.2011, C-65/09 und C-87/09 (*Gebr. Weber GmbH ./. Wittmer und Putz ./. Medianess Electronics GmbH*), Rn. 55 ff.; eingehend zum folgenden *Wagner*, Verbrauchsgüterkauf (Fn. 270), S. 102 ff.

[285] BGHZ 192, 148 Rn. 24 ff.

wendung auf Handelskäufe das genaue Gegenteil besagen sollte, dass nämlich die Ein- und Ausbaukosten vom Nacherfüllungsanspruch nicht umfasst werden.[286] Hier hat der Gesetzgeber die Spaltung der Rechtslage entlang der Unterscheidung von Verbraucher- und Handelskauf beseitigt und in § 439 Abs. 3 nF dem Käufer im Rahmen der Nacherfüllung einen Aufwendungsersatzanspruch wegen erforderlicher Ein- und Ausbaukosten gewährt.[287] Diese Regelung gilt unterschiedslos für alle BGB-Kaufverträge. Allerdings ist die Regelung für den Handelskauf in den Grenzen der §§ 307, 309 Nr. 8 cc BGB) abdingbar (arg. § 476 Abs. 1 BGB).

Die ebenfalls in der Entscheidung *Weber und Putz* enthaltene Vorgabe des EuGH, dass eine Beschränkung des Nacherfüllungsanspruchs des Käufers in Fällen sog. absoluter Unverhältnismäßigkeit sowohl der Reparatur als auch der Ersatzlieferung europarechtlich unzulässig sei,[288] hat der BGH für den Verbraucherkauf ebenfalls durch richtlinienkonforme Auslegung umgesetzt.[289] Die Regelung des § 439 Abs. 3 S. 3 BGB aF (= § 439 Abs. 4 S. 3 BGB nF), die das glatte Gegenteil besagt, nämlich dem Verkäufer ein Leistungsverweigerungsrecht bei absoluter Unverhältnismäßigkeit einräumt, wurde dafür teleologisch reduziert.[290] Außerhalb des Anwendungsbereichs der Richtlinie, also für Kaufverträge über Immobilien, zwischen Unternehmern und zwischen Verbrauchern gilt nach wie vor der Grundsatz, dass bei Unverhältnismäßigkeit der zur Mangelbeseitigung erforderlichen Kosten

[286] BGHZ 195, 135 Rn. 17ff.; BGHZ 200, 337 Rn. 27.

[287] Die aktuelle Gesetzesfassung geht auf den Rechtsausschuss des Deutschen Bundestags zurück; BT-Drucks. 18/11437, S. 7, 40. Der Gesetzentwurf der Bundesregierung hatte eine noch feiner ziselierte Regelung vorgesehen, die ersichtlich darum bemüht war, der Position des EuGH kein Stück weiter als unbedingt nötig entgegen zu kommen; BT-Drucks. 18/8486, S. 9, 39f.

[288] EuGH, 16.06.2011, C-65/09 und C-87/09 (*Gebr. Weber GmbH ./. Wittmer und Putz ./. Medianess Electronics GmbH*), Rn. 66ff.

[289] Dazu *Wagner*, Verbrauchsgüterkauf (Fn. 270), S. 109ff.

[290] BGHZ 192, 148 Rn. 29ff.

der Käufer keine Nachbesserung verlangen kann, sondern auf die Minderung beschränkt ist, während der weitergehende Schadensersatzanspruch Vertretenmüssen voraussetzt.[291] Der Gesetzgeber ist dieser Differenzierung gefolgt, indem er die für sämtliche Kaufverträge geltende Regelung des § 439 Abs. 4 S. 3 BGB nF unverändert gelassen, sie in § 475 Abs. 4 BGB für Verbraucherkäufe jedoch ins Gegenteil verkehrt hat.

d) Gespaltene Lösung identischer Rechtsprobleme

Die eben dargestellten Episoden aus dem Verbraucherkaufrecht sind geschildert worden, um die Fragmentierung des geltenden Rechts deutlich zu machen. Der Gesetzgeber war zum Eingreifen gezwungen, um den Zustand zu kurieren, dass ein und dieselbe Norm in einem Teil ihres Anwendungsbereichs das eine und in einem anderen Teil ihres Anwendungsbereichs das glatte Gegenteil besagt. Dieser Zustand ist in einem Rechtsstaat im Grunde untragbar. Eine Entscheidung des BVerfG aus einem anderen Kontext erlaubt sogar den Schluss, eine Norm verstoße gegen die Grundrechte der Betroffenen, wenn sie einmal wortlautgerecht anzuwenden und in anderem Kontext anders zu verstehen wäre.[292] Ob sich diese zum Versicherungsaufsichtsrecht entwickelte Maßgabe auf privatrechtliche Kontexte übertragen lässt, ist offen. Dass es vorzugswürdig ist, den Zustand einer gespaltenen Auslegung auf legislatorischem Weg zu beseitigen, steht außer Zweifel.

Trotz der Intervention des Gesetzgebers bleibt die Situation prekär. Möglicherweise wird es weitere Entscheidungen geben, die mit einzelnen Regelungen des geltenden Rechts nicht vereinbar sind, sodass letzteres erneut geändert werden müsste. Das Wachstum des Abschnitts des BGB, der Sonderregeln zum Verbraucherkauf enthält (§§ 474 ff. BGB) macht die Erosion der 2002 getroffenen legislatorischen Grundentscheidung zugunsten

---

[291] BGHZ 200, 350 Rn. 34 ff.

[292] BVerfGE 114, 1, 54 = NJW 2005, 2363, 2371.

eines einheitlichen Kaufrechts sichtbar.[293] Für eine Zivilrechtswissenschaft, die ihre Aufgabe darin sieht, das geltende Recht stimmig zu halten und auf allgemeine Prinzipien zurückzuführen, ist bereits der gegenwärtige Zustand ein ernstes Problem. Wenn es richtig ist, dass bei der Rückabwicklung eines gescheiterten Vertragsverhältnisses der Wert der inzwischen gezogenen Nutzungen zu vergüten ist (§ 346 Abs. 1 BGB), dann kann dies für einen Kaufvertrag zwischen Unternehmer und Verbraucher nicht falsch sein (so aber § 475 Abs. 3 BGB). Wenn die Nacherfüllungspflicht des Verkäufers eine Fortsetzung seiner ursprünglichen Erfüllungspflicht ist und er Schadensersatz nur unter der Voraussetzung des Vertretenmüssens schuldet (§§ 437 Nr. 3, 440, 280 Abs. 1 BGB),[294] dann kann er nicht verschuldensunabhängig für den Ausbau mangelhafter Kaufsachen und den Einbau mangelfreier Ersatzsachen haften (so aber § 439 Abs. 3 BGB nF), wenn es richtig ist, dass die Verpflichtung des Schuldners zur Naturalerfüllung entfällt, wenn sie nur mit unverhältnismäßigen Kosten möglich wäre (§ 275 Abs. 2, § 439 Abs. 4 S. 3 BGB), dann muss dies auch für Kaufverträge zwischen Unternehmern und Verbrauchern gelten (anders aber § 475 Abs. 4 BGB). Das Argument, der Schutz des Verbrauchers erfordere eine Abweichung von denjenigen Regeln, die im Allgemeinen gut und richtig sind, überzeugt nicht. Der Verbraucher muss nämlich jedes vertragsrechtliche Privileg, das ihm vom EuGH zugedacht wird, in der Form eines entsprechend erhöhten Kaufpreises teuer bezahlen. Dies ist der Grund dafür, dass ein rationaler Verbraucher kein Interesse an Naturalerfüllung hat, wenn die dafür aufzuwendenden Kosten den ihm erwachsenden Nutzen weit übersteigen.[295] Genau dies steht jedoch heute in § 475 Abs. 4 BGB. Aus wissenschaftlicher

[293] Dazu *Wagner*, Verbrauchsgüterkauf (Fn. 270), S. 115 ff.

[294] Vgl. *S. Lorenz*, Ein- und Ausbauverpflichtung des Verkäufers bei der kaufrechtlichen Nacherfüllung. Ein Paukenschlag aus Luxemburg und seine Folgen, NJW 2011, 2241, 2242; *D. Kaiser*, Der EuGH zum Austausch mangelhafter eingebauter Verbrauchsgüter, JZ 2011, 978.

[295] *S. Shavell*, Foundations of Economic Analysis of Law, 2004, S. 343 ff.

Sicht kann hierzu nur festgestellt werden, dass das Gesetz an dieser Stelle „falsch" ist.

4. Irritationen des Bereicherungsrechts: Rückabwicklung nach nicht autorisierter Überweisung

a) Das autonome deutsche Bereicherungsrecht

Das Bereicherungsrecht gilt als eine besonders schwierige Materie des Zivilrechts. Die Rechtsprechung zu den §§ 812 ff. BGB blieb dabei über das 20. Jahrhundert hinweg relativ konstant,[296] aber die dogmatischen Grundfragen gerieten in Streit und wurden je nach Standpunkt als Albtraum oder Prunkstück der Zivilrechtswissenschaft wahrgenommen.[297] Ein zentraler Gegenstand dieses Streits war und ist der Bereicherungsausgleich im Dreiecksverhältnis, wobei die sog. Anweisungslagen eine relevante Unterabteilung ausmachen. Praktische Anwendungsfälle betreffen insbesondere den Zahlungsverkehr, zum Beispiel die Banküberweisung. Hier stellen sich bereicherungsrechtliche Fragen, wenn das sog. Valutaverhältnis zwischen dem Überweisenden und dem Überweisungsempfänger mangelhaft ist, aber auch, wenn eine Störung im sog. Deckungsverhältnis zwischen dem Überweisenden und seiner Bank vorliegt, sowie schließlich bei Mängeln des Überweisungsauftrags selbst, wenn dieser etwa gefälscht wurde, der Aussteller geschäftsunfähig war usw.

In Bezug auf den Bereicherungsausgleich bei Giroüberweisungen waren sich Rechtsprechung und Lehre jahrzehntelang

---

[296] *D. König*, Ungerechtfertigte Bereicherung, in: Bundesminister der Justiz (Hrsg.), Gutachten und Vorschläge zur Überarbeitung des Schuldrechts, Bd. II, 1981, S. 1578; *Wagner*, Gesetzliche Schuldverhältnisse (Fn. 224), S. 181, 217 m. w. N.

[297] Für Prunkstück: *Larenz/Canaris*, Schuldrecht II/2 (Fn. 224), S. VI; für Albtraum: *H. H. Jakobs*, Die Rückkehr der Praxis zur Regelanwendung und der Beruf der Theorie im Recht der Leistungskondiktion, NJW 1992, 2524; humorlos: Staudinger- *S. Lorenz*, BGB, Neubearbeitung 2007, § 812 Rn. 36.

über die Grundsätze einig:[298] Im Normalfall bewirkt die Bank als Angewiesene mit ihrer Zuwendung an den Anweisungsempfänger im Deckungsverhältnis eine eigene Leistung an den Anweisenden und zugleich im Valutaverhältnis eine Leistung des Anweisenden an den Anweisungsempfänger.[299] Ist eines dieser Verhältnisse gestört, findet die Rückabwicklung innerhalb des betroffenen Kausalverhältnisses statt. Bei Störungen im Valutaverhältnis kann also der Überweisende beim Überweisungsempfänger kondizieren; bei Störungen im Deckungsverhältnis die Bank beim Überweisenden. Der Grundsatz der Kondiktion im jeweiligen Kausalverhältnis setzt allerdings voraus, dass der Überweisende die Zahlung zurechenbar veranlasst hatte.[300] Fehlte es an einer wirksamen Anweisung, hatte die Bank einen Direktanspruch per Nichtleistungskondiktion gemäß § 812 Abs. 1 S. 1 Alt. 2 BGB gegen den Anweisungsempfänger.[301]

Die Direktkondiktion der Bank beim Empfänger galt unabhängig davon, ob der Anweisungsempfänger das Fehlen der Anweisung kannte oder kennen musste. Maßgebend war allein, dass die Zahlung dem Anweisenden nicht zugerechnet werden konnte, weil er sie nicht veranlasst und auch sonst keinen Anschein dafür gesetzt hatte, die Zuwendung sei seine Leistung. So lag es beispielsweise in den Fällen der Fälschung des Überweisungsauftrags und bei Geschäftsunfähigkeit des Anweisenden. Im Fall des Widerrufs eines zuvor erteilten Überweisungsauftrags entschied der BGH jedoch anders und verwies die Bank auf das Deckungsverhältnis zum Anweisenden. Der Anweisende habe in diesem Fall gegenüber dem Anweisungsempfänger den zurechenbaren Rechtsschein einer Leistung gesetzt; der „Fehler wurzele" im

---

[298] Klassische Darstellungen bei *Larenz/Canaris*, Schuldrecht II/2 (Fn. 224), § 70 IV, S. 223 ff.; *Reuter*, in: Reuter/Martinek, Ungerechtfertigte Bereicherung, Bd. 2, 2. Aufl. 2016, § 2, S. 43 ff.

[299] BGHZ 176, 234 Rn. 9 = NJW 2008, 2331 m. w. N.

[300] Zusammenfassend Palandt-*H. Sprau,* BGB, 77. Aufl. 2018, § 812 Rn. 107.

[301] BGH NJW 2011, 66 Rn. 32.

Deckungsverhältnis zwischen der Bank und ihrem Kunden und sei in diesem Verhältnis zu bereinigen.[302] Als Gegenausnahme zu dieser Ausnahme war wiederum der Fall anerkannt, dass der Anweisungsempfänger den Widerruf kannte und deshalb wusste, dass es sich nicht um eine Leistung des Anweisenden handelte.[303] Dann blieb der Anweisungsempfänger einem Direktanspruch des Angewiesenen ausgesetzt.

Die eben geschilderte differenzierte Rechtslage ist – und hier liegt der springende Punkt – unter ständigem Rückgriff auf allgemeine Wertungen erarbeitet worden. Dafür liefern das Recht der Erfüllung in Gestalt der §§ 362 Abs. 2, 185, 267, 366 BGB wichtige Bausteine,[304] aber auch die Regeln der §§ 120, 170 ff. BGB über die Rechtsscheinhaftung.[305] Streitig ist, ob sich diese Bausteine zu einem „Leistungsbegriff" verdichten lassen, der Erfüllungs- und Bereicherungsrecht dogmatisch miteinander verklammert und die Vorlage für die Lösung konkreter Einzelprobleme abgibt.[306]

b) Die europäische Regelung des Zahlungsdiensterechts

In diese Rechtslage hinein platzte die Zahlungsdienste-Richtlinie der EU,[307] die im Jahr 2009 umgesetzt wurde. Zu diesem Zweck wurden 30 umfangreiche Paragraphen in das BGB eingefügt, die §§ 657c – 675z und die §§ 676 – 676c. Inzwischen ist die ursprüngliche Richtlinie durch einen neuen Rechtsakt, die Zahlungsdiens-

---

[302] BGHZ 61, 289, 293 f.; BGHZ 89, 376, 381; *Reuter*, in: D. Reuter/M. Martinek (Hrsg.), Ungerechtfertigte Bereicherung, Bd. 2 (Fn. 298), § 2 III 4, S. 72 f.

[303] BGHZ 66, 372, 375; BGHZ 176, 234 Rn. 22 ff.

[304] Vgl. insbesondere *Reuter*, in: Reuter/Martinek, Ungerechtfertigte Bereicherung, Bd. 2 (Fn. 298), § 1 I, S. 6 ff., § 2 I, S. 48 f.

[305] Dazu die gegensätzlichen Positionen von *Reuter*, in: Reuter/Martinek, Ungerechtfertigte Bereicherung, Bd. 2 (Fn. 298), § 1 I, S. 13 ff., und *Larenz/Canaris*, Schuldrecht II/2 (Fn. 224), § 70 VI, S. 248 f.

[306] Dazu *Larenz/Canaris*, Schuldrecht II/2 (Fn. 224), § 70 IV, S. 230 f.

[307] Richtlinie 2007/64/EG vom 13.11.2007 über Zahlungsdienste im Binnenmarkt, ABl. 2007, L 319, 1.

te-Richtlinie II aus 2015, ersetzt worden.[308] Hauptzweck dieser Gesetzgebung war die Etablierung eines einheitlichen europäischen Zahlungsverkehrsraums – der Single European Payment Area (SEPA). Zu diesem Zweck werden die Rechtsbeziehungen zwischen den (vielen) Parteien eines Zahlungsvorgangs geregelt, also dem Zahlenden, seinem Zahlungsdienstleister, dem Empfänger und dessen Zahlungsdienstleister sowie den zwischengeschalteten Banken. Die Richtlinie und das Umsetzungsgesetz folgen einer eigenen Terminologie, die nicht leicht zu durchschauen ist. Ein Standardkommentar zum BGB schickt der Erläuterung der §§ 675c ff. BGB daher ein umfangreiches Glossar voraus, in dem die zentralen Begriffe erläutert werden.[309]

Eine wichtige Vorschrift des neuen Zahlungsdiensterechts ist § 675u BGB. Danach hat im Fall eines „nicht autorisierten Zahlungsvorgangs" der „Zahlungsdienstleister des Zahlers gegen diesen keinen Anspruch auf Erstattung seiner Aufwendungen". Vielmehr ist er verpflichtet, dem Zahler den Zahlungsbetrag unverzüglich zu erstatten und, sofern der Betrag dem Zahlungskonto belastet worden ist, „dieses Zahlungskonto wieder auf den Stand zu bringen, auf dem es sich ohne die Belastung durch den nicht autorisierten Zahlungsvorgang befunden hätte". Die Autorisierung eines Zahlungsvorgangs ist in § 675j BGB geregelt. Danach kommt es auf die Zustimmung des Zahlenden an. Art und Weise der Zustimmung können zwischen den Parteien geregelt werden; der Widerruf der Zustimmung ist in den Grenzen des § 675p BGB möglich.

c) Die Änderung der Rechtsprechung und der Aufschrei der Literatur

Diese Regelung hat der BGH in einer grundlegenden Entscheidung aus dem Jahr 2015 auf den Bereicherungsausgleich zwischen den

---

[308] Richtlinie (EU) 2015/2366 vom 25.11.2015, ABl. 2015, L 337/35.

[309] Palandt-*Sprau* (Fn. 300), § 675c Rn. 11.

Beteiligten eines Überweisungsvorgangs übertragen.[310] § 675u BGB wird auf diese Weise zur Drehscheibe des Bereicherungsausgleichs. Im Fall eines widerrufenen und damit nicht iSd § 675j BGB autorisierten Überweisungsauftrags hat die Bank als Zahlungsdienstleisterin bzw. Angewiesene keinen Anspruch gegen den Kontoinhaber als Zahler und Anweisenden. Damit bricht der eine Strang der Rückabwicklung entlang der Kausalverhältnisse zusammen. Folgerichtig gewährt der BGH der Bank einen Direktanspruch gegen den Überweisungs- bzw. Zahlungs- und Anweisungsempfänger, und zwar als Nichtleistungskondiktion gemäß § 812 Abs. 1 S. 1 Alt. 2 BGB.[311] Dies soll unabhängig davon gelten, ob der Überweisungs- bzw. Zahlungs- oder Anweisungsempfänger den Widerruf oder sonstigen Mangel der Anweisung kannte oder hätte erkennen können.[312] Allein entscheidend für die Wahl zwischen der Rückabwicklung „übers Eck" und der Direktkondiktion ist jetzt nur noch, ob der Anweisende den Zahlungsvorgang autorisiert hatte.[313] Nur dann hat die angewiesene Bank einen Aufwendungsersatzanspruch gegen diesen. In allen anderen Fällen hat sie einen Bereicherungsanspruch gegen den Zahlungsempfänger.

In Teilen der Literatur hat diese Rechtsprechungsänderung zu einem Aufschrei geführt. Dem BGH ist vorgeworfen worden, ohne Not einen „Paradigmenwechsel beim Bereicherungsausgleich von Fehlüberweisungen"[314] vollzogen und bewährte Grundsätze des Bereicherungsausgleichs im Dreiecksverhältnis über Bord geworfen zu haben, insbesondere das Prinzip, dass es für die Zurechnung einer Leistung auf den Horizont des Empfängers ankomme.[315]

---

[310] BGHZ 205, 378 Rn. 22 ff. = JZ 2015, 950.

[311] BGHZ 205, 378 Rn. 16 = JZ 2015, 950.

[312] BGHZ 205, 378 Rn. 23 = JZ 2015, 950.

[313] Palandt-*Sprau* (Fn. 300), § 812 Rn. 107a.

[314] *F. Schnauder*, Die Sonderrechtsprechung zum Bereicherungsausgleich im neuen Zahlungsdienstrecht, JZ 2016, 603, 607.

[315] *S. Omlor*, Anmerkung zu BGH, Urteil vom 16.06.2015 – XI ZR 243/13 (LG Traunstein), EWiR 2015, 595, 596; genauso *Schnauder*, Sonder-

Tatsächlich hat sich der BGH zur Modifizierung seiner bisherigen Rechtsprechung ausweislich der Urteilsgründe nicht durch bessere Einsicht veranlasst gesehen, sondern durch die beschriebene Gesetzesänderung infolge der Zahlungsdienste-Richtlinie. Obwohl der XI. Zivilsenat auf die an seiner früheren Rechtsprechung geübte Kritik verweist[316] und betont, das neue Ergebnis – Direktkondiktion der Bank gegen den Überweisungsempfänger – sei „auch gerecht und widerspruchsfrei",[317] steht die Neuregelung des Zahlungsdiensterechts im Jahr 2009 im Mittelpunkt der Urteilsbegründung.[318] Zwar hat der Senat die maßgebende Regelungsabsicht nicht dem Richtliniengeber, sondern den Schöpfern des § 675u BGB zugeschrieben,[319] doch dies geschah vermutlich zu dem Zweck, den EuGH aus der Sache herauszuhalten.

Demgegenüber ist in der Literatur darauf hingewiesen worden, die Zahlungsdienste-Richtlinie regele allein die vertraglichen Verhältnisse zwischen den Parteien des Überweisungsverkehrs, nicht aber den bereicherungsrechtlichen Ausgleich bei fehlerhaften Überweisungen, und für einen darüber hinaus gehenden Willen des deutschen Umsetzungsgesetzgebers sei nichts ersichtlich.[320] Der XI. Zivilsenat habe einfach Rechtsfortbildung be-

---

rechtsprechung (Fn. 314), S. 612; ähnlich *A. Kiehnle*, Anmerkung zu BGH, Urteil vom 16.06.2015 – XI ZR 243/13, NJW 2015, 3095: „Begründung greift viel zu kurz"; *N. Jansen*, Anmerkung zu BGH, Urteil vom 16.06. 2015 – XI ZR 243/13 (LG Traunstein), JZ 2015, 952, 953: „scharfe Kritik"; *W. Hadding*, Anmerkung zu BGH, Urteil vom 16.06.2015 – XI ZR 243/13 (LG Traunstein), WuB 2015, 489; *Reuter*, in: Reuter/Martinek, Ungerechtfertigte Bereicherung, Bd. 2 (Fn. 298), § 2 IV 1, S. 82.

316 BGHZ 205, 378 Rn. 22 = JZ 2015, 950.

317 BGHZ 205, 378 Rn. 25 = JZ 2015, 950.

318 BGHZ 205, 378 Rn. 22 = JZ 2015, 950.

319 BGHZ 205, 378 Rn. 22 = JZ 2015, 950.

320 *Reuter*, in: Reuter/Martinek, Ungerechtfertigte Bereicherung, Bd. 2 (Fn. 298), § 2 IV 1, S. 80ff.; *M. Fornasier*, Der Bereicherungsausgleich bei Fehlüberweisungen und das europäische Recht der Zahlungsdienste, AcP 212 (2012), 410, 434ff.; *Jansen*, Anmerkung (Fn. 315), S. 954, unter Hinweis auf Erwägungsgrund 47 Richtlinie 2007/64/EG, in der es heißt: „Diese Richtlinie sollte nur die vertraglichen Verpflichtungen und Verantwortlich-

treiben wollen und dies kaschiert, indem er dem Zahlungsdiensterecht eine Regelung des Bereicherungsausgleichs entnommen habe, die darin gar nicht enthalten sei.[321] Diese, die Autonomie des Bereicherungsrechts behauptende Argumentation ist nicht zwingend, denn es fragt sich schon, ob die dem § 675u BGB zugrunde liegende Regelung der Art. 60 Abs. 1 Richtlinie 2007/64/EG, Art. 73 Abs. 1 Richtlinie 2015/2366 derart restriktiv ausgelegt werden kann: Danach ist es unionsrechtlich geboten, „dass im Falle eines nicht autorisierten Zahlungsvorgangs der Zahlungsdienstleister des Zahlers diesem den Betrag des nicht autorisierten Zahlungsvorgangs unverzüglich erstattet und gegebenenfalls das belastete Zahlungskonto wieder auf den Stand bringt, auf dem es sich ohne den nicht autorisierten Zahlungsvorgang befunden hätte". Welchen vernünftigen Sinn hat diese Regelung, wenn die Bank dasjenige, was sie dem Zahler aufgrund der Art. 60 Abs. 1 Richtlinie 2007/64/EG, Art. 73 Abs. 1 Richtlinie 2015/2366 gutgeschrieben hat, sofort wieder nach § 812 Abs. 1 S. 1 Alt. 1 BGB zurückverlangen kann?[322]

---

keiten zwischen dem Zahlungsdienstnutzer und seinem Zahlungsdienstleister zum Gegenstand haben." Übereinstimmend Erwägungsgrund 87 Richtlinie 2015/2366. Jedoch heißt es dort weiter: „Allerdings setzt das ordnungsgemäße Funktionieren von Überweisungen und anderen Zahlungsdiensten voraus, dass die Zahlungsdienstleister und ihre zwischengeschalteten Stellen, wie z.B. Verarbeiter, an Verträge gebunden sind, die ihre wechselseitigen Rechte und Pflichten festlegen. Haftungsfragen bilden einen wesentlichen Teil dieser einheitlichen Verträge."

[321] *Jansen*, Anmerkung (Fn. 315), S. 954.

[322] Treffend *J. Köndgen*, Das neue Recht des Zahlungsverkehrs, JuS 2011, 481, 489: Der Erstattungsanspruch des Zahlers aus § 675u S. 2 BGB sei „funktionelles Bereicherungsrecht (condictio indebiti)" und verdränge als *lex specialis* die §§ 812ff. BGB. Gleichwohl ist *Köndgen*, aaO, der Auffassung, die herkömmlichen Grundsätze zum Bereicherungsausgleich bei fehlerhafter Überweisung mit ihrer Abgrenzung zwischen Kondiktion übers Eck und Direktkondiktion blieben unberührt. Vgl. auch *M. Auer*, Neuanfang beim Bereicherungsausgleich in Dreipersonenverhältnissen, ZfPW 2016, 479, 484.

d) Konsequenz: Autonomieverlust im Bereicherungsrecht

Wie auch immer man zu der Entscheidung des BGH steht, für die Zivilrechtsdogmatik ist ein anderer Punkt beunruhigend, nämlich die Intervention des europäischen Gesetzgebers, der sich um das deutsche Bereicherungsrecht nicht geschert und die feinsinnigen dogmatischen Strukturen des Bereicherungsausgleichs im Dreiecksverhältnis nicht nachvollzogen hat. Dieser Vorgang zeigt erneut, wie wenig Einfluss die deutsche Zivilrechtsdogmatik auf den europäischen Rechtssetzungsprozess auszuüben vermag und wie sehr sie daher von diesem irritiert werden kann.

Nun mag man sich mit der Überlegung beruhigen, eine Detailänderung beim Bereicherungsausgleich im Dreiecksverhältnis sei von so geringem Gewicht, dass sie den Lauf der Welt und die Entwicklung der deutschen Zivilrechtsdogmatik nicht wesentlich beeinträchtigen werde. Dies trifft unter der Bedingung zu, dass sich die Wertungen des § 675u BGB mehr oder weniger bruchlos in das Bereicherungsrecht integrieren lassen. So verhält es sich hier aber nicht, denn bei den Grundsätzen, dass die Rückabwicklung in den jeweiligen Kausalverhältnissen erfolgt und die Person des Leistenden aus der Sicht einer verständigen Person in der Lage des Empfängers der Leistung zu bestimmen ist, handelt es sich um Eckpfeiler des Bereicherungsrechts.[323] Wenn es nunmehr bei Überweisungen nicht mehr auf die Sicht eines verständigen Leistungsempfängers, sondern allein auf die objektive Zurechnung der Leistung zum Leistenden ankommt, lassen sich diese Grundsätze offenbar nicht mehr durchhalten. Nach der BGH-Entscheidung ist sogar die Frage aufgekommen, „ob die hergebrachten Grundsätze der Rückabwicklung im Dreipersonenverhältnis […] nicht insgesamt zur Disposition stehen“.[324] Tatsächlich bleiben nur wenige Optionen: Entweder wird die Dogmatik des Bereicherungsaus-

[323] *Larenz/Canaris*, Schuldrecht II/2 (Fn. 224), § 70 IV 3, S. 230; *Reuter*, in: Reuter/Martinek, Ungerechtfertigte Bereicherung, Bd. 2 (Fn. 298), § 2 III 4 b) dd), S. 72 f.

[324] *Auer*, Neuanfang (Fn. 322), S. 486.

gleichs bei schuldrechtlichen Anweisungslagen insgesamt der Wertung des § 675u BGB angepasst und die Kondiktion übers Eck auf Fälle beschränkt, in denen eine wirksame Anweisung bzw. „Autorisierung" vorliegt,[325] oder es wird eine Sonderdogmatik für den bargeldlosen Zahlungsverkehr im Anwendungsbereich der §§ 675c ff. BGB entwickelt, die von den normalen Regeln über die Zurechnung von Willenserklärungen und die Rechtsscheinhaftung (§§ 120, 122, 170 ff. BGB) abweicht.[326] Die Hoffnung hingegen, der Gesetzgeber möge korrigieren, was der XI. Zivilsenat als seinen in § 675u BGB ausgedrückten Willen hypostasiert hat, wird aller Voraussicht nach nicht in Erfüllung gehen.[327]

VII. Verhaltenssteuerung als Privatrechtsaufgabe

1. Herausforderung durch Ökonomie und Europarecht

Eine weitere Herausforderung der herkömmlichen, dogmatisch-systematischen Zivilrechtswissenschaft ist die Entdeckung der Steuerungsfunktion privatrechtlicher Normen und Entscheidungen. Der Angriff auf das traditionelle Verständnis der Privatrechtswissenschaft kommt dabei gleichzeitig aus mehreren Richtungen. Die in den Vereinigten Staaten entwickelte ökonomische Analyse des Rechts betrachtet das Privatrecht explizit als eine Form

---

[325] Noch weitergehend *Auer*, Neuanfang (Fn. 322), S. 479, 489 ff., deren Beitrag den programmatischen Titel trägt: „Neuanfang beim Bereicherungsausgleich in Dreipersonenverhältnissen" und den Grundsatz der Kondiktion in den Kausalverhältnissen insgesamt aufgeben will. Das ist m. E. überreagiert; es ist ausreichend und sachgerecht, die Parteien nur dann auf die Kausalverhältnisse festzulegen, wenn diese durch eine *objektiv wirksame* Anweisung miteinander verknüpft worden sind.

[326] So in der Tendenz *Schnauder*, Sonderrechtsprechung (Fn. 314), S. 606 f.; ablehnend *Reuter*, in: Reuter/Martinek, Ungerechtfertigte Bereicherung, Bd. 2 (Fn. 298), § 2 IV 1, S. 83.

[327] *Jansen*, Anmerkung (Fn. 315), S. 956.

staatlicher Verhaltensregulierung unter mehreren.[328] Auch im Privatrecht, das in den USA überwiegend von den Gerichten gepflegtes und fortentwickeltes Gewohnheitsrecht ist, gehe es primär um Verhaltenssteuerung. Den Steuerungszweck erblickt die ökonomische Analyse im Effizienzprinzip, d.h. in der effizienten Allokation und Distribution knapper Güter. Da die Distributionsfunktion besser vom Steuerrecht wahrgenommen werden kann, konzentriert sich das Privatrecht auf die effiziente Allokation der Ressourcen, salopp gesagt also darauf, den Kuchen so groß wie möglich zu machen.[329] Zur Erreichung dieses Zwecks setzt das Privatrecht in der Regel nicht auf unmittelbaren Zwang, sondern auf finanzielle Anreize, d.h. es legt derjenigen Partei, die gegen das Recht verstößt, finanzielle Lasten auf in der Erwartung, die Partei werde sich in der Folge effizient verhalten. Das effiziente Verhalten muss nicht unbedingt in der Befolgung rechtlicher Gebote liegen, sondern kann ausnahmsweise auch darin bestehen, gegen das Recht zu verstoßen.[330]

Ein zweiter Entwicklungsstrang, der die systematisch-dogmatische Orientierung der deutschen Zivilrechtswissenschaft herausfordert, ist europäischer Provenienz. Der EuGH versteht sich nicht nur als Hüter des Europarechts *in abstracto*, sondern sorgt sich zugleich um dessen praktische Durchsetzung in den Mitglied-

---

328 Repräsentativ *Shavell*, Economic Analysis (Fn. 295), S. 571 ff.

329 Statt aller wiederum *Shavell*, Economic Analysis (Fn. 295), S. 647 ff.: „The main point will be that income distributional objectives are best pursued through the use of the income tax system, implying that legal rules should be selected on the basis of nondistributional objectives."

330 Viel diskutiert ist die These vom *efficient breach of contract*; vgl. dazu *R. Posner*, Economic Analysis of Law, S. 57; 9. Aufl. 2014, S. 131; *I. R. Macneil*, Efficient Breach of Contract: Circles in the Sky, 68 Va. L. Rev. 947, 950 ff. (1982); *Ulen*, The Efficiency of Specific Performance: Toward a Unified Theory of Conract Remedies, 83 Mich. L. Rev. 341, 370 (1984); *D. Friedmann*, The Efficient Breach Fallacy, 18 J. Legal Stud. 1, 7 (1989); weiter *T. Riehm*, Der Grundsatz der Naturalerfüllung, 2015, S. 332 ff.; *G. Wagner*, Privatrechtsdogmatik und ökonomische Analyse, FS Canaris, 2017, S. 281, 315 ff.

staaten. Zu diesem Zweck hat der Gerichtshof die Prinzipien der Äquivalenz und Effektivität entwickelt: Die Sanktionen, die das mitgliedstaatliche Recht bei Verstößen gegen EU-Recht bereithält, dürfen nicht schwächer sein als diejenigen, die bei Verstößen gegen nationales Recht eingreifen, und sie müssen für eine effektive Sanktionierung des Rechtsverstoßes sorgen. Insoweit verlangt der EuGH, dass die mitgliedstaatlichen Sanktionen „wirksam, verhältnismäßig und abschreckend" sind.[331] Dabei macht der Gerichtshof – und dies ist der Stein des Anstoßes – keinen Unterschied zwischen strafrechtlichen, verwaltungsrechtlichen und zivilrechtlichen Sanktionen. Welchen Sanktionstyp ein Mitgliedstaat auch immer wählt, stets ist darauf zu achten, dass der Maßnahme eine abschreckende Wirkung zukommt. Im Bereich des europäischen Primärrechts hat der EuGH die verhaltenssteuernde Wirkung privater Schadensersatzklagen zur Durchsetzung des Wettbewerbsrechts besonders betont; sie könnten „wesentlich zur Aufrechterhaltung eines wirksamen Wettbewerbs in der Gemeinschaft beitragen".[332] Was dies dem mitgliedstaatlichen Recht im Einzelnen abverlangt, ist in der Richtlinie der EU zum Kartellschadensersatz konkretisiert und spezifiziert worden.[333]

Trotz der semantischen Nähe der beiden Begriffe hat das Effektivitätsprinzip des Europarechts mit dem Effizienzprinzip der ökonomischen Analyse nichts zu tun. Das unionsrechtliche Ef-

---

[331] EuGH v. 2.10.1991, C-7/90 (*Strafverfahren gegen Vandevenne*), Slg. 1991, I-4371, 4387 Rn. 11; EuGH v. 7.1.2004, C-60/02 (*Montres Rolex S. A.*), Slg. 2004, I-651, 686 Rn. 62.

[332] EuGH v. 20.9.2001, Rs. C-453/99 (*Courage Ltd. ./. Crehan*), Slg. 2001, I-6297, 6323 Rn. 27.

[333] Richtlinie 2014/104/EU vom 26.11.2014, über bestimmte Vorschriften für Schadensersatzklagen nach nationalem Recht wegen Zuwiderhandlungen gegen wettbewerbsrechtliche Bestimmungen der Mitgliedstaaten und der Europäischen Union, ABl. EU 2014, L 349/1. Die Richtlinie ist in Deutschland mit der 9. GWB-Novelle umgesetzt worden. Dazu etwa *C. Kersting*, Kartellschadensersatzrecht nach der 9. GWB-Novelle, VersR 2017, 581; *A. Weitbrecht*, Eine neue Ära im Kartellschadensersatzrecht – Die 9. GWB-Novelle, NJW 2017, 1574.

fektivitätsprinzip ist auf Normbefolgung ausgerichtet; was immer die Zwecke einer europarechtlichen Vorschrift auch sein mögen, den Sanktionen muss eine abschreckende Wirkung zukommen.[334] Aus rechtsökonomischer Sicht sind hingegen nur solche Normen es wert, befolgt zu werden, die ihrerseits einem Effizienztest genügen. Darüber hinaus verlangt die ökonomische Effizienz optimale Normbefolgung, nicht hingegen maximale Gesetzestreue. Die Einhaltung einer Norm ist ökonomisch nur erwünscht, wenn der dadurch generierte Nutzen die Kosten des normgemäßen Verhaltens übersteigt. Der für rechtmäßiges Verhalten getriebene Aufwand ist somit (nur) solange auszudehnen, bis die Grenzkosten dieses Aufwands gleich dem dadurch generierten Nutzen sind, wobei der Nutzen auch in der Vermeidung sonst eintretender Schäden bestehen kann.

2. Zurückweisung durch die systematisch-dogmatische Rechtswissenschaft

Die systematisch-dogmatische Rechtswissenschaft deutscher Provenienz sieht sich durch die These, dem Recht sei es um Verhaltenssteuerung zu tun, im Kern getroffen. Der EuGH ist für seine Aufgeschlossenheit gegenüber der Steuerungsfunktion in polemischer Weise beschimpft worden.[335] So ist dem Gerichtshof vorgeworfen worden, seine Rechtsprechung zum Schadensersatz wegen geschlechtsbezogener Diskriminierung[336] sei ein „Rück-

---

[334] *Wagner*, Privatrechtsdogmatik (Fn. 330), S. 281, 288;

[335] Eindrucksvoll *H. Honsell*, Die Erosion des Privatrechts durch das Europarecht, ZIP 2008, 621, 626: „Angriff auf die Rechtskultur des Zivilrechts"; weiter *G. Gounalakis*, Persönlichkeitsschutz und Geldersatz, AfP 1998, 10, 18; vgl. auch die Nachweise bei *Wagner*, Prävention (Fn. 158), S. 358 ff.; *A. Janssen*, Präventive Gewinnabschöpfung, 2017, S. 29 ff.

[336] EuGH, 10.4.1984, C-14/83 (*Sabine von Colson und Elisabeth Kamann ./. Land Nordrhein-Westfalen*), Slg. 1984, 1891, 1907 Rn. 18; EuGH, 10.4.1984, C-79/83 (*Dorit Harz ./. Deutsche Tradax GmbH*), Slg. 1984, 1921, 1940 Rn. 18; EuGH, 8.11.1990, C-177/88 (*Dekker ./. VJV-Centrum*), Slg. 1990, I-3941, 3976, Rn. 25; EuGH, 22.4.1997, C-180/95

fall in archaisches Rechtsdenken" nach „alttestamentarischer Manier"[337]; sein Konzept ein „verkorkstes Konstrukt", mit dem das Schadensersatzrecht mit „systemsprengender Wirkung"[338] „zu einem Sanktionsvehikel pervertiert" werde.[339]

Einen ähnlich frostigen Empfang hat die deutsche Zivilrechtswissenschaft der ökonomischen Analyse bereitet.[340] Sie sei eine „Ideologie", die die „Multifunktionalität des Rechtswesens" verkürze und mit freiheitlichem Rechtsdenken unvereinbar sei.[341] Während dem Recht das „Denken in Werten wesenseigen" sei, arbeite die Ökonomik mit dem „monokausalen" Effizienzprinzip, das die Auflösung von Wertkollisionen durch Abwägung nicht gestatte.[342] Die ökonomische Analyse sei mit kontinentaleuropäischem Rechtsdenken und dem Menschenbild des Grundgesetzes unvereinbar.[343] Eminente Vertreter der Zivilrechtsdogmatik bekräftigten diese Haltung: Nach *Canaris* ist die Lösung konkreter Einzelprobleme mit Hilfe ökonomischer Analyse schlicht „gesetzeswidrig".[344] Als Theorie sei die ökonomische Analyse mangels Leistungsfähigkeit für die Rechtsdogmatik falsifiziert im Sinne der Wissenschaftstheorie *Karl Poppers*.[345]

(*Draehmpaehl ./. Urania Immobilienservice OHG*), Slg. 1997, I-2212, 2220, Rn. 19 ff.

[337] *E. Herrmann*, Die Abschlußfreiheit – ein gefährdetes Prinzip, ZfA 1996, 19, 25, 39.

[338] Staudinger-*R. Richardi/G. Annuß*, BGB, 1999, § 611a Rdnr. 19.

[339] *P. Müller*, Punitive damages und deutsches Schadensersatzrecht, 2000, S. 151.

[340] Eingehend *Wagner*, Privatrechtsdogmatik (Fn. 330), S. 281, 284 ff.

[341] *K. H. Fezer*, Aspekte einer Rechtskritik an der economic analysis of law und am property rights approach, JZ 1986, 817, 823; *ders.*, Nochmals: Kritik an der ökonomischen Analyse des Rechts, JZ 1988, 223, 224.

[342] *Fezer*, Aspekte (Fn. 341), S. 823 f.; *ders.*, Kritik (Fn. 341), S. 224.

[343] *Fezer*, Kritik (Fn. 341), S. 224.

[344] *C.-W. Canaris*, Funktion, Struktur und Falsifikation juristischer Theorien, JZ 1993, 377, 384.

[345] Dazu *K. R. Popper*, Logik der Forschung, 10. Aufl. 1994, S. 47 ff.

3. Wirtschaftsrecht als Verteidigungslinie des traditionellen Zivilrechts

Inzwischen hat die Ablehnung der Steuerungsfunktion des Privatrechts wie auch der ökonomischen Analyse stark nachgelassen.[346] Gehörte es in den neunziger Jahren des vergangenen Jahrhunderts noch zum guten Ton, der Präsentation eines ökonomischen Arguments eine seitenlange Rechtfertigungsrede vorzuschalten,[347] ist es damit inzwischen vorbei. Seit Anbruch des neuen Jahrtausends ist es in Habilitationsschriften üblich geworden, das jeweilige Sachproblem auch aus ökonomischer Sicht zu erörtern und dabei insbesondere auf den Fundus zurückzugreifen, den die US-amerikanische Rechtswissenschaft zu grundlegenden privatrechtlichen Fragestellungen entwickelt hat.[348] Darüber hinaus erfreut sich die europäisch inspirierte Steuerungsfunktion des Privatrechts des intensiven Interesses der jungen Generation an Zivilrechtswissenschaftlern. Allein zum Thema Verhaltenssteuerung und Privatrecht sind in den vergangenen Jahren mehrere großangelegte Habilitationsschriften erschienen.[349] In keiner einzigen dieser Monographien wird die Steuerungsfunktion in Bausch und Bogen zurückgewiesen.

Allerdings haben Steuerungsfunktion und ökonomische Analyse ihre Domänen in den Sonderprivatrechten bzw. in denjenigen Materien, die in den siebziger Jahren des vergangenen Jahrhunderts „Wirtschaftsrecht" genannt wurden. Mit diesem Begriff

---

[346] Dazu nochmals *Wagner*, Privatrechtsdogmatik (Fn. 330), S. 281, 289 ff. m. w. N.

[347] Beispielhaft *S. Grundmann*, Der Treuhandvertrag, 1997, S. 44 ff.

[348] Vgl. *H. Fleischer*, Informationsasymmetrie im Vertragsrecht, 2001, S. 9 f., 93 ff.; *T. Ackermann*, Der Schutz des negativen Interesses, 2007, S. 112 ff., *H. C. Grigoleit*, Gesellschafterhaftung für interne Einflussnahme in der GmbH, 2006, S. 31 ff.; *Riehm*, Naturalerfüllung (Fn. 330), S. 150 ff.

[349] *D. Poelzig*, Normdurchsetzung durch Privatrecht, 2012; *J.-U. Franck*, Marktordnung durch Haftung, 2016; *Hellgardt*, Regulierung (Fn. 38); *C. Heinze*, Schadensersatz im Unionsprivatrecht, 2017; vgl. auch *Janssen*, Gewinnabschöpfung (Fn. 335).

sollte zum Ausdruck gebracht werden, dass bestimmte Rechtsgebiete kein „reines" Privatrecht darstellen, weil es ihnen nicht nur um den Ausgleich privater Interessen geht, sondern auch öffentliche Interessen im Spiel sind.[350] Eine moderne Fassung dieses Ansatzes findet sich in der Habilitationsschrift von *Poelzig*, die die Steuerungsfunktion in den Bereichen des Lauterkeits-, Kartell- und Kapitalmarktrecht anerkennt, in den Kernbereichen des Zivilrechts jedoch ablehnt.[351] Insbesondere das Vertrags- und Deliktsrechts bleiben danach von den Zumutungen der Verhaltenssteuerung verschont und können sich ungestört dem Ausgleich privater Interessen widmen.

Diese Zweiteilung des Privatrechts in das Kern-Zivilrecht und bestimmte Sondermaterien lässt sich nicht rechtfertigen.[352] Die Steuerungsfunktion gerade auch von Kernmaterien des Zivilrechts, wie beispielsweise des Vertragsrechts, kann nicht ernsthaft geleugnet werden: Gäbe es keinen Erfüllungsanspruch und keine sonstigen vertragsrechtlichen Sanktionen, bestünde kein finanzieller Anreiz zur Erfüllung des Vertrags.[353] Existierte das Deliktsrecht nicht, hätte der Einzelne keinen Anreiz, sich sorgfältig zu verhalten und bewusste Verletzungen Dritter zu unterlassen. Diese Einsichten sind banal und offensichtlich. So war auch für *von Savigny* klar, dass die Deliktsklagen des römischen Rechts vor allem dazu dienten, vor Rechtsverletzungen abzuschrecken.[354] Dass das Sachenrecht maßgeblich auf Effizienzgesichtspunkte zurückzuführen ist, lässt sich ebenfalls nicht bezweifeln.[355]

---

350 Vgl. *E. Steindorff*, Politik des Gesetzes als Auslegungsmaßstab im Wirtschaftsrecht, FS Larenz, 1973, S. 217 ff.; programmatisch *H.-D. Assmann*, Wirtschaftsrecht in der Mixed Economy, 1980, S. 167 ff.

351 *Poelzig*, Normdurchsetzung (Fn. 349), S. 11 ff., 26 ff.

352 *Wagner*, Besprechung von *D. Poelzig*, Normdurchsetzung durch Privatrecht, AcP 214 (2014), 602, 606 f.

353 *Wagner*, Privatrechtsdogmatik (Fn. 330), S. 314 ff.

354 *C. F. von Savigny*, Obligationenrecht, Das Obligationenrecht als Theil des heutigen Römischen Rechts, Bd. 2, 1853, S. 295 ff.; vgl. dazu bereits *Wagner*, Prävention (Fn. 158), S. 453.

355 Als Beispiel vgl. nur *Wagner*, Privatrechtsdogmatik (Fn. 330), S. 297 ff.

Somit überzeugt es nicht, das öffentliche Interesse allein für bestimmte Sonderbereiche zu reservieren, und es vor allem dann am Werk zu sehen, wenn es um eine Materie geht, die außerhalb des BGB geregelt ist. Beispielsweise ist evident, dass das Familienrecht als eine Kernmaterie von Privatrechtskodifikationen auch dem Allgemeinwohlinteresse zu dienen bestimmt ist. Umgekehrt liegt auf der Hand, dass das Kapitalmarktrecht vor allem auch dem Schutz des Anlegers dient, wenn sich der Gesetzgeber von diesem Schutz auch eine Stärkung der inländischen Kapitalmärkte erhofft. Bei näherer Untersuchung der Dichotomie privater und öffentlicher Interessen in einer konkreten Norm verschwimmen die Kategorien immer mehr; wahrscheinlich gibt es gar keine Normen, die ausschließlich privaten oder allein öffentlichen Interessen dienen.[356]

Demgegenüber bedeutet es einen Schritt voran, die Steuerungsfunktion, also den Anspruch des Gesetzgebers, mit Normen das Verhalten der Rechtssubjekte zu beeinflussen, zum Kennzeichen von „Regulierung" zu machen und das Privatrecht auf dieser Grundlage als Regulierungsinstrument neu zu entdecken.[357] Allerdings überzeugt es nicht, die Steuerungsfunktion allein auf öffentliche Interessen auszurichten.[358] Zwar lässt sich sagen, an der Erfüllung von Verträgen bestehe ein öffentliches Interesse, doch dann verliert der Begriff des öffentlichen Interesses jede Kontur und Determinationskraft.[359] Unabhängig von der gewählten Terminologie ist die Einsicht essentiell, dass die Steuerungsfunktion des Rechts keine neumodische Erscheinung ist, die dem Pri-

---

[356] So *R. Michaels/N. Jansen*, Private Law beyond the State? Europeanization, Globalization, Privatization, in: dies. (Hrsg.), Beyond the State: Rethinking Private Law, 2008, S. 69, 74; *M. Auer*, Der privatrechtliche Diskurs der Moderne, 2014, S. 64; vgl. auch *Hellgardt*, Regulierung (Fn. 38), S. 527.

[357] *Hellgardt*, Regulierung (Fn. 38), S. 6 f., 52 f.

[358] So aber *Hellgardt*, Regulierung (Fn. 38), S. 53 f.

[359] Vgl. *Hellgardt*, Regulierung (Fn. 38), S. 87 ff., der die Regulierungsfunktion selbst des dispositiven Privatrechts bejaht.

vatrecht von außen aufgezwängt worden ist, wobei die Rechtsökonomie sowie der EuGH die Hauptverdächtigen sind. Vielmehr ist das Ziel der Verhaltenssteuerung dem Privatrecht – wie auch den übrigen Teilrechtsordnungen – seit jeher immanent.[360]

Mit den Worten von *Karsten Schmidt* gesagt ist es „bitter nötig“, das Privatrecht „aus selbstverschuldeter Unmündigkeit“ zu befreien.[361] Dies kann nur dadurch geschehen, dass die Steuerungsfunktion (auch) des Zivilrechts offen anerkannt, analysiert und für die Produktion juristischer Entscheidungen verarbeitet wird. Die Aufgabe der Zivilrechtswissenschaft besteht darin, die Steuerungsziele zivilrechtlicher Normen deutlich herauszuarbeiten und alternative Interpretationsoptionen daraufhin zu prüfen, ob und in welchem Maße sie diesen Zielen entsprechen.

4. Folgenberücksichtigung innerhalb einer dogmatischen Rechtswissenschaft

Wie die Kritiker der ökonomischen Analyse richtig gesehen haben, steht diese quer zur Zivilrechtswissenschaft deutscher Tradition. Entsprechendes gilt für sonstige, nicht-ökonomische Steuerungsansätze. Für eine systematisch-dogmatische Rechtswissenschaft, die ihre Aufgabe darin sieht, Texte zu interpretieren, die dabei gefundenen Erkenntnisse zu systematisieren sowie unter Prinzipien zu ordnen, die für die Rechtsfortbildung fruchtbar gemacht werden können, ist es schwer, die verhaltensmäßigen Folgen alternativer rechtlicher Arrangements abzuschätzen und die Ergebnisse innerhalb des eigenen Analyserahmens zu verarbeiten. In einer tiefschürfenden Untersuchung zur Steuerungsfunktion des Privatrechts wird sogar geltend gemacht, der systematisch-dogmatische Ansatz und ein steuerungspolitischer

---

[360] Eingehend *Wagner*, Privatrechtsdogmatik (Fn. 330), S. 281, 297 ff., 306 ff.

[361] *K. Schmidt*, Wirtschaftsrecht: Nagelprobe des Zivilrechts – Das Kartellrecht als Beispiel, AcP 206 (2006), 169, 178.

Ansatz seien inkommensurabel bzw. „unvereinbar".[362] Am Ende werden sie dann aber doch miteinander kombiniert.[363]

Im Kern geht es bei der Steuerungsfunktion um die Wahl zwischen der Rechtswissenschaft als Geisteswissenschaft oder als Sozialwissenschaft.[364] Mit der Steuerungsperspektive ist in den Worten von *Niklas Luhmann* die Umsteuerung der Rechtswissenschaft von einer Input-Orientierung auf eine Output-Orientierung verbunden.[365] Dies ist im Rahmen einer richtig verstandenen teleologischen Auslegung ohne weiteres möglich.[366] Der Gesetzgeber bezweckt mit seinen Maßnahmen eine Veränderung oder Beeinflussung der Wirklichkeit. Deshalb muss die Norm so ausgelegt werden, dass die intendierten Wirkungen auch eintreten. Ob und in welchem Maße sie eintreten, lässt sich anhand allgemeiner Rechtsprinzipien ebenso wenig beantworten wie durch Arbeit am Gesetzestext. Die Integration der Folgenberücksichtigung in die teleologische Auslegung bedingt daher die Aufgabe des Versuchs, den Anwendungsbereich einer Norm in Zweifelsfällen ausschließlich mit Hilfe der Hermeneutik unter Zuhilfenahme allgemeiner Rechtsprinzipien zu bestimmen.[367] Stattdessen bedarf es rationaler Annahmen über das Verhalten der Rechtssubjekte unter den in den Blick genommenen Auslegungsalternativen. Dafür reichen mitunter plausible Alltagstheorien, die seit jeher im juristischen Diskurs Verwendung finden. Die ökonomische Analyse hat diese durch mikroökonomische Modelle ersetzt, die auf der Prämisse eines rationalen, nutzenmaximierenden Akteurs aufbauen. In der jüngeren Vergangenheit ist diese Prämisse durch Forschungen der Verhaltensökonomie infrage gestellt worden, die ihrerseits

---

[362] *Hellgardt*, Regulierung (Fn. 38), S. 372, 376.

[363] *Hellgardt*, Regulierung (Fn. 38), S. 379 ff.

[364] *Hellgardt*, Regulierung (Fn. 38), S. 380.

[365] *N. Luhmann*, Rechtssystem und Rechtsdogmatik, 1974, S. 33 ff.; vgl. auch *ders.*, Das Recht der Gesellschaft, 1993, S. 379 ff.

[366] *Wagner*, Privatrechtsdogmatik (Fn. 330), S. 281, 308 f.

[367] *Hellgardt*, Regulierung (Fn. 38), S. 375: „allgemeine Rechtsgrundsätze versus Wirkungshypothesen".

auf Feldstudien oder Experimenten mit Probanden beruhen.[368] Schließlich hat sich in den USA eine neue Form der empirischen Rechtssoziologie in Gestalt der *empirical legal studies* etabliert.[369] Diesen geht es um Rechtstatsachenforschung in dem Sinne, dass die empirische Ausgangslage gemessen und die empirischen Auswirkungen rechtlicher Interventionen geklärt werden sollen. Allen diesen Ansätzen ist gemeinsam, dass sie das Petitum ernst nehmen, die empirischen Folgen alternativer Arrangements zu ermitteln, um auf dieser Grundlage eine teleologisch angeleitete Auswahlentscheidung zu treffen.

Obwohl die Umorientierung der Rechtsanwendung hin auf die realen sozialen Folgen alternativer Auslegungsoptionen durchaus Veränderungen erzwingt, kann von einer Unvereinbarkeit von prinzipienbasierter und steuerungsorientierter Jurisprudenz nicht die Rede sein.[370] Dagegen spricht schon die empirische Evidenz: In den Vereinigten Staaten wird die Steuerungsperspektive bereits seit Jahrzehnten in die Zivilrechtswissenschaft integriert, ohne dass diese sich dadurch völlig von Texten und Prinzipien gelöst hätte. Mit *Richard Posner, Frank Easterbrook* und *Guido Calabresi* sind zudem einflussreiche Theoretiker der ökonomischen Analyse auf die Richterbank berufen worden, mit der Folge, dass dieser Ansatz auch einen gewissen Einfluss auf die Rechtsprechung der U. S.-amerikanischen Bundesgerichte gewonnen hat. Selbstverständlich ist dieser Prozess nicht friktionslos verlaufen, doch Argumente für die Annahme einer grundsätzlichen Unvereinbarkeit von Norminterpretation und ökonomisch angeleiteter Folgenberück-

---

368 Dazu umfassend *K. U. Schmolke*, Grenzen der Selbstbindung im Privatrecht, 2014, S. 174 ff.; *M. Englerth*, Behavioral Law and Economics – eine kritische Einführung, in: C. Engel/M. Englerth (Hrsg.), Recht und Verhalten, 2007, S. 60, 63 ff.; *S. Bechthold*, Die Grenzen zwingenden Vertragsrechts, 2010, S. 22 ff.; grundlegend für die Berücksichtigung in der ökonomischen Analyse des Rechts, *C. R. Sunstein/C. Jolls/R. H. Thaler*, A Behavioral Approach to Law and Economics, Stan. L. Rev, 1998 (50), 1471.

369 *H. Hamann*, Evidenzbasierte Jurisprudenz, 2014, S. 18 ff.

370 Vgl. *Wagner*, Privatrechtsdogmatik (Fn. 330), S. 281 ff.

sichtigung bietet er nicht – zumal Folgenberücksichtigung und Effizienzorientierung nicht dasselbe sind.[371] Die Anerkennung der Steuerungsfunktion des Privatrechts und die damit verbundene Umorientierung der Rechtswissenschaft ist deshalb nicht zwingend mit der Anerkennung ökonomischer Effizienz als alleinigem Rechtsprinzip verbunden. Rechtsphilosophische Ansätze wie derjenige von *Rawls* haben vielmehr eindrucksvoll unter Beweis gestellt, dass sich das Effizienzprinzip in einen aus liberalen Rechten (Grundrechten) gebildeten normativen Rahmen stellen lässt.[372] Dementsprechend hat auch der deutsche Gesetzgeber in aller Regel die Wohlfahrtseffekte im Auge, die mit seinen Maßnahmen verbunden sind.[373] Dies gilt für die Verfasser des BGB ebenso wie für den Deutschen Bundestag und selbstverständlich auch für die europäischen Instanzen.

Der moderne demokratische Gesetzgeber verfolgt mit seinen Gesetzgebungsakten stets konkrete gesellschaftliche Ziele.[374] Eine zivilrechtliche Norm, die das Verhalten der Rechtssubjekte in keiner Weise beeinflussen soll, nicht einmal im Zusammenwirken mit anderen Normen, ist schwer vorstellbar. Welchen Sinn sollte eine solche Norm haben? Die Zurückweisung der Steuerungsfunktion des Privatrechts beruht maßgeblich darauf, dass sich ein Teil der Zivilrechtswissenschaft immer noch nicht damit abgefunden hat, dass das Recht nicht von der Wissenschaft gemacht wird, sondern von einem Gesetzgeber, der mannigfachen politischen Zielen verpflichtet ist und diese in die Realität umgesetzt wissen will.[375] Selbstverständlich sind der Deutsche Bundestag und die europäischen Instanzen nicht darauf festgelegt, effiziente Regelungen zu erlassen, sondern sie können auch Ziele verfolgen, die mit dem Effizienzprinzip im Widerspruch stehen. Anders

[371] *Wagner*, Privatrechtsdogmatik (Fn. 330), S. 281, 287 f.

[372] *J. Rawls*, Eine Theorie der Gerechtigkeit, 1979.

[373] Ausführlich *Wagner*, Privatrechtsdogmatik (Fn. 330), S. 281, 295 ff.

[374] *Hellgardt*, Privatrecht (Fn. 38), S. 369; *Wagner*, Privatrechtsdogmatik (Fn. 330), S. 281, 311.

[375] Ähnlich *Hellgardt*, Regulierung (Fn. 38), S. 386.

als die Wirtschaftswissenschaft kann die Rechtswissenschaft an solchen Entscheidungen nicht vorbeigehen, sondern muss die Zwecksetzungsprärogative des Gesetzgebers anerkennen. Dies gilt übrigens auch für die Vereinigten Staaten, wo die Rechtsökonomik bezeichnenderweise niemals behauptet hat, der Kongress erlasse ausschließlich effiziente Gesetze. Die Effizienzthese wurde allerdings für das common law in Anspruch genommen, also für das Pendant zum deutschen Gewohnheitsrecht des 19. Jahrhunderts.[376] Dies zeigt erneut, dass normativ auftretende rechtswissenschaftliche Theorien den tatsächlich existierenden Gesetzgeber nicht integrieren können und deshalb die Unabhängigkeit des Rechtssystems von diesem behaupten müssen. Derartige Strategien können in einem demokratischen Verfassungsstaat aber nicht aufgehen.

Soweit der Zivilrechts-Gesetzgeber andere Ziele verfolgt als ökonomische Effizienz, ist die Steuerungsperspektive einschließlich des von der Rechtsökonomie erarbeiteten Instrumentariums keineswegs obsolet. Die Rechtsprechung des EuGH ist ein eindrucksvoller Beleg dafür, dass sich die Steuerungsfunktion des Zivilrechts auch für andere Zwecke als denjenigen der Effizienz nutzbar machen lässt. Ein Beispiel ist das Anti-Diskriminierungsrecht, das primär der Durchsetzung liberaler Rechte der Angehörigen bestimmter gesellschaftlicher Gruppen dienen soll. Zwar mag es sein, dass durch Inklusion möglichst vieler Menschen auch die Effizienz der Volkswirtschaft gefördert wird, doch ist diese Überlegung nicht das bestimmende Motiv des europäischen Anti-Diskriminierungsrechts. Gleichwohl lässt sich die Anreizwirkung alternativer rechtlicher Sanktionen für Zuwiderhandlungen gegen das Anti-Diskriminierungsrecht mit Hilfe ökonomisch inspirierter Analyseinstrumente abschätzen und auf dieser Grundlage eine informierte Auswahlentscheidung treffen.[377]

---

[376] Vgl. dazu *Wagner*, Privatrechtsdogmatik (Fn. 330), S. 281, 283 f. m. w. N.

[377] In diesem Sinne vgl. die Studie von *G. Wagner/N. Potsch*, Haftung

5. *Operationalisierung und Rationalisierung des Zweckdenkens*

Unter teleologischer Auslegung wird herkömmlich die Ermittlung des Normzwecks verstanden. Dabei wird stillschweigend unterstellt, dass der Normzweck als eindimensionales Ziel bestimmt werden kann. Wenn der Normzweck einmal ermittelt ist, so scheint es, lässt sich das Auslegungsergebnis problemlos herleiten. Eine moderne Steuerungstheorie kann diesen Standpunkt in zweierlei Hinsicht bereichern. Erstens verfolgt der Gesetzgeber mit der Rechtsetzung stets den Zweck, das Verhalten von Individuen zu steuern. Zweitens lässt sich die Frage, welcher Mittel es bedarf, damit der gesetzte Steuerungseffekt auch eintritt, ihrerseits gerade nicht durch Rückgriff auf den Gesetzeszweck beantworten – und auch nicht mit Hilfe von Abwägungsmanövern oder Verhältnismäßigkeitsprüfungen. Zur Beantwortung dieser Frage bedarf es vielmehr begründeter Annahmen über das Verhalten von Rechtssubjekten in der realen Welt unter alternativen rechtlichen Arrangements. Diese Annahmen können entweder mit Hilfe von Modellen über menschliches Verhalten, beispielsweise des Modells des rationalen Nutzenmaximierers, mit Hilfe empirischer Feldstudien oder mit Hilfe von Experimenten unter Laborbedingungen gewonnen werden. Zentral – und in der Methodenlehre bisher nicht wirklich verarbeitet – ist jedoch die Einsicht, dass die Frage, ob bei der Wahl eines bestimmten Interpretationsergebnisses mit einem Verhalten der Rechtssubjekte zu rechnen ist, das den Gesetzeszweck fördert, ihrerseits keine normative Frage ist, sondern eine empirische. Hier liegt die eigentliche Herausforderung einer teleologisch aufgeklärten Zivilrechtswissenschaft.

Drittens ist der Gesetzeszweck, die *ratio legis*, eine zunächst maßlose Größe. Der real existierende Gesetzgeber verfolgt in der Regel Zwecke, die nur bis zu einem gewissen Grad gefördert, nicht hingegen maximiert werden sollen. Weder die nationalen noch

---

für Diskriminierungsschäden nach dem Allgemeinen Gleichbehandlungsgesetz, JZ 2006, 1085.

die europäischen Instanzen bezwecken maximalen Verbraucherschutz, maximalen Mieterschutz, maximalen Wohlstand oder maximale Freiheit. Auf der verfassungsrechtlichen Ebene ist es üblich, Zielkonflikte durch Abwägung nach Maßgabe des Verhältnismäßigkeitsprinzips zu lösen. Für das Zivilrecht ist diese Methode in weiten Bereichen unbefriedigend. Dies soll an dem Beispiel des Bereicherungsausgleichs bei Schwarzarbeit illustriert werden.

Hat etwa ein Bauherr mit einem Elektriker vereinbart, dass eine Rechnung nicht ausgestellt werden soll, verstößt dies gegen das Schwarzarbeitsgesetz mit der Folge, dass der Werkvertrag gemäß § 134 BGB nichtig ist. Der Schwarzarbeiter hat demnach sicher keinen Werklohnanspruch aus § 631 Abs. 1 BGB. Ein auf Ersatz des Werts der erbrachten Bauleistungen gerichteter Bereicherungsanspruch aus §§ 812 Abs. 1 Alt. 1, 818 Abs. 2 scheitert prima facie an § 817 S. 2 BGB, der analog auf sämtliche Tatbestände der Leistungskondiktion anzuwenden ist. Diese Rechtsfolge schien dem BGH in seiner früheren Rechtsprechung zu hart – gewissermaßen unverhältnismäßig – weil sie den Bauhandwerker rechtlos stellte und es dem Bauherrn ermöglichte, die Werkleistungen zum Nulltarif zu vereinnahmen.[378] Diese Perspektive lässt außer Acht, dass die Gewährung eines Anspruchs auf „quasi-Werklohn" nicht nur dem klagenden Bauhandwerker zugute kommt, sondern auch die Anreize zukünftiger Bauherren und Bauhandwerker verändert. Wenn es zivilrechtlich mehr oder weniger auf dasselbe hinauskommt, ob Werkleistungen „ohne Rechnung" oder „offiziell" erbracht werden, und die Zivilgerichte auch noch bei der Durchsetzung der Forderungen von Schwarzarbeitern behilflich sind, wird der Anreiz zu normkonformem Verhalten wesentlich geschwächt.[379] Bei der Durchsetzung des Schwarzarbeitsgesetzes allein auf das Straf- und Ordnungswid-

---

[378] BGHZ 111, 308, 313.

[379] *Wagner*, Prävention (Fn. 158), S. 444f.; umfassend *L. Klöhn*, Die Kondiktionssperre gem. § 817 S. 2 BGB beim beidseitigen Gesetzes- und Sittenverstoß. Ein Beitrag zur Steuerungsfunktion des Privatrechts, AcP 210 (2010), 804.

rigkeitenrecht zu setzen, verkennt das Kalkül der Parteien eines Schwarzarbeitsvertrags: Für diese ist nicht allein maßgebend, wie hoch die Sanktion im Fall der Entdeckung und Verfolgung ihres Verstoßes ausfällt, sondern es kommt auch darauf an, wie hoch die Wahrscheinlichkeit der Entdeckung, Verfolgung und Verhängung der Sanktion ist. Angesichts der beschränkten Ressourcen und Möglichkeiten der Vollzugs- und Strafverfolgungsbehörden ist die Entdeckungswahrscheinlichkeit niedrig. Unter diesen Umständen lässt sich eine Präventionswirkung ordnungswidrigkeitenrechtlicher Sanktionen nur erzielen, wenn die Geldbuße so festgesetzt wird, dass sie den Nutzen der Schwarzarbeit reflektiert, und dieser Betrag sodann mit dem Kehrwert der Entdeckungswahrscheinlichkeit multipliziert wird. Sollen die sich dann ergebenden drakonischen Sanktionen vermieden werden, kann auf einen Beitrag des Zivilrechts bei der Prävention von Verstößen gegen das Schwarzarbeitsgesetz nicht verzichtet werden. Diese Überlegungen hat sich inzwischen auch der BGH zu eigen gemacht und einen Bereicherungsanspruch des Schwarzarbeiters gemäß § 817 S. 2 BGB verneint.[380] Eine Interessenabwägung war dafür weder erforderlich noch angemessen. Zutreffend hat der BGH auch einen Bereicherungsanspruch des Bauherrn, der den Schwarzarbeiter bereits bezahlt hat, unter Berufung auf § 817 S. 2 BGB ausgeschlossen.[381] In dieser Entscheidung ist der BGH zwar nicht mehr auf Präventionserwägungen eingegangen, doch hätte er sie angestellt, wäre er zu demselben Ergebnis gekommen.[382]

Das Beispiel des Verstoßes gegen das Schwarzarbeitsgesetz soll die These belegen, dass es in zivilrechtlichen Problemlagen mit einer ex-post Analyse des historischen Sachverhalts nicht getan ist.

[380] BGHZ 201, 1 Rn. 23 ff.

[381] BGHZ 206, 69 Rn. 16 f.

[382] *Klöhn*, Kondiktionssperre (Fn. 379), S. 804, 824 f., allerdings mit der Ergänzung, dass in dieser Konstellation der Vorleistende wieder Bereicherungsausgleich verlangen kann. *Klöhn* geht es um eine größtmögliche Destabilisierung der Durchführung einer illegalen Transaktion. Und er zeigt, mit welchen rechtlichen Mitteln dieses Ziel zu erreichen ist.

Der Gesetzgeber bezweckt mit seinen Akten die Beeinflussung der Realität. Das Gericht muss bei der Anwendung des Gesetzes folglich dafür Sorge tragen, dass das vom Gesetzgeber angestrebte Regelungsziel auch erreicht wird. Soll dem Zweck des Gesetzes Rechnung getragen werden, ist es essentiell, die verhaltensmäßigen Folgen der eigenen Entscheidung bzw. der zur Wahl stehenden Entscheidungsalternativen zu bedenken. Anders lässt sich eine zweckorientierte Rechtsanwendung überhaupt nicht durchführen. Die Zivilrechtswissenschaft versteht sich traditioneller- und richtigerweise als Zuarbeiterin der Gerichte, indem sie Entscheidungsalternativen herausarbeitet und bewertet. Folglich kommt ihr die Aufgabe zu, die realen Folgen alternativer Entscheidungen mit Hilfe von Modellen und – wenn möglich – aufgrund von empirischen Studien zu prognostizieren und den Gerichten damit die Erfüllung ihrer Funktion zu ermöglichen oder erleichtern, nämlich den Willen des Gesetzgebers in die Realität umzusetzen.

VIII. Versuch einer Standortbestimmung

Die heutige Privatrechtswissenschaft ist eingeklemmt zwischen dem Erbe des 19. Jahrhunderts und der Dynamik der Gegenwart. Einerseits pflegt sie das geltende Recht als ein „Feinsystem“ widerspruchsfreier Regeln und Prinzipien, mit einem scharfen Sinn für dogmatisch korrekte Konstruktion und begriffliche Folgerichtigkeit. Auf der anderen Seite ist der Zivilrechtswissenschaft die Kontrolle über die Rechtsinhalte weitgehend entglitten. Solange das Gewohnheitsrecht die oberste Rechtsquelle war und in der Hand der Rechtswissenschaft gepflegt und fortentwickelt werden konnte, ließ sich die Vorstellung eines konsistenten Systems problemlos aufrechterhalten (oben, II.). Mit der Kodifikation des Zivilrechts im BGB war das Gewohnheitsrecht passé, doch das Systemparadigma konnte gleichwohl noch beibehalten werden, weil das Gesetzbuch das System der Pandektenwissenschaft reflektierte (oben, III.).

Seit 1900 sind im Schuld- und Familienrecht des BGB nur wenige Steine aufeinander geblieben, während das Erbrecht an die Reformen des Familienrechts angepasst wurde. Der Gesetzgeber, der für diese Änderungen verantwortlich war, verfolgte jeweils bestimmte Regelungszwecke. Wie oben (IV.) am Beispiel des Verbrauchervertragsrechts illustriert, stehen diese Regelungszwecke mitunter quer zu den traditionellen Prinzipien des BGB und der Zivilrechtswissenschaft. Darüber hinaus schert sich der Gesetzgeber mitunter nicht um das dogmatische Feinsystem. Beides fordert der Zivilrechtswissenschaft erhebliche Anpassungsleistungen ab. Konnte die Wissenschaft zu früheren Zeiten das Zivilrecht sorgsam verwalten und behutsam fortentwickeln, wird sie nunmehr von dem Gesetzgeber vor sich hergetrieben.

Weitere Autonomieverluste gehen auf das Konto der Konstitutionalisierung des Privatrechts (oben, V.). Zwar lassen sich die inzwischen zahlreichen Interventionen des BVerfG von einer prinzipienorientierten Zivilrechtswissenschaft durchaus verarbeiten. Sie wird von diesen Vorgaben jedoch immer wieder überrascht, weil das BVerfG mit der Diskurslage im Zivilrecht nicht gut vertraut ist. Die durch die Struktur des Verfassungsbeschwerdeverfahrens bedingte Fixierung des BVerfG auf Einzelfälle in Gestalt eines Konfliktes zwischen Bürger und Staat führt zu Weichenstellungen, die in ihrer Tendenz die Interessen des Beschwerdeführers über- und diejenigen der jeweiligen Gegenpartei – die am Verfahren nicht beteiligt ist – unterbewerten. Darüber hinaus kommen die Anreizwirkungen alternativer verfassungsrechtlicher Entscheidungen in dem auf die Interessen des Beschwerdeführers konzentrierten verfassungsgerichtlichen Verfahren nicht hinreichend in den Blick. Möglicherweise werden sie vom BVerfG auch nicht für relevant erachtet.

Schließlich wirken die europäischen Institutionen intensiv auf das Zivilrecht ein (oben, VI.). Die europäischen Richtlinien zu privatrechtlichen Materien dienen mitunter Zwecken, die quer zu den Funktionen des Privatrechts stehen. Sofern beispielsweise bei der Vereinheitlichung und Beschleunigung des bargeldlosen

Zahlungsverkehrs im europäischen Binnenmarkt bereicherungsrechtliche Probleme „mitgeregelt" werden und die dabei gefundenen Lösungen mit den zuvor akzeptierten nicht übereinstimmen, muss sich die Zivilrechtswissenschaft entscheiden. Sie kann entweder die „abweichende" Lösung des Europarechts als nicht begründbare Ausnahme registrieren oder an die Umgestaltung des Bereicherungsrechts im Sinne der europäischen Lösung gehen.

Das Verbrauchsgüterkaufrecht schließlich illustriert die Schwierigkeiten, die die Rechtsprechung des EuGH der Zivilrechtswissenschaft bereiten kann. In Bezug auf einzelne Bestimmungen der Verbrauchsgüterkauf-Richtlinie ist der EuGH zu Auslegungsergebnissen gelangt, die der BGH zwar für den Verbraucherverkehr akzeptieren musste, für den Handelsverkehr jedoch zurückwies. Der unhaltbare Zustand, dass ein und dieselbe Norm des BGB zugleich zwei gegensätzliche Aussagen trifft, je nachdem, ob ein Verbraucherkauf oder ein Handelskauf in Rede steht, ist inzwischen durch ein Reparaturgesetz beseitigt worden. Nicht beseitigen lassen sich die Spannungslagen, die eintreten, wenn ein und dieselbe Rechtsfrage in dem einen Kontext so und in einem anderen genau entgegengesetzt beantwortet wird. Für eine systematisch-dogmatische Rechtswissenschaft ist dies ein ernstes Problem, weil das Recht nicht länger als eine normativ geschlossene Einheit präsentiert werden kann, sondern als Ansammlung widersprüchlicher politischer Präferenzentscheidungen erscheint.

Verglichen mit der Ära *Savignys* hat die Zivilrechtswissenschaft den Großteil ihrer Autonomie bei der Pflege und Fortentwicklung des Rechts somit eingebüßt. Der nationale Gesetzgeber novelliert das BGB in schneller Folge, das BVerfG korrigiert einzelne Entscheidungen von Zivilgerichten und trifft dadurch weitreichende Festlegungen für das Privatrecht insgesamt und die europäischen Instanzen haben einen umfangreichen Bestand schuldrechtlicher Richtlinien aufgehäuft, deren Transformationsnormen seit der Schuldrechtsreform 2002 in das BGB integriert werden. Die Inhalte dieser Rechtsakte stehen mitunter im Gegensatz zu den herkömmlichen Prinzipien des BGB; ihr Stil ähnelt nicht selten dem von Verwaltungsvorschriften.

Durch diese Entwicklungen hat die Zivilrechtswissenschaft die Definitionsmacht darüber, was Zivilrecht ist und ausmacht, weitgehend verloren. Sie hechelt den Vorgaben des nationalen Gesetzgebers, des BVerfG und der europäischen Instanzen hinterher. Darauf ist die deutsche Zivilrechtswissenschaft schlecht vorbereitet. Das 19. Jahrhundert hat in Deutschland mit der historischen Rechtsschule eine Rechtswissenschaft hervorgebracht, die für sich in Anspruch nehmen konnte, die Rechtssätze zu einem System zusammen zu fügen und dieses System für die Rechtsanwendung und -entwicklung fruchtbar zu machen. Dieser stolze Anspruch war zwar durch politische Abstinenz erkauft, verschaffte der Rechtswissenschaft jedoch eine einzigartige Stellung nicht nur als Siegelwahrer des Rechtssystems, sondern als Rechtsquelle.[383] Wie *Jan Schröder* resümiert, konnte vor dem 19. Jahrhundert, „das positive Recht keine Rechtsbegriffe außer den gesetzlichen und gewohnheitsrechtlichen enthalten, da es ja als willkürliches Produkt des Gesetzgebers galt und kein inneres System aufwies".[384] In diesem Punkt ist die heutige Situation derjenigen vor dem 19. Jahrhundert, also vor der historischen Rechtsschule, wieder ähnlich geworden.

Was ist mit diesem Befund anzufangen? – Die durch Konstitutionalisierung und Europäisierung verursachten Probleme sind nicht neu; sie bestehen im Grunde schon seit dem Übergang von einem „positiven" zu einem „voluntaristischen" Rechtsbegriff gegen Ende des 19. Jahrhunderts. Wenn es richtig ist, dass die Zivilrechtswissenschaft die Herrschaft über das positive Recht, einschließlich der Rechtsprechung der deutschen und europäischen Gerichte, in erheblichem Umfang eingebüßt hat, ist ihr zu empfehlen, einen Schritt zurück zu treten und sich in gewissem Umfang vom positiven Recht zu lösen. Die Aufgabe, das jeweils

---

383 Oben, Fn. 14.

384 *Schröder*, Recht (Fn. 22), S. 268 f.

geltende Recht in einem begrifflich und wertungsmäßig konsistenten Feinsystem abzubilden, sollte relativiert und in einigen Bereichen möglicherweise ganz aufgegeben werden. Nachdem so viele Akteure am „System" arbeiten, ist kein konsistentes Werk mehr zu erwarten. Dies gilt über die Begriffe hinaus auch für die Prinzipien. Nicht jede Einzelentscheidung der nationalen oder europäischen Instanzen lässt sich in ein prinzipienbasiertes Privatrecht integrieren.

Dieser Zustand ist weder ein Skandal noch völlig neu. Der seit 1900 bestehende Zustand einer relativ stabilen und in der ersten Hälfte des 20. Jahrhunderts in ihren Kernmaterien statischen Zivilrechtskodifikation ist historisch gesehen die Ausnahme und nicht die Regel. Eine wichtige Aufgabe der Juristen ist es seit jeher, das Chaos zu bändigen und die disparaten Rechtsquellen so zu systematisieren, dass einigermaßen konsistente und inhaltlich überzeugende Ergebnisse herauskommen. Allerdings haben sich seit der Kodifikation des deutschen Zivilrechts im BGB die Proportionen deutlich in Richtung einer Zunahme von Widersprüchen verschoben. Aus dem System ist ein Dickicht geworden. Damit nähert sich die heutige Situation wieder derjenigen vor 1900 mit ihrem Patchwork verschiedener Jurisdiktionen und Zivilrechtsordnungen.[385] Die damalige Rechtswissenschaft reagierte auf diese Lage, indem sie das geltende Recht ignorierte, am römischen Recht festhielt und dieses zu einem vernunftrechtlichen System fortentwickelte. In der heutigen Zeit ist die Privatrechtswissenschaft der Vereinigten Staaten ein eindrucksvolles Beispiel für den produktiven Umgang mit einem disparaten Rechtssystem. Die unterschiedlichen Einzelregelungen des einzel- oder bundesstaatlichen Rechts werden als Illustration für die Verwirklichung allgemeiner Rechtsprinzipien genommen. Das Interesse der Wissenschaft gilt weniger der Pflege und der systematischen Einheit des positiven Rechts als der Erarbeitung, Konkretisierung

---

[385] Dazu suggestiv die Deutsche Rechts- und Gerichtskarte, hrsgg. von *D. Klippel*, 1996; konzeptionell *Ernst*, Gelehrtes Recht (Fn. 47), S. 17, 34 ff.

und Fortentwicklung allgemeiner Rechtsprinzipien. Auch der deutschen Zivilrechtswissenschaft ist zu empfehlen, mit modernen Methoden an die Tradition des 19. Jahrhunderts anzuknüpfen und sich der Aufgabe zu widmen, die Prinzipien privatrechtlicher Regelungsmaterien herauszuarbeiten, diese für Problemlösungen zu konkretisieren und an neue Herausforderungen anzupassen. Der unrealistisch gewordene Versuch, sämtliche Entscheidungen der Gesetzgeber und Gerichte in einem in sich konsistenten „System" aufzufangen und abzubilden, sollte aufgegeben werden. Der dafür erforderliche Aufwand kann anders besser investiert werden.

Inhaltlich ist die Sicht des Privatrechts als Steuerungsinstrument dazu geeignet, der juristischen Methodenlehre wie auch der Zivilrechtswissenschaft den Weg in die Zukunft zu weisen. Dieser Weg ist keineswegs so neu oder gar revolutionär, wie er manchen scheinen mag. Die Umstellung auf die Steuerungsperspektive zieht die Konsequenzen aus dem „voluntaristischen" Rechtsbegriff und stellt *Jherings* „Zweck im Recht" vom theorieberauschten Kopf voller Widersprüche[386] auf nüchterne, empirisch informierte Füße. Ohne Zweifel ist es eine methodisch anspruchsvolle Aufgabe, die verhaltensmäßigen Folgen alternativer Interpretationsoptionen oder rechtlicher Lösungsmuster abzuschätzen und im Lichte der Ziele des Gesetzgebers zu würdigen. Doch genau diese Aufgabe ist es, der sich eine aufgeklärte Privatrechtswissenschaft in einem demokratischen Rechtsstaat widmen sollte.

---

[386] *Wischmeyer*, Zwecke (Fn. 64), S. 77, 94.

Stärken und Schwächen der deutschen Strafrechtswissenschaft

Tatjana Hörnle

A. Einleitung

Ziel meines Beitrages ist es, über die Stärken, aber auch Schwächen der deutschen Strafrechtswissenschaft nachzudenken. Dies setzt einen Maßstab voraus, also Kriterien dafür, wie der Gesamtoutput einer Wissenschaftsdisziplin idealerweise beschaffen sein sollte. Dahinstehen kann, ob Parameter entwickelt werden könnten, mit denen Leistung oder Reputation einer Fakultät oder eines einzelnen Wissenschaftlers beurteilt werden könnten, etwa in Form eines für das Fach Rechtswissenschaft aussagekräftigen Zitationsindex. Der hier eingenommene Blickwinkel gilt der *Strafrechtswissenschaft als kollektivem Unternehmen*.

Unmittelbar nachvollziehbar dürfte sein, dass quantitative Angaben (x Seiten an Veröffentlichungen pro Jahr) für sich genommen wenig Aussagekraft haben. Nur wenn ein drastischer Rückgang des Publikationsvolumens zu verzeichnen wäre, bestünde eventuell (vorbehaltlich weiterer Überprüfung) Anlass zur Sorge. Von einer solchen Entwicklung ist nicht auszugehen. Die sich anschließende Überlegung, dass es auf *Qualitätsbewertungen* ankomme, könnte zu der Folgerung führen, dass es vermessen sei, den Anspruch zu erheben, sich zu Stärken und Schwächen der deutschen Strafrechtswissenschaft äußern zu können. Eine kumulative Vorgehensweise, die von einer Bewertung einzelner wissenschaftlicher Veröffentlichungen zu einer Bewertung der Gesamtdisziplin fortschreitet, scheidet evidentermaßen aus: Wie sollten ohne jahrelange Erhebungen und durch eine einzelne Autorin Qualitätsbewertungen möglich sein, wenn sich diese auf die wissenschaftliche Tätigkeit von Hunderten beziehen? Man führe sich den gewaltigen Aufwand vor Augen, der mit dem *Research Assessment Exercise* in Großbritannien verbunden war.[1]

Aber das ist nicht der einzig mögliche Zugang. Ich werde mich damit befassen, welche Aufgaben die Strafrechtswissenschaft erfüllen sollte und wie Schwerpunkte tatsächlich gesetzt werden. Am Anfang wird die Frage stehen, welche Aufgabenbereiche die Rechtswissenschaft im Allgemeinen abdecken sollte (B.) und ob sich insoweit Besonderheiten für die Strafrechtswissenschaft er-

---

[1] S. für eine kritische Bewertung *L. Elton*, The UK Research Assessment Exercise: Unintended Consequences, in: Higher Education Quarterly 2000, S. 274ff.

geben (C.). Danach stellt sich die Frage, auf welche Themen und Perspektiven sich strafrechtswissenschaftliche Tätigkeit verteilt und wo Änderungen zu empfehlen wären (D.). Eine zentrale Prämisse dieser Überlegungen ist, dass das Gesamtmuster der Verteilung von Veröffentlichungen einer Wissenschaftsdisziplin auf einer sinnvollen Allokation von beschränkter Forschungszeit beruhen sollte. Fragestellungen sollten ihrer wissenschaftlichen Bedeutung entsprechend und auch angemessen zur Dringlichkeit aus gesellschaftlicher Sicht bearbeitet werden. Damit ist nicht der Anspruch zu verbinden, dass sich Vorgaben in harter, präziser Weise, etwa in Form von Prozentzahlen, formulieren ließen. Vorstellbar sind nur weiche Empfehlungen, wie sie am Ende zur Diskussion gestellt werden. Solche weichen Thesen befinden, dass mehr Aufmerksamkeit für den Bereich X wünschenswert wäre; dafür könnte Zeit gewonnen werden, indem Aktivitäten im Bereich Y eingeschränkt werden.

Wichtig ist der Hinweis auf die methodischen Schwachstellen meiner Herangehensweise. Erstens stützen sich die folgenden Überlegungen nicht auf empirische Feststellungen zum Output unserer Disziplin, sondern auf meine persönlichen Beobachtungen und Eindrücke, wo Schwerpunkte liegen und was eher vernachlässigt wird. Schon aus diesem Grund kann das Ergebnis natürlich nur sein, einige Thesen zu formulieren, auf die andere Strafrechtswissenschaftler mit abweichenden oder ergänzenden Beobachtungen reagieren werden. Zweitens sind Versuche, größere Linien kritisch zu bewerten, immer auch durch die subjektive Einschätzung davon geprägt, was besonders wichtige und eher weniger wichtige Forschungsfelder sind. Auch das ist Stoff für Auseinandersetzungen. Diese Einschränkungen vorausgestellt, hoffe ich trotzdem, eine der Selbstreflexion des Faches förderliche Diskussion darüber anzustoßen, ob die Verteilung der bearbeiteten Themen und die Allokation von Arbeitszeit zu optimieren wären.

B. Anforderungen an die Rechtswissenschaft

I. Rechtsdogmatik

Was sollte Rechtswissenschaft leisten? Um diese Frage beantworten zu können, müssen Tätigkeitsfelder unterschieden werden. Das erste ist die Rechtsdogmatik.[2] Rechtsdogmatische Arbeit ist vielfältig: Es gilt, Normen und Entscheidungen umfassend zu erfassen und zu analysieren, Regeln, Inkonsistenzen und Lücken zu identifizieren,[3] Vorschläge für bessere Lösungen und Ergänzungsregeln sowie die Integration von erratischen Entscheidungen zu erarbeiten, die dem Anspruch „Einheit der Rechtsordnung" gerecht werden,[4] sowie Komplexität zu reduzieren und Vielfalt handhabbar zu machen.[5] Rechtsdogmatiker beschreiben das so zusammengesetzte System in „denkökonomisch vorteilhafter Reformulierung"[6] und beurteilen die Anwendung des Systems auf konkrete Sachverhalte. Dabei sind unterschiedliche Blickwinkel möglich. Die reflexive Perspektive analysiert, systematisiert und kritisiert die Anwendungspraxis von Strafverfolgungsbehörden und Gerichten. Nach deutschem Verständnis ist außerdem eine proaktive Herangehensweise gefordert, die sich mit Norm-

---

[2] S. für eine abweichende Kategorienbildung *U. Kindhäuser*, Die deutsche Strafrechtsdogmatik zwischen Anpassung und Selbstbehauptung – Grenzkontrolle der Kriminalpolitik durch die Dogmatik?, ZStW 121 (2009), S. 954ff. *Kindhäuser* verwendet statt Rechtswissenschaft als Oberbegriff Rechtsdogmatik und unterscheidet vier Unterkategorien (Rechtstatsachenforschung, Strukturanalyse, Dogmatik i. e. S. und die Beschäftigung mit den Paradigmen). Rechtsgestaltung spielt in seinen Erörterungen keine Rolle.

[3] S. zur wissenschaftlichen Lückenschließung *W. Frisch*, Wesenszüge rechtswissenschaftlichen Arbeitens – am Beispiel und aus der Sicht des Strafrechts, in: C. Engel/W. Schön (Hrsg.), Das Proprium der Rechtswissenschaft, 2007, S. 156 (176ff.).

[4] *W. Ernst*, Gelehrtes Recht, in: C. Engel/W. Schön (Hrsg.), Das Proprium der Rechtswissenschaft, 2007, S. 3 (29, 32).

[5] *Ernst*, Gelehrtes Recht (Fn. 4), S. 36f.

[6] *Ernst*, Gelehrtes Recht (Fn. 4), S. 40.

auslegung und -anwendung auf Sachverhalte befasst, *bevor* diese Gegenstand gerichtlicher Entscheidungen werden.

Die Einordnung der Rechtsdogmatik als wissenschaftliche Disziplin könnte Stirnrunzeln hervorrufen: Verdient Rechtsdogmatik den Titel „Wissenschaft"? Dieses ebenso umstrittene wie kompliziertre Thema kann hier nur verkürzt angesprochen werden.[7] Teilweise wird diese Frage verneint. Rechtsdogmatisches Arbeiten ist anwendungsbezogen. Telos ist die Anwendung abstrakter Regeln auf zukünftige Fälle.[8] *Günther Jakobs* verwendet die Metapher des Werkzeugkastens, den Dogmatik bestücke, und er verneint für das Ordnen und Vervollständigen dieses Werkzeugkastens den Wissenschaftscharakter.[9] Gegen eine Zuordnung von Rechtsdogmatik zur Wissenschaft könnte angeführt werden, dass dies zu einem Konturenverlust für die Rechtswissenschaft führe, da auch Praktiker rechtsdogmatische Texte produzieren[10] und deshalb dezisionistische Elemente in das Gesamtbild einfließen.[11] Rechtsanwendung sei, da sie dem Ideal strikter Objektivität nicht genügen könne, eher Kunst als Wissenschaft.[12] Für die Einordnung als Kunst kann insbesondere die starke Abhängigkeit von guten Begründungen angeführt werden. Durchsetzungserfolge sind nicht nur in der Rechtspraxis, sondern auch in der Rechts-

---

[7] S. dazu *U. Neumann*, Wissenschaftstheorie der Rechtswissenschaft, in: W. Hassemer u. a. (Hrsg.), Einführung in die Rechtsphilosophie und Rechtstheorie der Gegenwart, 9. Aufl. 2016, S. 351 (352 ff.).

[8] *W. Schön*, Quellenforscher und Pragmatiker, in: C. Engel/W. Schön (Hrsg.), Das Proprium der Rechtswissenschaft, 2007, S. 313 (317 f.).

[9] *G. Jakobs*, Strafrecht als wissenschaftliche Disziplin, in: C. Engel/W. Schön (Hrsg.), Das Proprium der Rechtswissenschaft, 2007, S. 103 (105 f.).

[10] *O. Lepsius*, Themen einer Rechtswissenschaftstheorie, in: M. Jestaedt/O. Lepsius (Hrsg.), Rechtswissenschaftstheorie, 2008, S. 1 (19).

[11] *Schön*, Quellenforscher (Fn. 8), S. 317.

[12] *C. Engel/W. Schön*, Vorwort, in: dies. (Hrsg.), Das Proprium der Rechtswissenschaft, 2007, S. IX (XII). S. für die Rolle von Ästhetik für juristisches Urteilen *J. Lege*, Was Juristen wirklich tun. Jurisprudential Realism, in: W. Brugger u. a. (Hrsg.), Rechtsphilosophie im 21. Jahrhundert, 2008, S. 207 (226 ff.).

wissenschaft zu einem nicht unbeträchtlichen Grad von Rhetorik abhängig.

Ein enger Wissenschaftsbegriff, der Rechtsdogmatik ausschließt, ist aber letztlich nicht überzeugend.[13] Zurückzuweisen ist die Vorstellung, dass es für sämtliche Disziplinen einen einheitlichen Kriterienkatalog für Wissenschaftlichkeit gebe.[14] Insbesondere würde eine Verengung des Blicks auf die beschreibenden Disziplinen, vor allem Natur- und Sozialwissenschaften, die Leistungen vernachlässigen, die begriffsorientierte sowie bewertende Disziplinen erbringen – nicht nur im juristischen Feld, sondern z. B. auch die analytische Philosophie und Moralphilosophie. *Max Weber* warnte in seinem Vortrag „Wissenschaft als Beruf" (1917) davor, als akademischer Lehrer Zuhörern die eigenen Wertungen aufzuzwingen,[15] u. a. weil zwischen unterschiedlichen Glaubenssystemen keine Übereinstimmung zu erzielen sei.[16] Die Konsequenz kann aber nicht sein, dass ausschließlich die deskriptiven Disziplinen als Wissenschaft gelten dürften. Erstens wäre es naiv anzunehmen, dass die Grundprämissen dieser Fächer unstreitig und unangreifbar wären. Zweitens erfordern auch die normativen Fächer von den Vertretern des Faches hohen intellektuellen Aufwand.[17] Drittens spricht vor allem aus funktionaler Sicht vieles dafür, Rechtsdogmatik als Wissenschaft einzuordnen: Dies sichert die Rückzugsräume für zeitlich ausgedehntes, systematisches Nachdenken, die in anderen gesellschaftlichen Systemen wie Politik und Recht nicht bestehen.[18]

---

[13] Dezidiert für die Einordnung als Wissenschaft: *Ernst*, Gelehrtes Recht (Fn. 4), S. 21 ff.; *T. Gutmann*, Intra- und Interdisziplinarität: Chance oder Störfaktor, in: E. Hilgendorf/H. Schulze-Fielitz (Hrsg.), Selbstreflexion der Rechtswissenschaft, 2015, S. 93 (96 f.).

[14] *Ernst*, Gelehrtes Recht (Fn. 4), S. 22; *C. Möllers*, Vorüberlegungen zu einer Wissenschaftstheorie des öffentlichen Rechts, in: M. Jestaedt/O. Lepsius (Hrsg.), Rechtswissenschaftstheorie, 2008, S. 151 (153 f.).

[15] *M. Weber*, Wissenschaft als Beruf, in: D. Kaesler (Hrsg.), Max Weber. Schriften 1894–1922, 2002, S. 474 (497 f.).

[16] *Weber*, Wissenschaft als Beruf (Fn. 15), S. 499.

[17] *Ernst*, Gelehrtes Recht (Fn. 4), S. 23.

[18] Dass solche geschützten Räume zu qualitativ höherwertigen Erkennt-

Festlegungen, was „Wissenschaft" ausmacht, dürfen deshalb auf vergleichsweise dünnen Kriterien beruhen.[19] Hierzu gibt es eine brauchbare Vorgabe in *Max Webers* bereits erwähntem Vortrag:

> „Vorausgesetzt ist bei jeder wissenschaftlichen Arbeit immer die Geltung der Regeln der Logik und Methodik: dieser allgemeinen Grundlagen unserer Orientierung in der Welt. [...] Vorausgesetzt ist ferner: daß das, was bei wissenschaftlicher Arbeit herauskommt, *wichtig* im Sinn von »wissenswert« sei."[20]

Diese Erwägungen passen auch für rechtsdogmatisches Arbeiten. Soweit als Produkt methodischen Nachdenkens relevante und neue Inhalte in die Kommunikationsströme eingespeist werden, kann dies dem System „Wissenschaft" zugeordnet werden, auch wenn das Erkenntnisinteresse anwendungsbezogen ist.[21] Relevante und neue Inhalte können dabei analytischer oder normativer Natur sein, in Änderungen oder Verbesserungen von Begriffen und Definitionen bestehen und in der Verbesserung von Konsistenz und Kohärenz bestehender Systemelemente.[22]

---

nissen führen können, ist der Grund, warum eine Hybridisierung der Systeme auf Kritik stößt; s. zu dieser Kritik *P. Weingart*, Die Stunde der Wahrheit? Vom Verhältnis der Wissenschaft zu Politik, Wirtschaft und Medien in der Wissensgesellschaft, 2001.

[19] Für pragmatische Standards auch *Möllers*, Vorüberlegungen (Fn. 14), S. 154.

[20] *Weber*, Wissenschaft als Beruf (Fn. 15), S. 494.

[21] Gegenstand weiterer Diskussion wäre, ob die bloße Wiedergabe von bereits Konsensfähigem, z. B. in Kurzlehrbüchern, zu exkludieren ist, s. dazu *Gutmann*, Intra- und Interdisziplinarität (Fn. 13), S. 96, wobei natürlich die formale Kategorisierung als Ausbildungsliteratur nicht ausreichen kann, um zu entscheiden, ob nur Vorhandenes reproduziert wird. Dagegen könnte man anführen, dass wegen der Figur der „herrschenden Meinung" die Quantität der Stellungnahmen mit den Inhalten des Rechtsstoffes gekoppelt sind (*Schön*, Quellenforscher [Fn. 8], S. 314 f.). Ich würde trotzdem daran festhalten, dass es zu den Minimalia einer Definition wissenschaftlichen Arbeitens gehört, dass neue Gedanken oder jedenfalls neue Wege des Systematisierens entwickelt werden.

[22] *F. Saliger*, Intra- und Interdisziplinarität: Wie kommt das Neue in die Rechtswissenschaft, in: E. Hilgendorf/H. Schulze-Fielitz (Hrsg.), Selbstreflexion der Rechtswissenschaft, 2015, S. 117 (122).

II. Prüfung von Prämissen

Bei der Benennung eines zweiten Teilbereichs der Rechtswissenschaft erwarten Leser vermutlich das Stichwort „Grundlagenfächer" oder eine Entgegensetzung von Dogmatik und Theorie.[23] Die gängige Trennung von Dogmatik einerseits, Grundlagenfächern andererseits wird mit der zugrunde liegenden Perspektive erklärt: Dogmatik sei, so *Thomas Gutmann*, die „praxisorientierte Reflexion erster Ordnung des Rechtssystems aus der Perspektive nicht des Beobachters, sondern des Teilnehmers".[24] Folgerichtig könnten die Grundlagenfächer als Materie für eine externe Beobachterperspektive beschrieben werden, die sich von Fragen der Rechtsanwendung fernhält.[25] Eine kategorische Trennung dieser beiden Perspektiven würde allerdings der Verschränkung von dogmatischen Fragen mit Grundlagenfragen nicht gerecht. Die hier bevorzugte Formulierung „Prüfung von Prämissen" soll deutlich machen, warum dieser zweite Zweig rechtswissenschaftlichen Arbeitens *nicht* beziehungslos neben der Rechtsdogmatik steht,[26] und schon gar nicht als „schmückendes Beiwerk"[27], „bildungsbürgerliches Beiwerk"[28] oder gar „Folklorewissenschaften"[29] zu betrachten ist. Auch derjenige, der es unternimmt, eine Rechtsanwendungsfrage zu lösen, also bei der Teilnehmerperspektive ansetzt und endet, wird bei einer gründlichen Befassung damit tiefer bohren müssen, um die Prämissen zentraler Argumente zu

---

[23] *Lepsius*, Themen (Fn. 10), S. 2 (3 ff.).

[24] *Gutmann*, Intra- und Interdisziplinarität (Fn. 13), S. 94.

[25] S. *E. Hilgendorf*, Zur Lage der juristischen Grundlagenforschung in Deutschland heute, in: W. Brugger u. a. (Hrsg.), Rechtsphilosophie im 21. Jahrhundert, 2008, S. 111.

[26] Das ist auch *Gutmanns*, Intra- und Interdisziplinarität (Fn. 13), zentrale These.

[27] *M. Jestaedt*, Perspektiven der Rechtswissenschaftstheorie, in: M. Jestaedt/O. Lepsius (Hrsg.), Rechtswissenschaftstheorie, 2008, S. 185 (196).

[28] *O. Lepsius*, Relationen: Plädoyer für eine bessere Rechtswissenschaft, 2016, S. 5.

[29] *M. Jestaedt*, Wissenschaft im Recht, JZ 2014, S. 1 (4).

verstehen und zu überprüfen.[30] Der Gefahr einer zu unkritisch betriebenen, auch verdeckt politischen Dogmatik[31] ist zu begegnen, indem dogmatische Antworten sorgfältig auf das ihnen zugrunde Liegende abgeklopft werden.[32] Wenn man innerhalb des Systems „Rechtswissenschaft" bleibt, haben die sog. Grundlagenfächer eine dienende, oder besser formuliert: erhellende Funktion zu erfüllen.[33] Sie sollten das Wissen über die Hintergründe von Rechtsnormen und Rechtsauslegungen vergrößern, wobei diese empirische Annahmen oder normative Annahmen, also Wertungen, sein können.

Nicht nur Rechtsanwender in der Praxis, sondern auch manche sich auf Rechtsdogmatik konzentrierende Wissenschaftler haben oft nur undeutliche Vorstellungen davon, auf welchen Prämissen rechtliche Regelungen beruhen. Um diese erstens besser zu erfassen und zweitens zu überprüfen, können Anleihen bei verschiedenen anderen Disziplinen erforderlich werden, etwa bei den Naturwissenschaften oder bei Gesellschaftswissenschaften für ökonomische und makrosoziologische Zusammenhänge. Steuerungsfunktionen kann Recht nur erfüllen, wenn dafür relevante Wirkungsmechanismen realitätsnah modelliert werden. Wichtig ist es außerdem, ideengeschichtliche Wurzeln freizulegen und das Bewusstsein dafür zu schärfen, dass historische Abläufe, die sich im Recht niedergeschlagen haben, kontingenter Natur sein können. Die Beschäftigung mit normativen Maßstäben, die etwa in der politischen Theorie und der Praktischen Ethik entwickelt

---

[30] S. *Kindhäuser*, Strafrechtsdogmatik (Fn. 2), S. 961 ff., zur Aufgabe „Materielle Grundlagenforschung – Paradigmenbildung".

[31] *Lepsius*, Themen (Fn. 10), S. 18 f.

[32] *Lepsius*, Themen (Fn. 10), S. 25 f., dort auch zur Notwendigkeit von Theorien mittlerer Reichweite.

[33] S. zum Gebot einer engen Vernetzung von Grundlagen und Rechtsanwendung Wissenschaftsrat (Hrsg.), Empfehlungen: Perspektiven der Rechtswissenschaft, 2012, S. 32; *M. Stolleis*, Stärkung der Grundlagenfächer, JZ 2013, S. 712 (713).

wurden, kann die Argumente zu Bewertungsmaßstäben in Rechtsanwendung und Rechtsgestaltung präzisieren und vertiefen.

Daneben stehen Untersuchungen zum Gegenstand „Recht“, bei denen kein unmittelbarer Bezug zur Rechtsanwendung besteht, weil das Ziel nicht die Erschließung von Prämissen oder Bewertungsmaßstäben des geltenden Rechts ist. Rechtshistorische Arbeiten vor allem zu weit zurückliegenden Epochen können (nicht immer, aber manchmal) in diesen Kontext gehören, ebenso z. B. ein soziologischer Blick auf die Aktivitäten von Rechtspraktikern. Insoweit handelt es sich funktional gesehen nicht mehr um rechtswissenschaftliche Forschung. Die methodischen Anforderungen ergeben sich ausschließlich aus den jeweiligen Geistes- oder Sozialwissenschaften. Es ist umstritten, ob Juristen der externe Blick zu empfehlen ist. *Wolfgang Ernst* rät in seinem Beitrag zu „Das Proprium der Rechtswissenschaften“ zur Zurückhaltung. Wer versuche, sich als Jurist dem Recht als Philosoph, Sozialwissenschaftler etc. zu nähern, gebe damit „den Anspruch auf echtes Fachgelehrtentum preis.“[34] Und wir würden uns bei anderen Wissenschaften diskreditieren, wenn wir uns an „Allerweltsbetrachtungen auf dem Niveau des Leitartiklers“ versuchen.[35] Diese Warnungen sind zu beherzigen. Aber ich würde sie eher als Warnung verstehen, die teilweise sehr anspruchsvollen Methodenanforderungen anderer Disziplinen nicht naiv zu verkennen. Bis zu einem gewissen Grad kann allerdings die unersetzbare Detailkenntnis des Gegenstandes „Recht“ das Fehlen methodischer Perfektion beim temporären Aufenthalt in einem anderen Wissenschaftsfeld kompensieren, weshalb z. B. gegen die Mitarbeit von Rechtswissenschaftlern in Verbundprojekten, die auf Beschreibungen ohne juristischen Anwendungsbezug zielen, keine Einwände zu erheben sind.

---

[34] *Ernst*, Gelehrtes Recht (Fn. 4), S. 17.

[35] *Ernst*, Gelehrtes Recht (Fn. 4), S. 18.

III. Rechtsgestaltung

Ein dritter Strang der Rechtswissenschaft ist Rechtsgestaltung. Ich unterscheide im Folgenden zwischen Rechtspolitik als weiterem Begriff und Rechtsgestaltung als dem engeren Begriff. Danach ist Rechtsgestaltung die aufwendigere Variante dessen, was meist undifferenziert als Rechtspolitik beschrieben wird. Rechtspolitik umfasst sehr unterschiedliche Herangehensweisen, die nicht alle in das System „Wissenschaft" gehören. Auch die Stellungnahmen von Rechtswissenschaftlern zu Änderungsvorschlägen sind manchmal nur wenig komplexe Meinungsäußerungen. Folgt hieraus aber, so eine These, dass wir gegenüber anderen Bürgern *keinerlei* Vorsprung und Legitimationsvorteil hätten, soweit es um rechtspolitische Anliegen gehe?[36] Diese Frage ist zu verneinen. Eine diesen Namen verdienende Veröffentlichung auf dem Gebiet der Rechtsgestaltung ist der Wissenschaft zuzuordnen, wobei nichts dagegen spricht, Ko-Zuständigkeit von Rechts- und Politikwissenschaften anzunehmen.

Zu den Kriterien, die Rechtsgestaltung aus dem breiteren Umfeld rechtspolitischer Meinungsäußerungen herausheben können, gehört erstens der Unterschied zwischen reaktiv und proaktiv. Der Charakter als Stellungnahme zu einem von anderen vorgelegten Änderungsvorschlag kann ein Indiz für Rechtspolitik sein, während die Ausarbeitung von Gesetzesentwürfen meist in den Bereich der Rechtsgestaltung fällt. Zweitens sind die Tiefe und Vielschichtigkeit der Auseinandersetzung entscheidend. Als wissenschaftliche Betätigung sind differenzierende Darstellungen einzuordnen, die unterschiedliche Optionen und die jeweils auftretenden Bedenken systematisch und möglichst umfassend ausloten. Auf die andere Seite gehören eindimensionale Darstellungen, die für eine Forderung des Autors nur einige dafür passende Argumente vorbringen. Es ist zuzugestehen, dass es schwierig

---

[36] *Schön*, Quellenforscher (Fn. 8), S. 318 f.; *Kindhäuser*, Strafrechtsdogmatik (Fn. 2), S. 963 f.

sein kann, konkrete Publikationen zu rechtspolitischen Fragen entweder der Rolle eines Juristen als politisch interessiertem, sachkundigem Bürger oder aber der beruflichen Aktivität im Bereich „wissenschaftliche Rechtsgestaltung" zuzuordnen. Auch Ersteres ist eine legitime Herangehensweise, die Übergänge sind fließend, eine exakte Grenzziehung unmöglich. Trotzdem ist eine differenzierende Begrifflichkeit sinnvoll, da sich jedenfalls der Idealtypus wissenschaftlicher Rechtsgestaltung beschreiben lässt.

Rechtsgestaltung ist eine anspruchsvolle und zeitintensive Aufgabe, die regelmäßig auch die oben skizzierte Prüfung von Prämissen einschließen sollte. Erforderlich sind mehrere Phasen: Regulierungs- und Veränderungsbedarf muss in strukturierter Weise durchdacht werden (einschließlich der erforderlichen empirischen und normativen Grundannahmen), Regulierungsmodelle und Bewertungsvorgaben sind mit den jeweiligen Vorzügen und Nachteilen abzuwägen,[37] und schließlich gilt es, für das bevorzugte Modell passende Gesetzesformulierungen zu finden. Funktionale Gründe sprechen dafür, dies (jedenfalls auch) als Aufgabe für das System Wissenschaft anzusehen. Selbst in den Fachabteilungen der Justizministerien verschlechtern sich die Bedingungen für Rechtsgestaltung, so jedenfalls mein Eindruck. Dies dürfte wiederum auf die Rahmenbedingungen des Medien- und Politikbetriebs zurückzuführen sein, der Minister dazu drängt, in hoher Schlagzahl vor Mikrofone und Kameras zu treten und Reformen anzukündigen, ohne dass die Kapazitäten für eine sorgfältig reflektierte Umsetzung all dieser Vorhaben bestehen. Es empfiehlt sich, rechtsgestaltende Überlegungen im geschützten Bereich der Wissenschaft zu intensivieren, bevor Modelle und Argumente in das System „Politik" zurückgeführt werden.

---

[37] S. zu Maßstäben für die formale und materielle Rationalität von Gesetzen *A. Steinbach*, Rationale Gesetzgebung, 2017, S. 73 ff.

C. Besondere Anforderungen an die Strafrechtswissenschaft?

In nachfolgenden Passagen (unten D.) werden Stärken und Schwächen der deutschen Strafrechtswissenschaft angesprochen. Entscheidend dafür ist, welche Aufgaben diesem Fach zukommen – Leistungen können nur vor dem Hintergrund des Wünschenswerten eingeordnet werden. Das vorstehend (B.) Ausgeführte bezog sich in allgemeiner Weise auf die Aufgaben für die Rechtswissenschaft. Dies wirft die Frage auf, ob weitere Differenzierungen erforderlich sind und es ein Proprium für die Strafrechtswissenschaft gibt. Vertreter unseres Faches betonen seine Eigenheiten, etwa mit dem Hinweis, dass das Strafrecht, ebenso wie alle anderen rechtswissenschaftlichen Teilfächer, seine bereichsspezifische Wissenschaftstheorie benötige.[38] Andere gehen bei einer Reflexion über die Aufgaben, die die Strafrechtswissenschaft zu erfüllen hat, sogleich auf inhaltliche Besonderheiten ein. Das Scheinwerferlicht fällt dabei oft auf dieselben Themen: Zum einen wird die Notwendigkeit betont, sich über die Strafzwecke (die Legitimation von Kriminalstrafe) zu vergewissern,[39] zum anderen werden dogmengeschichtliche Entwicklungen der deutschen Verbrechenslehre geschildert.[40] Vor allem Ersteres ist in der Tat ein für das Fach zentrales Thema. Meine Überlegungen setzen allerdings auf einem höheren Abstraktionsniveau an.

---

[38] *M. Jahn*, Pluralität der Rechtsdiskurse – Sektoralisierung der Methodenlehre, in: M. Jestaedt/O. Lepsius (Hrsg.), Rechtswissenschaftstheorie, 2008, S. 175 (180). Anders *A. van Aaken*, Funktionale Rechtswissenschaftstheorie für die gesamte Rechtswissenschaft, in: M. Jestaedt/O. Lepsius (Hrsg.), Rechtswissenschaftstheorie, 2008, S. 79 ff.

[39] *Jakobs*, Strafrecht (Fn. 9), S. 103 (105 f.); *M. Pawlik*, Strafrechtswissenschaftstheorie, in: Festschrift für Günther Jakobs, 2007, S. 469 (476 ff.).

[40] *B. Schünemann*, Einführung in das strafrechtliche Systemdenken, in: ders. (Hrsg.), Grundfragen des modernen Strafrechtssystems, 1984, S. 1 (18 ff.); *Jakobs*, Strafrecht (Fn. 9), S. 110 ff.; *C. Roxin*, Gedanken zur strafrechtlichen Systembildung, in: L. Duarte d'Almeida u. a. (Hrsg.), Liber Amicorum de José de Sousa e Brito, 2009, S. 777 ff.

Die Aufgaben für die Strafrechtswissenschaft sind zunächst in derselben allgemeinen Weise zu umschreiben wie für die Rechtswissenschaften insgesamt: Die drei Bereiche „Rechtsdogmatik, Prämissenprüfung, Rechtsgestaltung" sollten so umfassend und vollständig abgedeckt werden, wie dies mit den vorhandenen Ressourcen für wissenschaftliche Tätigkeit möglich ist.

Dem schließt sich die Überlegung an, ob die *relative* Bedeutung der drei Teilbereiche für die Strafrechtswissenschaft anders gewichtet und dementsprechend die dafür jeweils aufgewendete Zeit anders verteilt werden sollte. Meine These dazu ist, dass die Prüfung von Prämissen innerhalb der Strafrechtswissenschaft eine etwas größere Rolle spielen könnte und sollte als in anderen Teilbereichen. Eine größere Rolle spielen *könnte*, weil dogmatische Aufgaben insgesamt etwas weniger umfangreich ausfallen als im Zivilrecht und Öffentlichen Recht. Die Verzahnung des deutschen Rechts mit europäischem Recht spielt im Strafrecht eine relativ kleine Rolle (verglichen mit dem Zivilrecht und Öffentlichen Recht). Auch unter Berücksichtigung der nicht wenigen Gesetzesänderungen im nationalen Recht ist der Korpus an Rechtsnormen kleiner. Eine größere Rolle spielen *sollte* die Prüfung von Prämissen aus zwei Gründen. Erstens ergibt sich dies mit Blick auf die Rechtsfolgen. Kriminalstrafe ist für betroffene Individuen, die Verurteilten, mit einem Grundrechtseingriff verbunden, weshalb die Legitimität solcher Eingriffe zu begründen ist, was die Strafrechtsdogmatik nicht leisten kann.[41] Zweitens liegt eine Besonderheit des Strafrechts darin, dass normative Urteile über vergangenes menschliches Verhalten eine zentrale Rolle spielen. Zwar gilt auch für das Strafrecht, wie für alle anderen Rechtsgebiete, dass Normen

---

[41] *W. Hassemer*, Das Proprium der Strafrechtswissenschaft, in: C. Engel/W. Schön (Hrsg.), Das Proprium der Rechtswissenschaft, 2007, S. 185 (189 f.). Dass sich außerdem für den Umgang mit Hermeneutik und Empirie ein Unterschied zwischen der wissenschaftlichen Bearbeitung des Strafrechts einerseits, des Zivilrechts und Öffentlichen Rechts andererseits ableiten lasse (*Hassemer*, aaO, S. 190), erscheint mir dagegen weniger plausibel.

aufgestellt werden, um zukunftsorientiert menschliches Verhalten zu regulieren, d.h. Straftaten zu verhindern. Zur Prüfung von Prämissen gehört deshalb natürlich der empirieorientierte Blick auf Funktionalität. Aber im Stadium der Verhängung von Strafen dominieren andere Gesichtspunkte, vor allem expressive Funktionen.[42] Diese expressive Seite des Strafrechts bedingt, dass strafrechtliche Verurteilungen und die ihnen zugrunde liegende Bewertung von Verhalten eng mit alltagsmoralischen Wertungen verbunden sind.[43] Gleichzeitig ist es aber auch erforderlich, dass strafrechtliche Aussagen zu Unrecht und Schuld über alltagsmoralische Intuitionen hinaus einer bewussten Reflexion standhalten und gut begründbar sind. Eine zentrale Aufgabe für die Strafrechtswissenschaft liegt in der kritischen Beschäftigung mit den entsprechenden Bewertungen und ihren Prämissen.

D. Diagnosen: Stärken und Schwächen der deutschen Strafrechtswissenschaft

Wird die deutsche Strafrechtswissenschaft ihren Aufgaben gerecht? Darüber muss selbstverständlich nachgedacht werden, wie in jeder anderen Wissenschaftsdisziplin auch. Abweichend von diesem Postulat der Selbstverständlichkeit, wurde allerdings vermutet, dass Selbstreflexion ein Krisensymptom sei – so etwa unter Verweis auf *Gustav Radbruch* das Vorwort zum Sammelband „Selbstreflexion der Rechtswissenschaft", den *Eric Hilgendorf* und *Helmuth Schulze-Fielitz* herausgegeben haben.[44] Ich halte die umgekehrte Schlussfolgerung für naheliegender: Zu viel Selbst-

[42] Zu der Notwendigkeit, zwischen Strafandrohung und Strafverhängung zu differenzieren, *T. Hörnle*, Straftheorien, 2. Aufl. 2017, S. 3ff., zu den expressiven Funktionen von Strafe *Hörnle*, aaO, S. 31ff.

[43] Dazu auch *Hassemer*, Proprium (Fn. 41), S. 188.

[44] *E. Hilgendorf/H. Schulze-Fielitz*, Rechtswissenschaft im Prozess der Selbstreflexion, in: dies. (Hrsg.), Selbstreflexion der Rechtswissenschaft, 2015, S. 1f.; ebenso *Lepsius*, Relationen (Fn. 28), S. 2.

sicherheit, ja Selbstgefälligkeit einer Disziplin ist ein Krisensymptom; ein Fach, das für sich das Etikett „Wissenschaft“ in Anspruch nehmen will, *sollte* sich selbst kontinuierlich beobachten.

I. Dogmatik

1. Stärken

Die deutsche Strafrechtsdogmatik wird mit Stolz und Hochachtung betrachtet. Es ist unter Strafrechtswissenschaftlern eine weit verbreitete Einschätzung, dass wir über eine besonders hochentwickelte Dogmatik verfügen. Als ein Argument wird in diesem Zusammenhang angeführt: Den Wert der deutschen Strafrechtsdogmatik erkenne man auch daran, dass diese ein „Exportschlager“ sei.[45] Das ist ein interessantes Argument, das zu Rückfragen einlädt. Was sind die Vorteile eines solchen Exports und was lässt sich daraus für die Güte der deutschen Dogmatik ableiten? Für andere Rechtsbereiche mag die Erwartung nahe liegen, dass Aktivitäten des Typs „Law made in Germany“[46] spürbare positive *wirtschaftliche* Effekte bewirken. Aber von einer Verbreitung des deutschen *Strafrechts* in möglichst viele nationale Rechtssysteme ist allenfalls punktuell ökonomischer Nutzen zu erhoffen. Aus der Sicht eines Wissenschaftsverlags ist Wissenschaftsexport positiv zu bewerten, wenn Bibliotheken und andere Abnehmer im Ausland deutsche Zeitschriften und Bücher erwerben. Aber abgesehen davon, erschließt sich nicht ohne Weiteres, was der ökonomische Gewinn von Strafrechtsexport ist. Freude über unseren „Exportschlager“ dürfte auch nicht auf ökonomischen Berechnungen beruhen, sondern auf der Erwartung, dass es damit gelinge, „das Gute in die Welt zu tragen“ – indem die jeweiligen

[45] *Hilgendorf/Schulze-Fielitz*, Selbstreflexion (Fn. 44), S. 2.

[46] S. die Broschüre unter http://www.lawmadeingermany.de/, Herausgeber: Bundesnotarkammer, Bundesrechtsanwaltskammer, Deutscher Anwaltverein, Deutscher Industrie- und Handelskammertag, Deutscher Notarverein und Deutscher Richterbund.

Austauschpartner mehr Verständnis für rechtsstaatliche Werte entwickeln und sich dies dann mittelfristig in der Rechtsordnung anderer Länder niederschlägt. Diese Hypothese ist nicht ganz unplausibel. Aber es bedürfte einer detaillierten und langfristig angelegten Überprüfung, was, wie, und mit welchen Ergebnissen tatsächlich rezipiert wird. Dass etwa ein deutsch-chinesischer Austausch zur Folge habe, dass die chinesische Rechtsordnung sich deutschen rechtsstaatlichen Idealen stärker annähere, ist eine These, die zu überprüfen wäre. Und es ist auch nicht überzeugend, aus bestehendem Interesse an der deutschen Strafrechtsdogmatik kurzerhand auf deren Qualität zu schließen. Ein Rückschluss von Interesse auf die Qualität des Produkts mag bei Kraftfahrzeugen funktionieren, aber nicht bei den komplexeren Fragen des Rechts- und Wissenschaftsimports. Es ist nicht selbstverständlich, dass eine Präferenz für die deutsche Strafrechtsdogmatik darauf zurückzuführen ist, dass unsere Austauschpartner einen umfassenden Rechtsvergleich angestellt haben und sich dann auf der Basis komparativer Kenntnisse gezielt für die deutsche Dogmatik entschieden haben. Reputationen und Motive für Auslandsaufenthalte dürften vielmehr einer eigenen Logik folgen.

Auch die Akteure innerhalb des deutschen Rechtswissenschaftssystems sind natürlich nur sehr bedingt in der Lage, dessen Qualität unvoreingenommen zu würdigen. Diese Einschränkung vorweggestellt, würde ich trotzdem die vorsichtige Einschätzung wagen, dass alles in allem ein verhalten positives Urteil über die Leistungen der deutschen Strafrechtsdogmatik durchaus angemessen ist – jedenfalls, was das materielle Strafrecht betrifft.[47] Warum nur „verhalten positiv"? Der Grund für meinen gebremsten Enthusiasmus ist, dass prägende Elemente der deutschen Strafrechtsdogmatik ambivalent sind: Sie haben neben ihrer positiven Seite auch eine weniger positive. Zunächst aber zu den Stärken.

---

[47] Möglicherweise ist die Strafprozessrechtswissenschaft in weniger guter Form, was im hiesigen Rahmen nicht näher erörtert werden kann – dies wäre ein Thema für eine eigenständige Abhandlung.

a) Konsistenzsicherung durch die Orientierung der Praxis an Strafrechtsdogmatik

Die wesentliche Leistung der deutschen Strafrechtsdogmatik liegt darin, dass sie Entscheidungsmaßstäbe schafft, die auf weitgehende Akzeptanz in der Praxis stoßen. Damit leistet sie einen wesentlichen Beitrag zur Konsistenz der Entscheidungen von Staatsanwaltschaften und Gerichten im Bundesgebiet. *Bernd Schünemann* hat die deutsche Strafrechtswissenschaft als „Vierte Gewalt"[48] eingeordnet, der die Aufgabe zukomme, die Rechtsprechung zu kontrollieren. Man kann sich darüber streiten, ob ein mit verfassungstheoretischen Begriffen veredeltes Lob ein wenig zu hoch greift. Aber dem Grundsatz nach sind die Vorzüge einer Einhegung der Gerichtspraxis nicht zu verkennen. Natürlich gibt es Uneinigkeit über manche Auslegungsfragen und über die Anwendung des Rechts in Einzelfällen. Aber dies sollte nicht den Blick dafür verstellen, wie wertvoll der darunter liegende Konsens ist. Dieser Konsens erstreckt sich auf Grundstrukturen wie die dreigliedrige Verbrechenslehre (Tatbestand, Rechtswidrigkeit, Schuld) sowie ein reiches Reservoir an Begriffen und Definitionen, die nicht im Gesetzestext zu finden sind, die aber zum Standardwissen eines jeden Assessors gehören. Etablierte Terminologie und als selbstverständlich hingenommene Vorverständnisse verbinden Praxis und Dogmatik und sichern durch die bundesweite Anerkennung von Regeln und Prinzipien die Konsistenz der Rechtsprechung.

Ein nahe liegender Einwand an dieser Stelle ist, dass es zur Konsistenzsicherung nicht unbedingt der Strafrechtswissenschaft bedürfe. Diese Aufgabe wird auch innerhalb der Justiz wahrgenommen, durch eine Organisation der Instanzen, die den obersten Gerichten eine rechtsvereinheitlichende Rolle zuweisen. Man könnte deshalb argumentieren, dass sich das System Wissenschaft auf eine reaktive und reflexive Rolle beschränken

[48] *B. Schünemann*, Strafrechtsdogmatik als Wissenschaft, in: B. Schünemann u. a. (Hrsg.), Festschrift für C. Roxin, 2001, S. 1 (8).

könnte, ohne den Anspruch, in proaktiver Weise Maßstäbe zu entwickeln, die für zukünftige Fälle benötigt werden. Eine solche Rollenverteilung muss nicht *per se* schlecht sein, und über die prinzipielle Skepsis mancher deutscher Strafrechtswissenschaftler gegenüber *Case-law*-Systemen[49] lässt sich streiten.

Starke Gründe für ein proaktives Verständnis und die Entwicklung einer entsprechenden Rechtsdogmatik ergeben sich aber aus den tatsächlichen Arbeitsbedingungen für Praktiker und Rechtswissenschaftler. Eine andere Ausgangslage hätten wir, wenn Richter in aller Ruhe Auslegungsoptionen bedenken und dabei auch Querverbindungen zu anderen möglichen Konstellationen herstellen könnten, um darauf aufbauend für den Einzelfall zu entscheiden und ihre Überlegungen in einer ausführlichen Urteilsbegründung zu dokumentieren. Für ein solches systematisches Denken in die Tiefe und in die Breite fehlt aber in einer zunehmend auf Effizienz getrimmten Justiz die Zeit. Dies spricht für eine funktionale Arbeitsteilung, die es der rechtswissenschaftlichen Arbeit überantwortet, bereits *vor* einer richterlichen Erstbefassung mit neuen Normen und Sachverhalten Auslegungsoptionen und Argumente zu entwickeln. Hinzukommt, dass nicht nur Gerichtsentscheidungen durch die Strafrechtsdogmatik vorzustrukturieren sind. Staatsanwälte, die in der Regel Strafverfahren beenden,[50] sind Akteure von zentraler Bedeutung. Die Konsistenz ihrer Entscheidungen ist, weil Staatsanwaltschaften von den Ländern organisiert werden und vor allem, weil diese Entscheidungen meist keiner Überprüfung unterliegen, nicht durch eine zentralisierte

---

[49] Skeptisch zur Rolle der englischen und amerikanischen Strafrechtswissenschaft *B. Schünemann*, Vom schwindenden Beruf der Rechtswissenschaft unserer Zeit, speziell der Strafrechtswissenschaft, in: E. Hilgendorf/H. Schulze-Fielitz (Hrsg.), Selbstreflexion der Rechtswissenschaft, 2015, S. 223 (226ff.).

[50] S. zum sog. Trichtermodell, das die minimale Zahl an Strafverfahren veranschaulicht, die bis zu einer gerichtlichen Entscheidung fortgeführt werden, *B. Bannenberg/D. Rössner*, Kriminalität in Deutschland, 2005, S. 39; Statistisches Bundesamt (Hrsg.), Justiz auf einen Blick. Ausgabe 2015, S. 6.

Kontrollinstanz zu sichern. Und das Problem der fehlenden Zeit für die Entwicklung durchdachter Rechtsmaßstäbe, die auch jenseits des konkreten Einzelfalls funktionieren, ist für Staatsanwälte noch dringlicher.

Für sich genommen, würde der Verweis auf die Arbeitsbedingungen in der Praxis vermutlich nicht genügen, um das deutsche System mit seiner engen Verzahnung von Strafrechtswissenschaft und Rechtspraxis zu erklären. Wichtig ist auch die Bereitschaft von Richtern und Staatsanwälten, sich bei ihren Tätigkeiten an Kommentaren und (jedenfalls an höheren Gerichten) anderen Verschriftlichungen einer Strafrechtslehre sowie vor allem an dem zu orientieren, was sie in der eigenen universitären Ausbildung erlernt haben. Diese Bereitschaft ist stark ausgeprägt: Strukturen der Verbrechenslehre, Begriffe und Definitionen werden mit großer Selbstverständlichkeit rezipiert und angewendet. Deutsche Hochschullehrer könnten in Versuchung geraten, die weitgehend bruchlos gelingende Vermittlung unserer Strafrechtsdogmatik auf ihr Lehrtalent, ihre intellektuelle Überzeugungskraft und ihr Charisma zurückzuführen. Realistischerweise wird man allerdings davon ausgehen müssen, dass strukturelle Gegebenheiten entscheidend waren. Die starke Stellung der Strafrechtsdogmatik wurde durch mehrere solcher Faktoren ermöglicht: die bundesweite Geltung des StGB; die Modalitäten der juristischen Ausbildung;[51] die Lücken im StGB; ein solide finanziell ausgestattetes Universitätssystem.

Das Entstehen einer universitär betriebenen Strafrechtsdogmatik wurde dadurch begünstigt, dass das StGB vor allem im Allgemeinen Teil erstaunliche Regelungslücken enthält, weshalb die Notwendigkeit bestand, entsprechende Regeln zu entwickeln. Der schlichte Blick ins Gesetz hilft bei zentralen Fragen nicht weiter. Wesentliche Begriffe wie z. B. Vorsatz werden nicht einmal in Umrissen vom Gesetzgeber definiert (auch hier liegt ein Unterschied zur Ausgangssituation in anderen Ländern).[52]

---

[51] S. zu diesem Punkt *Ernst*, Gelehrtes Recht (Fn. 4), S. 4 ff.

[52] Man vergleiche etwa die Länge und Definitionsdichte von modernen

Teilweise hat die höchstrichterliche Rechtsprechung Zurechnungsregeln und andere Definitionen entwickelt, aber auch die Strafrechtsdogmatik leitet ihre Aufgaben daraus ab, dass vieles präzisiert werden muss.

Eine in ihren Kernbeständen einheitliche und deshalb einflussreiche Dogmatik ist wiederum deshalb möglich, weil das StGB ebenso wie wichtiges Nebenstrafrecht, etwa das Betäubungsmittelgesetz, Bundesrecht ist. Wäre Strafrecht inhaltlich heterogenes Länderrecht, hätte sich eine „deutsche Strafrechtsdogmatik“ nicht entwickelt. Dies ist ein wesentliches Problem in den USA – die starke Zersplitterung des Strafrechts in 52 Rechtssysteme[53] bedeutet, dass an den *law schools* kaum das für die Praxis wichtige Strafrecht der Bundesstaaten gelehrt wird.[54] Auch deshalb hat sich in den USA keine umfassende, einheitliche, Praxis und Wissenschaft verbindende Dogmatik herausgebildet – es fehlt die kritische Masse an Personen aus beiden Bereichen, die sich mit einem einheitlichen Korpus an Rechtsregeln beschäftigen.[55]

---

englischsprachigen Kodifikationen wie z.B. dem kanadischen Criminal Code oder dem Sexual Offences Act 2003 England/Wales mit dem sehr viel spärlicheren Informationsgehalt des StGB. Selbstverständlich lassen auch umfangreichere Gesetze Lücken, Interpretationsspielräume und Auslegungsbedarf, und ein linearer Zusammenhang von Wortumfang und inhaltlicher Regelungsdichte darf nicht unterstellt werden. Trotzdem ist auffällig, wie viele wesentliche Fragen im Allgemeinen Teil des deutschen StGB *nicht* angesprochen werden.

[53] 50 Staaten und D.C., sowie die Bundesebene mit Strafgesetzen und Vollstreckungsorganen für bestimmte Delikte.

[54] S. zum Fehlen einer einheitlichen Dogmatik *M. Dubber*, Die Anspruchslosigkeit des awissenschaftlichen Strafrechts, ZStW 121 (2009), S. 977 ff. Da die angesehenen *law schools* ihre Studierenden im Gesamtgebiet der USA rekrutieren und diese sich in der Regel nicht lokal auf Dauer ansiedeln, gibt es keinen Grund für die Lehrenden, sich auf das jeweils vor Ort geltende Strafrecht zu konzentrieren.

[55] Die unterschiedlichen Rechtsordnungen in den einzelnen Bundesstaaten bleiben deshalb unterbelichtet. US-amerikanische Rechtswissenschaftler weichen auf das für die Gesamtstrafrechtspraxis an sich weniger wichtige zentrale Bundesrecht aus (s. z.B. die Flut an Veröffentlichungen zu den U.S. Federal Sentencing Guidelines, während das heterogene Straf-

Anders in Deutschland – da sich alle Strafrecht Lehrenden genauso wie die Rechtsanwender auf dieselben Normen stützen, gab und gibt es genügend Diskursteilnehmer für die Ausbildung einer homogenen Strafrechtsdogmatik.

Genauso wichtig ist die Entscheidung für ein Juristisches Staatsexamen als Abschluss des Universitätsstudiums, und zwar mit einem Prüfungsstoff, der sich trotz der Organisation des Examens durch die Bundesländer stark ähnelt. In der standardisierten Ausbildung und Prüfung liegt der Transmissionsriemen, der dafür sorgt, dass ein einheitlicher Kanon an strafrechtsdogmatischen Inhalten kontinuierlich in die Praxis übertragen wird.[56]

Schließlich wurde die Ausformung einer deutschen Strafrechtsdogmatik dadurch ermöglicht, dass eine vergleichsweise große Zahl an Akademikern dank einer hinreichenden Besoldung ausreichend Zeit hat, sich damit zu befassen. Dass dies nicht selbstverständlich ist, zeigt der Blick in südeuropäische Länder. Trotz einer dort ebenfalls festzustellenden Vorliebe für das Tüfteln an dogmatischen Gedankengebäuden steht dafür weniger Zeit zur Verfügung, weil Teile der Arbeitszeit dem außeruniversitären Gelderwerb dienen müssen. Unterschreiten die von Universitäten gezahlten Gehälter ein bestimmtes Maß, ist ein im Wesentlichen[57] auf Lehre und Forschung ausgerichtetes Wissenschaftlerleben kaum mehr möglich. Bei allen Beschwerden über Details der

---

zumessungsrecht in einzelnen Bundesstaaten kaum Aufmerksamkeit findet, dazu *K. Reitz*, The „Traditional" Indeterminate Sentencing Model, in: J. Petersilia/K. Reitz [Hrsg.], The Oxford Handbook of Sentencing and Corrections, 2012, S. 270 ff.) oder konzentrieren sich auf den Model Penal Code des American Law Institute (s. für diese Strategie *M. Dubber*, Einführung in das US-amerikanische Strafrecht, 2005).

[56] Und umgekehrt hat die Notwendigkeit von gut strukturiertem Lehrstoff für eine universitäre Juristenausbildung dafür gesorgt, dass sich Rechtsdogmatik entwickelt hat, dazu *Ernst*, Gelehrtes Recht (Fn. 4), S. 4 ff.

[57] Die Autorin ist mit dem Umstand vertraut, dass Verwaltungs- und Prüfungsaufgaben die Idylle trüben können – hier geht es nur um das nach wie vor vorhandene Zeitbudget für Wissenschaft im Vergleich mit ungünstigeren Bedingungen in anderen Ländern.

deutschen Professorenbesoldung: Die kritische Schwelle, unterhalb derer Rechtswissenschaftler für einen angemessenen Lebensunterhalt neben einer universitären Tätigkeit als Rechtsanwalt arbeiten *müssen*, wird im deutschen System jedenfalls im Regelfall nicht unterschritten.

b) Mehr Gerechtigkeit durch die Orientierung der Praxis an Strafrechtsdogmatik

Die vorstehenden Überlegungen zur Konsistenzsicherung und den Bedingungen, die eine eng mit der Praxis verzahnte Strafrechtsdogmatik ermöglichen, könnten auf folgenden Einwand stoßen: Einer detailliert ausgearbeiteten und von Staatsanwaltschaften wie Gerichten zugrunde gelegten Strafrechtsdogmatik komme aus der Sicht betroffener Bürger wie auch kritischer Beobachter allenfalls in beschränktem Maß Eigenwert zu. Rechtssicherheit als Vorzug einer bundesweit konsistenten Rechtsprechung verblasse in ihrer Bedeutung, wenn andere, typischerweise mit „Gerechtigkeit“ bezeichnete Eigenschaften fehlen.[58] Konsistenz und Detailfülle können auch in einem Rechtssystem zu finden sein, das durch inhaltlich unplausible Bewertungen oder besonders harsche Strafen auffällt. Dem ist entgegenzusetzen, dass über den Verweis auf Rechtssicherheit hinaus ein Zusammenhang von Strafrechtsdogmatik mit gerechteren oder jedenfalls besser begründeten Rechtsfolgen besteht. Solche Argumente setzen *nicht* voraus, dass man auf bestimmte inhaltliche, philosophische oder weltanschauliche Prämissen (z. B. aus der Philosophie des deutschen Idealismus)[59] verweist. Mein Argument zielt in eine

[58] S. für die berühmt gewordene Darstellung des Verhältnisses beider Zielvorgaben *G. Radbruch*, Gesetzliches Unrecht und übergesetzliches Recht, Süddeutsche Juristen-Zeitung 1946, S. 105 ff.

[59] S. für solche Überlegungen z. B. *R. Zaczyk*, Demokratieprinzip und Strafbegründung, Der Staat 50 (2011), S. 295 (297 ff.); *M. Kahlo*, Freiheitsgesetzliche Strafrechtsfundierung und lebenslange Freiheitsstrafe, in: Festschrift für U. Neumann, 2017, S. 607 (616 ff.).

andere Richtung: Eine rechtsdogmatische Schwerpunktsetzung in der Strafrechtswissenschaft hat aus methodischen Gründen gewisse qualitätssichernde Vorteile.

Zum einen ist eine gut entwickelte Strafrechtsdogmatik ein Gemeinschaftsprojekt, an dem viele Akteure aus Wissenschaft und Praxis beteiligt sind. Damit wird es auch wahrscheinlicher, dass Argumente für oder gegen Lösungen von unterschiedlichen Personen durchdacht und kritisch überprüft wurden, *bevor* eine Handvoll oder noch weniger Richter an den oberen Gerichten eine bestimmte Lösung für die Praxis fixieren. Eine nur retroaktiv agierende Wissenschaft, die Gerichtsentscheidungen analysiert, ohne aber im Vorfeld als relevanter Diskussionsteilnehmer zu gelten, hat weniger kritische Potenz.

Zum anderen ist die auf Rechtsanwendung ausgerichtete Struktur der deutschen Juristenausbildung unter dem Aspekt „gerechterer Strafzumessung“ als vorteilhaft einzustufen. Strafrechtsdogmatiker distanzieren sich nicht vom geltenden Recht, sondern streben an, Lebenssachverhalte mittels eines konsistenten Gesamtsystems zu bewerten. Das ist die Perspektive auf das Phänomen Recht, die in der deutschen Juristenausbildung dominiert: Unsere Studierenden werden von Anfang an in der Aufgabe der Falllösung trainiert. Eine solche Herangehensweise ist nicht selbstverständlich. Im Unterricht amerikanischer *law schools* spielt eine von außen gegenüber dem Recht eingenommene, distanzierte bis spielerische oder dekonstruierende Perspektive eine größere Rolle, etwa in Kursen wie „critical legal studies“ und „law and literature“,[60] aber auch in Kursen, die einem bestimmten Rechtsgebiet gewidmet sind. Ein distanziertes bis dekonstruierendes Verständnis von Rechtswissenschaft kann negative Auswirkungen *außerhalb* des Wissenschaftssystems haben. Ich habe an anderer Stelle vertreten, dass bei einem Vergleich der moderaten Strafpraxis in Deutschland mit den viel strengeren Strafen in den USA die Ursachenanalyse auch die Art des Rechtsunterrichts einbeziehen

[60] S. dazu auch *Hilgendorf/Schulze-Fielitz*, Selbstreflexion (Fn. 44), S. 5.

sollte – nicht als einzige oder wesentliche Ursache, aber als *ein* Umstand unter mehreren.[61] Deutsche Studierende lernen an Universitäten zwar (bedauerlicherweise) kein Strafzumessungsrecht. Aber sie wachsen von Anfang an in die Perspektive eines Rechtsanwenders hinein und in die Verantwortung dafür, dass unter Beachtung bestimmter Prinzipien ein gerechtes Ergebnis für einen Sachverhalt gefunden werden muss. Ausbildungssysteme, die den Schwerpunkt bei einer distanzierten Haltung zu Rechtsnormen und Rechtspraktiken setzen,[62] vergeben die Chance, zukünftigen Rechtsanwendern und insbesondere zukünftigen Richtern eine Internalisierung von Prinzipien mitzugeben.

2. Schwächen

Die Stärken der deutschen Strafrechtsdogmatik liegen in ihrer die Praxis unterstützenden, Konsistenz und Gerechtigkeit fördernden Funktion. Ein kritischer Blick zeigt allerdings auch Schwächen. Die erste These ist, dass es zu viel Kohärenz gibt. Den Stand der Verbrechenslehre könnte man mit dem Stichwort „eingefroren" bezeichnen. Der dreigliedrige Verbrechensaufbau (Tatbestand, Rechtswidrigkeit, Schuld), der das Rückgrat von systematischen Darstellungen des Strafrechts bildet, wird heute kaum mehr in Frage gestellt. Der Grund für eine in zentralen Punkten eingefrorene Dogmatik liegt vor allem in der ungenügenden Auseinandersetzung mit Prämissen strafrechtlicher Wertungen; darauf ist zurückzukommen (unten II. 2.).

Weitere Schwächen treten zutage, wenn man die Verteilung der beschränkten Ressource „Zeit für Publikationen" auf Inhalte, Formen und Perspektiven untersucht. Zu den Inhalten strafrechtswissenschaftlicher Veröffentlichungen: Man hört

---

[61] *T. Hörnle*, Moderate and Non-Arbitrary Sentencing without Guidelines – the German Experience, Law and Contemporary Problems 76 (2013), S. 189 ff.

[62] S. dazu *H. Dedek*, Recht an der Universität: „Wissenschaftlichkeit" der Juristenausbildung in Nordamerika, JZ 2009, S. 540 (546 ff.).

gelegentlich, meist von Kollegen aus den anderen Teilgebieten der Rechtswissenschaft, dass das Strafrecht übererforscht sei. Was gebe es in einem Fach noch zu bearbeiten, das im Kernbereich mit einem vergleichsweise kurzen Gesetzestext für das materielle Recht auskommt und das zudem, verglichen mit anderen Rechtsgebieten, von europäischen und internationalen Kräften weniger durchgerüttelt wird? Aber dieser Eindruck trügt. Es gibt durchaus Forschungsbedarf. Die Gründe dafür liegen auch, aber nicht ausschließlich in Aktivitäten des Gesetzgebers. Die Klage darüber, dass das Strafrecht oft geändert werde, ist eine vielstimmige Klage.[63] Weniger diskutiert wird über Umstände innerhalb der deutschen Strafrechtswissenschaft, die zu einem Ungleichgewicht bei der Wahl der bearbeiteten Themen sowie bei den Formen und Perspektiven führen. Die vielbeschworene „Einheit von Forschung und Lehre" hat ambivalente Effekte. Rechtsgebiete, die durch die gesetzlichen Definitionen des Pflichtstoffes für das Erste Juristische Staatsexamen vorgegeben sind, finden sich auch im Gesamtbild der Veröffentlichungen von Hochschullehrern zu überproportionalen Anteilen. Es gibt daneben Themen, die untererforscht sind, obwohl sie für die Praxis von großer Bedeutung sind – sie werden aber an Universitäten nicht gelehrt und finden deshalb vergleichsweise weniger Aufmerksamkeit. Dazu gehören z. B. das Strafzumessungsrecht[64] und das Betäubungsmittelrecht. Auffällig ist der Zusammenhang von „nicht gelehrt – wenige Publikationen" auch im Sexualstrafrecht. Hier stehen einer Fülle an umfangreichen Aufsätzen in englischsprachigen Law Journals[65] vergleichsweise spärliche Analysen in deutscher Sprache gegenüber.

---

[63] S. z.B. *T. Weigend*, Wohin bewegt sich das Strafrecht?, in: Festschrift für W. Frisch, 2013, S. 17 (22 ff.) zu Expansionstendenzen.

[64] S. zu dieser Lücke in der deutschen Strafrechtswissenschaft *Frisch*, Wesenszüge (Fn. 3), S. 163.

[65] Vgl. nur die Auswahl im Literaturverzeichnis bei *T. Hörnle*, Rape as non-consensual sex, in: A. Mueller/P. Schaber (Hrsg.), Routledge Handbook of the Ethics of Consent, 2018, S. 235 ff.

Die nicht optimale Gesamtverteilung der beschränkten Ressource „Schreibzeit“ zeigt sich vor allem, wenn man sich den Publikationsformen zuwendet. Es wird zu viel Zeit in Kommentare und Kurzlehrbücher investiert. Hier zeigt sich die Schattenseite einer bundesweit standardisierten Rechtsdogmatik und Ausbildungskultur. Die generelle Aussage, dass es genügen würde, wenn es auf dem deutschen Markt maximal ein halbes Dutzend Kurzlehrbücher zum Allgemeinen wie Besonderen Teil des StGB gäbe, würden sicherlich viele unterschreiben. Wer aber selbst ein mit viel Zeitaufwand und didaktischer Sorgfalt gestaltetes Vorlesungsskript in der Schublade liegen hat, möchte das gerne veröffentlichen, auch wenn das auf Kurzlehrbuch Nr. 15 hinausläuft. Auch bei den Kommentaren versteht sich nicht von selbst, worin der wissenschaftliche Mehrwert einer großen Anzahl von Parallelkommentierungen liegt. Es ist zwar einleuchtend, dass es für unterschiedliche Leserschaften und Bedürfnisse mehrere Varianten an Kommentaren zum StGB geben sollte, vom knapp formulierten, rechtsprechungslastigen, vorwiegend die Rechtspraktiker ansprechenden, einbändigen Kommentar bis zu ausführlichen, auch die Literatur möglichst vollständig auswertenden und die dogmatische Behandlung selbst weiter führenden, vielbändigen Darstellungen. Die Vielfalt am deutschen Kommentarmarkt geht über solche Differenzierungen aber hinaus: In jeder Sparte gibt es eine Reihe von Bearbeitungen. Das kann, wenn man sich mit einer spezifischen Norm und einer konkreten Auslegungsfrage beschäftigt, nützlich sein, wenn unterschiedliche Meinungen und Argumente zu finden sind. Aber oft genug stellen Leser fest, dass keiner der Bearbeiter, vor allem bei entlegenen und eher ungeliebten Normen, vom gängigen Inhalt der zuerst auf den Markt gekommenen Kommentare abgewichen ist. Wegen dieser repetitiven Züge ist zweifelhaft, dass der Zeitaufwand in einem vernünftigen Verhältnis zum wissenschaftlichen Ertrag steht.

Ein weiteres Manko liegt in der Schieflage bei den eingenommenen Perspektiven. Tätigkeiten in der Praxis, die mit einer Parteinahme für Partikularinteressen verbunden sind, führen zu

Wahrnehmungs- und Wertungsverschiebungen, und das gilt auch für Hochschullehrer, die regelmäßig die Verteidigerperspektive einnehmen. Dass die universitäre Besoldung in Deutschland nicht zur anderweitigen Sicherung eines angemessenen Lebensunterhalts zwingt, hat natürlich nicht zur Folge, dass alle Professoren Nebentätigkeiten verschmähen. Attraktive Zusatzverdienste sind für Strafrechtswissenschaftler allerdings nur mit Strafverteidigertätigkeit und Gutachten im Auftrag von Verteidigern zu erzielen. Wer sich für eine Nebentätigkeit als Richter entscheidet, hat keine spürbare finanzielle Besserstellung zu erwarten. Es ist deshalb nicht überraschend, dass auch in wissenschaftlichen Veröffentlichungen der Blickwinkel nicht selten die Strafverteidigerperspektive ist. Auch wenn eine Veröffentlichung nicht ein Gutachten abbildet, beeinflusst dies die Wahl der bearbeiteten Themen und die Sensibilität für bestimmte Probleme bei Vernachlässigung anderer. Im Zivilrecht und Öffentlichen Recht ist das Spektrum der Auftraggeber für Gutachten, Prozessvertretungen und Schiedsverfahren heterogener, sodass selbst eine konsequent durchgehaltene perspektivische Verankerung *eines* Wissenschaftlers durch die unterschiedlichen Blickwinkel *anderer* Wissenschaftler, die von der Gegenseite beauftragt werden, besser ausgeglichen werden kann. Im Strafrecht fehlt ein vergleichbares Gegengewicht: Staatsanwaltschaften fehlt das Budget für juristische Gutachten.

II. Prämissenerforschung

1. Stärken

Wie leistungsfähig ist die deutsche Strafrechtswissenschaft bei der Beschäftigung mit den Prämissen des geltenden Rechts? Auf den ersten Blick scheint dieses Feld gut bestellt zu sein. Strafrechtswissenschaftler beschränken sich nicht auf rechtsdogmatische Veröffentlichungen. Insbesondere ist die Verknüpfung der Fächer „Strafrecht“ und „Rechtsphilosophie, Rechtstheorie“ nach wie vor eng: Von den strafrechtlichen Professorenstellen an deutschen

Universitäten weisen ca. 30 auch die Denomination „für Rechtsphilosophie“ oder „für Rechtstheorie“ auf. Entsprechend mangelt es auch nicht an Veröffentlichungen, die das geltende Recht an nicht-positivistischen Maßstäben messen oder ganz ohne Bezugnahmen auf das positive Recht auskommen. Die Frage nach den Zwecken und der Legitimität von Strafe wird vielfach bearbeitet.[66] Eine wichtige Rolle spielen dogmen- und ideengeschichtliche Untersuchungen mit dem Schwerpunkt auf Klassikertexten des 19. und 20. Jahrhunderts.[67] Allerdings ist diese dogmen- und ideengeschichtliche Schwerpunktsetzung in ambivalenter Weise zu bewerten; darauf ist zurückzukommen. An dieser Stelle ist lediglich zu vermerken, dass die Einschätzung *Hans Joachim Hirschs*, es sei „das Interesse an strafrechtlicher Grundlagenforschung und damit auch an dogmengeschichtlichen Kenntnissen stark zurückgegangen“,[68] zu düster gefärbt ist.

2. Schwächen

Auch in diesem Bereich sind manche methodische Ansätze und Fragestellungen unterrepräsentiert. Die folgenden Punkte sind eine (sicherlich unvollständige) Auflistung, welche normativen

---

[66] S. z. B. *G. Jakobs*, Norm, Person, Gesellschaft. Vorüberlegungen zu einer Rechtsphilosophie, 2008; *L. Greco*, Lebendiges und Totes in Feuerbachs Straftheorie. Ein Beitrag zur gegenwärtigen strafrechtlichen Grundlagendiskussion, 2009; *R. Hamel*, Strafen als Sprechakt. Die Bedeutung der Strafe für das Opfer, 2009; *T. Hörnle*, Straftheorien, 2. Aufl. 2017; *M. Pawlik*, Normbestätigung und Identitätsbalance. Über die Legitimation staatlichen Strafens, 2017; *T. Andrissek*, Vergeltung als Strafzweck. Empirisch-soziologische Begründung und kriminalpolitische Folgerungen, 2017.

[67] S. z. B. die kürzlich erschienenen Sammelbände: *A. Koch* u. a. (Hrsg.), Feuerbachs Bayerisches Strafgesetzbuch, 2014; *W. Frisch* u. a. (Hrsg.), Lebendiges und Totes in der Verbrechenslehre Hans Welzels, 2015; *A. Koch/ M. Löhnig* (Hrsg.), Die Schule Franz von Liszts, 2016; *M. Kubiciel* u. a. (Hrsg.), Hegels Erben, 2017.

[68] *H. J. Hirsch*, Zum 100. Geburtstag von Hans Welzel, ZStW 116 (2004), S. 1.

und empirischen Untersuchungen zu einer ausgewogeneren Prämissenerforschung beitragen würden.

Erstens liegt dem Rekurs auf philosophische Grundlagen oft eine zu enge Auswahl der Bezugstexte zugrunde. Eine in Deutschland nach wie vor verbreitete Annahme ist es, dass die Aufgabe von Strafrechtsphilosophie darin liege, in einer quasi-theologischen Weise kanonisierte Texte, vor allem aus der Philosophie des deutschen Idealismus, zur Legitimation von Kriminalstrafe und zur Begründung strafrechtlicher Prinzipien heranzuziehen.[69] Aus wissenschaftlicher Sicht ist aber ein Zugang zur philosophischen Nachbardisziplin sinnvoller, der nicht nach Aufwertung durch große Namen, bekannte Schulen oder Großtheorien sucht. Strafrechtswissenschaft sollte sich vielmehr die analytischen Fähigkeiten zeitgenössischer Philosophen zunutze machen und bei der Beschäftigung mit konkreten Fragestellungen passende Vorarbeiten aus Erkenntnistheorie, Politischer Philosophie und Moralphilosophie heranziehen.[70] In unserer Nachbardisziplin werden Konzepte und Wertungen in einer Weise untersucht, die präziser und differenzierter als in der Rechtswissenschaft ausfallen kann. Mittlerweile findet eine Rezeption solcher Analysen durchaus statt,[71] etwa zur Frage, wie Kausalität festzustellen ist,[72] was eine Handlung konstituiert[73] oder was Vorsatz ausmacht.[74] Aber

---

[69] Dazu habe ich mich bereits kritisch geäußert, s. *T. Hörnle*, Strafrecht und Rechtsphilosophie: Traditionen und Perspektiven, in: S. Grundmann u. a. (Hrsg.), Festschrift zum zweihundertjährigen Bestehen der Juristischen Fakultät der HU Berlin, 2010, S. 1265 ff.

[70] *Gutmann*, Intra- und Interdisziplinarität (Fn. 13), S. 102 ff., zur Bedeutung der Praktischen und Analytischen Philosophie als „Magd des Rechts".

[71] Von einer deutlichen Annäherung an die angelsächsische Analytische Philosophie geht *Hilgendorf*, Grundlagenforschung (Fn. 25), S. 118 f., aus.

[72] S. dazu z. B. *I. Puppe*, Zum gegenwärtigen Stand der Lehre von der Verursachung im Recht, Rechtswissenschaft 2011, S. 400 ff.

[73] *Pawlik*, Normbestätigung (Fn. 66), S. 7 ff.

[74] *C.-F. Stuckenberg*, Vorstudien zu Vorsatz und Irrtum im Völkerstrafrecht. Versuch einer Elementarlehre für eine übernationale Vorsatzdogmatik, 2007, S. 68 ff.

man kann nicht konstatieren, dass zeitgenössische philosophische Literatur, die für strafrechtswissenschaftliche Themen unmittelbar einschlägig ist, bereits vollständig rezipiert ist. Dies betrifft etwa den Bereich der Praktischen Philosophie. Um nur ein Beispiel zu nennen: Die Bücher des amerikanischen Philosophen *Alan Wertheimer* zu „Nötigung", „Ausbeutung" und „Einverständnis mit sexuellen Handlungen", die in detaillierter und differenzierter Weise untersuchen, was den Kern dieser Verhaltensweisen ausmacht und wie sie von nicht tadelnswertem Verhalten abzugrenzen sind,[75] sind eine Fundgrube für Strafrechtswissenschaftler, die sich mit diesen Themen beschäftigen.

Zweitens ist in der deutschen Strafrechtswissenschaft die Bereitschaft wenig ausgeprägt, sich frisch und unvoreingenommen mit zentralen Wertungsfragen zu beschäftigen. Das hängt mit dem eben Angesprochenen zusammen. Würden Vertreter der deutschen Strafrechtswissenschaft regelmäßig anstreben, sich über die Ratio, die Inhalte und die Abgrenzungen gängiger Konzepte, Begriffe und Wertungen zu vergewissern, würde das zwangsläufig zu einem engeren Austausch mit zeitgenössischer Philosophie führen. Tatsächlich wird Tradiertes aber zu selten grundlegend hinterfragt. Wir erklären z.B. in Unterricht und Lehrbüchern, dass und warum nach nunmehr ganz herrschender Meinung der Vorsatz unter der Rubrik „subjektiver Tatbestand" geprüft werden und dass die dritte Prüfungsebene „Schuld" heißen müsse. Vergeblich sucht man dagegen in Lehrbüchern nach Antworten oder hinreichend ausführlichen Antworten auf vorgelagerte, grundsätzlichere Fragen wie: *Warum* ist Vorsatz ein zentrales Wertungselement, das im Verhältnis zu Fahrlässigkeit entscheidend ins Gewicht fällt? *Warum* bestrafen wir vorsätzliches Handeln sehr viel härter als „nur" fahrlässiges Handeln, und zwar auch dann, wenn das zu beurteilende fahrlässige Verhalten sehr deutlich von Verhaltensanforderungen abgewichen ist? Man kann davon aus-

---

[75] *A. Wertheimer*, Coercion, 1987; *ders.*, Exploitation, 1996; *ders.*, Consent to Sexual Relations, 2003.

gehen, dass es verbreitete Intuitionen zur Bewertungsrelevanz von Konzepten wie Absicht und Vorsatz gibt, und auch ein Begriff wie Schuld ist alltagssprachlich gebräuchlich. Die wissenschaftlich interessanten Fragen sind jedoch, woher diese Intuitionen rühren und ob, wenn man sich den ideengeschichtlichen Hintergrund bewusst macht, sich möglicherweise zeigt, dass angesichts von Wertungsverschiebungen auch die strafrechtlichen Konzepte revidiert werden sollten.

Mit derartigen Fragen müsste sich die Strafrechtswissenschaft intensiver auseinandersetzen, gegebenenfalls verbunden mit Revisionen bei strafrechtlichen Wertungen. Dieser Punkt bedarf der Betonung, weil selbst grundlagenaffine Strafrechtswissenschaftler ihre Aufgabe primär darin sehen, die Ratio etablierter strafrechtlicher Konzepte und Wertungen zu *rekonstruieren*.[76] Die Prägung durch die Sichtweise der Strafrechtsdogmatik wirkt sich insoweit ungünstig aus. Strafrechtsdogmatik beschränkt sich auf Verbesserung und Ergänzung des Systems, ohne dabei die Grundpfeiler desselben antasten zu wollen. Ein kritischer Blick auf die Prämissen sollte aber von der Möglichkeit ausgehen, dass sich auch der eine oder andere Grundpfeiler als morsch erweisen könnte und ersetzt werden müsste. Zugegebenermaßen beinhaltet diese Forderung wiederum Stoff für grundsätzlich-methodische Diskussionen. Gerade für strafrechtliche Urteile ist die akzeptanzsichernde Koppelung von Wertungen an alltagsmoralische Wertungen wichtig,[77] weshalb normative Wertungen nicht nur auf die Stringenz und Qualität der Begründungen, sondern auch auf Vermittelbarkeit jenseits von akademischen Diskussionen achten müssen. Eine echte Selbstbeschränkung der Strafrechtswissenschaft ergibt sich hieraus aber nicht, sondern nur die Empfehlung, zweischichtig vorzugehen: etablierte Konzepte kritisch zu überprüfen, sich bei

---

[76] Dies gilt etwa für *Günther Jakobs*' Überlegungen zu Zurechnungsregeln, s. *G. Jakobs*, Strafrechtswissenschaftliche Beiträge (hrsg. v. M. Pawlik), 2017, S. 163 ff.; *dens.*, System der strafrechtlichen Zurechnung, 2012.

[77] S. dazu generell *Ernst*, Gelehrtes Recht (Fn. 4), S. 14.

allzu radikaler Kritik aber auch das Problem der Vermittelbarkeit bewusst zu machen – aber das ist nur der zweite Schritt und kein Grund zur Vernachlässigung der kritischen Überprüfung.

Ein weiterer Schwachpunkt der deutschen Strafrechtswissenschaft liegt darin, dass sie sich wenig für empirische Forschung zu menschlichem Verhalten interessiert.[78] Das ist ein Zug, der sich schon im Rückblick zeigt. Als ein Beispiel sei auf die finale Handlungslehre verwiesen, die in dogmengeschichtlichen Darstellungen eine prominente Rolle spielt. *Hans Welzel* hat den Gedanken, dass menschliches Handeln auf ein Ziel ausgerichtet sei, als Beschreibung formuliert.[79] Die Herleitung beschränkt sich allerdings auf eine diffuse Verschmelzung von philosophischen Quellen[80] mit einigen wenigen Verweisen auf psychologische Autoren des frühen 20. Jahrhunderts. Distanz zu oder fehlendes Interesse an Empirie prägen auch die zeitgenössische Strafrechtswissenschaft.[81] Dabei liegt es für unser Fach heute nahe, sich damit zu beschäftigen, was die neuesten Erkenntnisse zur Genese menschlichen Verhaltens sind, und der Erkenntnisstand hat sich in den vielen seit *Welzels* Arbeiten verstrichenen Jahrzehnten auch geändert.[82] Zu erwarten wäre ein intensiver Austausch mit allen Varianten der Verhaltenswissenschaften, also der Psychologie und den Neurowissenschaften, sowie der Verhaltensökonomie, die sich

---

[78] Fehlende Offenheit für empirische Forschung in der Rechtswissenschaft kritisiert auch *Gutmann*, Intra- und Interdisziplinarität (Fn. 13), S. 101.

[79] Z. B. publiziert in *H. Welzel*, Kausalität und Handlung, ZStW 51 (1931), S. 703 ff.

[80] Zu der Frage, inwieweit die philosophischen Wurzeln in der materialen Wertethik liegen *I. Augsberg*, Materiale Wertethik und Strafrechtsdogmatik, ARSP 89 (2003), S. 51 (68 f.).

[81] Für eine stärkere Berücksichtigung der Sozialwissenschaften *M. Kubiciel*, Kriminalpolitik und Strafrechtswissenschaft, JZ 2018, S. 171 (177).

[82] S. zu den Fragen, die die neurowissenschaftliche Forschung für *Welzels* Handlungstheorie aufwirft, *B. Burkhardt*, Welzels finale Handlungslehre und die philosophische Handlungstheorie, in: W. Frisch u. a. (Hrsg.), Lebendiges und Totes in der Verbrechenslehre Hans Welzels, 2015, S. 21 (42 ff.).

mit typischen Fehlerquellen menschlicher Entscheidungsfindung befasst.[83] Zu finden ist ein solcher Austausch nur in Ansätzen. Überwiegend zeigt sich ein stark selbst-referenzieller Zug der deutschen Strafrechtswissenschaft (und auch der Strafrechtswissenschaft in anderen Ländern, die sich am deutschen Vorbild orientieren). Es ist wahrscheinlicher, auf einen weiteren, zu den sehr vielen vorhandenen Veröffentlichungen[84] hinzutretenden Aufsatz zu *Welzels* finaler Handlungslehre zu stoßen als auf einen Aufsatz, der die zeitgenössischen Kognitionswissenschaften rezipiert. Die negativen Seiten einer Fokussierung auf Dogmengeschichte und Selbstvergewisserung liegen im Desinteresse am gegenwärtigen Stand anderer Wissenschaften und der insoweit fehlenden Neugier.

Offensichtlich ist Verhaltensökonomie eine wichtige Bezugsdisziplin, wenn die verhaltenssteuernde Effizienz strafrechtlicher Verbote, insbesondere ihre abschreckende Wirkung, zu bewerten ist.[85] Noch wenig ins Blickfeld gerät bisher, dass Definitionen zur subjektiven Tatseite überprüft werden sollten, die angewendet werden, wenn geschehenes Unrecht bewertet wird. Es ist möglich, dass laienpsychologische Annahmen zur Struktur innerer Einstellungen und menschlicher Entscheidungsfindung von wissenschaftlichen Erkenntnissen abweichen. In einem zweiten Schritt wäre ggf. zu erwägen, ob und wie normative Abweichungen von

---

[83] S. dazu *D. Kahneman*, Schnelles Denken, langsames Denken, 2012; *M. Englerth*, Verhaltensökonomie, in: E.V. Towfigh/N. Petersen, Ökonomische Methoden im Recht, 2010, S. 165ff.

[84] Ich habe keine systematische Erhebung zur Zahl entsprechender Veröffentlichungen angestellt, aber es dürfte unstreitig sein, dass es viele sind.

[85] Dazu z.B. *R.H. McAdams*, Present Bias and Criminal Law, Univ. Illinois Law Review (2011), S. 1607. Generell zur Bedeutung von Verhaltensökonomik für die Kriminologie *M. Englert*, Der beschränkt rationale Verbrecher. Behavioral Economics in der Kriminologie, 2010. S. für eine der wenigen Verknüpfungen von Verhaltensökonomie und Strafrecht *P. Kasiske*, Behavioral Law and Economics und Strafrechtsdogmatik, in: S. Bock u.a. (Hrsg.), Strafrecht als interdisziplinäre Wissenschaft, 2015, S. 75ff.

empirischen Erkenntnissen zu begründen sind,[86] aber dies ist kein Grund, die empirischen Fragen von vornherein als irrelevant einzustufen. Strafrechtswissenschaftler neigen aber zu nicht weiter hinterfragten, idealistischen Annahmen und zu Abwehrstrategien, etwa wenn von Seiten der Neurowissenschaften Thesen vertreten werden, die Anders-handeln-Können als konstituierendes Merkmal strafrechtlicher Schuld in Frage stellen.[87] Die von der Rechtsprechung seit vielen Jahrzehnten vertretene Definition von bedingtem Vorsatz[88] beruht auf der Vorstellung, dass kognitive und volitionale Vorgänge säuberlich zu trennen sind und Menschen zunächst eine kognitive Bewertung vornehmen (den Eintritt des tatbestandlichen Erfolges für möglich halten) und sich dazu dann in volitionaler Weise verhalten (sich entweder damit abfinden oder auf das Ausbleiben des Erfolges vertrauen).[89] Diese Definition porträtiert die Formation von Einstellungen als strukturierten, rationalen Vorgang. Wer die Diskussionen in der Verhaltensökonomie verfolgt, weiß, dass solche Vorstellungen in vielen Bereichen demontiert wurden.[90]

Die Forderung nach mehr Realitätsnähe in der Strafrechtswissenschaft schließt auch ein, der Effizienz oder vielmehr In-

---

[86] S. zum Verhältnis von empirischen Befunden und normativen Bewertungen *T. Hörnle*, Das Menschenbild des Rechts, in: J.-C. Heilinger/J. Nida-Rümelin (Hrsg.), Anthropologie und Ethik, 2015, S. 97 (98 ff.).

[87] S. z. B. *C. Jäger*, Willensfreiheit, Kausalität und Determination, GA 2013, S. 3 ff.; *T. Hillenkamp*, Hirnforschung, Willensfreiheit und Strafrecht – Versuch einer Zwischenbilanz, ZStW 127 (2015), S. 10 ff.

[88] S. etwa den Lederriemen-Fall, entschieden vom BGH 1955 (BGHSt. 7, 363).

[89] Zur Beschreibung von bedingtem Vorsatz BGH, NStZ 2017, S. 216; zur Abgrenzung von bewusster Fahrlässigkeit in den sog. Autoraser-Fällen BGH, NJW 2018, S. 1621 ff. (1622 f.).

[90] Auf der Hand liegt auch, dass die Erkenntnisse der Verhaltensökonomie für das Strafprozessrecht von großer Bedeutung sind, dazu *Kasiske*, Behavioral Law (Fn. 85), S. 93; *M. Schweizer*, Kognitive Täuschungen vor Gericht: eine empirische Studie, Diss. Zürich 2005. Von Staatsanwälten, Richtern und anderen Verfahrensbeteiligten ist nicht zu erwarten, dass ihre Bewertungen und Entscheidungen von Verzerrungen frei sind.

effizienz der Strafverfolgungspraxis mehr Aufmerksamkeit zu schenken. Wer sich mit Staatsanwälten und Strafrichtern in Berlin (und anderswo) über die Rechtsdurchsetzung unterhält, insbesondere mit Blick auf wirtschaftsstrafrechtliche Verfahren, stößt auf einen sehr tiefen Graben zwischen Theorie und Praxis. Von einer gleichmäßigen, konsistenten oder auch nur überhaupt einigermaßen regelmäßig stattfindenden Umsetzung des materiellen Strafrechts ist diese Praxis weit entfernt. Effektive Normdurchsetzung scheitert offenbar daran, dass Ressourcen in Relation zum erforderlichen Zeitaufwand für komplexere Verfahren eklatant unzureichend sind. Dem Problem ist nicht dadurch auszuweichen, indem auf die Haushaltspolitik der Länder verwiesen wird, die mehr Geld für die Justiz bereitstellen müssten. So berechtigt diese Forderung ist: Es ist unwahrscheinlich, dass mit Budgeterhöhungen, die im Rahmen des Machbaren bleiben, die Situation in absehbarer Zeit grundlegend zu ändern wäre (selbst wenn Projekte wie „Unisex-Toiletten in Justizgebäuden“[91] zurückgestellt werden). Für eine durch die Strafverteidigerperspektive geprägte Herangehensweise ist „Effizienz der Rechtsdurchsetzung“ kein Anliegen. Die Hoffnungen richten sich eher auf die Selbstkontrolle von Wirtschaftsunternehmen,[92] zumal das Rechtsgebiet „Compliance“ vielfältige neue Verdienstmöglichkeiten bietet. Für eine nicht perspektivisch vorgeprägte Strafprozessrechtswissenschaft wären aber mehr empirische Studien zum Thema scheiternde Strafverfolgung erforderlich, und darauf aufbauend Überlegungen zu normativen Konsequenzen, etwa dazu, ob das Legalitätsprinzip als theoretisch begründbares, aber realitätsfremdes Prinzip aufgegeben werden sollte.

---

[91] S. zu den Prioritäten des Berliner Justizsenators Tagesspiegel v. 3.1. 2017.

[92] S. z. B. *D. Bock*, Criminal Compliance, 2011; *T. Rotsch* (Hrsg.), Criminal Compliance, 2015; *J. Puschke/T. Singelnstein*, Compliance und Whistleblowing. Neuere Formen sozialer Kontrolle in Unternehmen und Gesellschaft, NK 2015, S. 339 ff.

III. Rechtspolitik und Rechtsgestaltung

1. Stärken

Die kriminalpolitischen Aktivitäten deutscher Strafrechtswissenschaftler sind vielfältig. Verbreitet sind Stellungnahmen zu Gesetzgebungsvorhaben, sei es in individueller Form in Fachzeitschriften, Tageszeitungen etc. oder als kollektive Stellungnahmen. In fortgeschritteneren Stadien von Gesetzgebungsverfahren, vor allem in den Anhörungen des Rechtsausschusses, sind Strafrechtslehrer regelmäßig präsent. Unter günstigen Umständen finden wir sogar Gehör, in Form von Änderungen der beratenen Gesetzesentwürfe. Allerdings habe ich bereits ausgeführt (oben B. III.), dass zwischen Rechtspolitik und Rechtsgestaltung zu unterscheiden ist und dass Rechtsgestaltung umfassender und anspruchsvoller ist als die kritische Durchsicht eines bereits ausgearbeiteten Vorhabens. Aber auch zum Komplex Rechtsgestaltung gibt es erwähnenswerte Aktivitäten, etwa die vom Arbeitskreis Alternativ-Entwurf ausgearbeiteten Gesetzesentwürfe.[93]

2. Schwächen

Ein kritischer Blick zeigt allerdings, dass die Intensität rechtsgestalterischer Aktivitäten erhöht werden könnte. Zu vermuten ist, dass sich kriminalpolitische Grundeinstellungen hemmend, ja blockierend auf die Bereitschaft auswirken, im Bereich der Rechtsgestaltung nachzudenken und zu veröffentlichen. Unter Strafrechtswissenschaftlern ist eine defensive, auf die Abwehr von Gesetzesänderungen ausgerichtete Haltung verbreitet – sofern projektierte Änderungen nicht auf die schlichte Aufhebung von Tatbeständen beschränkt sind (für Aufhebungen sind Vertreter unseres Faches eher zu gewinnen). Diese abwehrende Haltung ist teilweise mit nicht professionsspezifischen, allgemein-mensch-

---

[93] S. die Homepage des Arbeitskreises, https://www2.hhu.de/alternativentwurf/?page_id=75, abgerufen am 16.3.2018.

lichen Dispositionen zu erklären. Veränderungen gewohnter Zustände stoßen auf die aus der Verhaltensökonomie bekannten Status-quo-Effekte. Experimente zeigen, dass Menschen bei der Wahl zwischen Alternativen überproportional häufig den Status quo bevorzugen, und zwar auch dann, wenn eine Kosten-Nutzen-Abwägung die andere Option vorzugswürdig erscheinen lässt.[94] Eine Bevorzugung des Status quo ist vermutlich bei Juristen besonders ausgeprägt. Die eingeübte Ausrichtung am geltenden Recht, die für eine gleichmäßige, berechenbare Rechtsanwendungspraxis sorgt (s. oben D. I. 1.), dürfte auch den Status-quo-Bias verstärken.

Strafjuristen als Untergruppe neigen, verglichen mit anderen Rechtswissenschaftlern, in nochmals gesteigertem Maß zu Abwehrhaltungen. Entsprechende Einstellungen werden in der universitären Ausbildung geprägt. Zum tradierten Bestand an Prinzipien, die am Anfang strafrechtlicher Grundkurse gelehrt werden, gehören solche, die Hemmnisse für Strafrechtsänderungen schaffen sollen. Gegen die Einführung neuer Verbotsnormen oder die Erhöhung von Strafen werden in Stellung gebracht: die Beschränkung strafrechtlicher Verbote auf den Schutz von Rechtsgütern, der Ultima-Ratio-Grundsatz und der rätselhafte Satz vom fragmentarischen Strafrecht, oft verbunden mit der als Böllerschlag fungierenden Behauptung, dass Änderungen verfassungswidrig seien. Es zeichnet sich allerdings ein gewisser Umschwung ab, was den Einsatz dieser Argumente betrifft. Die Nachteile dieser Abwehrstrategien werden mittlerweile auch von nicht wenigen Strafrechtswissenschaftlern gesehen.[95] Es gelingt nicht, Vertreter des Faches Verfassungsrecht davon zu überzeugen, dass das strafrechtsspezifische Begriffsrepertoire vom Grundgesetz

---

[94] *S. Samuelson/R. Zeckhauser*, Status Quo Bias in Decision Making, Journal of Risk and Uncertainty 1 (1988), S. 7 ff.

[95] S. dazu *Kubiciel*, Kriminalpolitik (Fn. 81), S. 171 ff. Eine kritische Analyse der gängigen Verweise auf Rechtsgüterschutz findet sich bei *A. Engländer*, Revitalisierung der materiellen Rechtsgutslehre durch das Verfassungsrecht?, ZStW 127 (2015), S. 616 ff.

vorgegeben sei.[96] Der Begriff des Rechtsguts ist schon für rechtspolitische Kritik unterhalb des Verdikts „verfassungswidrig" zu diffus und zu unbestimmt.[97] Verweise auf Ultima Ratio eignen sich zur Selbstbestärkung im Kreis von ohnehin Gleichgesinnten, nicht aber als Argument zur Überzeugung von Diskussionsteilnehmern, die einen anderen rechtspolitischen Standpunkt einnehmen.[98] Der Preis eines lange verbreiteten innerdisziplinären Schulterschlusses, der Abwehrhaltungen mit strafrechtsspezifischen Topoi untermauerte, ist die zunehmende Einflusslosigkeit der Strafrechtswissenschaft nach außen, die sich auch in ihrer schwachen Stellung auf der Ebene europäischer Rechtssetzung zeigt.[99]

Es versteht sich, dass das andere Extrem, eine kommentarlose Hinnahme aller verabschiedeten oder geplanten Gesetzesänderungen, nicht überzeugt. Die kritische Reflexion des Neuen gehört zu den Aufgaben der Rechtswissenschaft. Wenn man mit *Joachim Lege* Verlangsamung als wesentlichen Vorteil von Recht einordnet,[100] wofür angesichts der Kurzatmigkeit im System Politik einiges spricht, kann eine behutsame Annäherung an vorgeschlagene Gesetzesänderungen als Vorteil angesehen werden. Wünschenswert wäre es aber, dass Strafrechtswissenschaftler ein hinreichendes Bewusstsein für Status-quo-Effekte entwickeln und auch die eigenen Abwehrhaltungen angemessen hinterfragen würden. Insbesondere ist Folgendes zu berücksichtigen: Eine generelle Vermutung für die überlegene Qualität des Geltenden gegenüber Änderungen ist in der Regel nicht angemessen. Gegen

---

[96] Dezidiert kritisch *K.F. Gärditz*, Demokratizität des Strafrechts und Ultima Ratio-Grundsatz, JZ 2016, S. 641 ff.

[97] *C.-F. Stuckenberg*, Rechtsgüterschutz als Grundvoraussetzung von Strafbarkeit?, ZStW 129 (2017), S. 349 (356 ff.).

[98] *Kubiciel*, Kriminalpolitik (Fn. 81), S. 172. Optimistischer *M. Jahn/ D. Brodowski*, Krise und Neuaufbau eines strafverfassungsrechtlichen Ultima Ratio-Prinzips, JZ 2016, S. 969 ff.

[99] *J. Vogel*, Strafrecht und Strafrechtswissenschaft im internationalen und europäischen Rechtsraum, JZ 2012, S. 25 ff.

[100] *Lege*, Juristen (Fn. 12), S. 231.

eine solche Vermutung spricht nicht nur der Verweis auf sich wandelnde Sozial- und Lebensverhältnisse, sondern auch, dass das geltende Strafrecht ein Flickenteppich ist, teils mit vorkonstitutionellen Elementen, teils das Produkt vieler, vorwiegend unsystematischer Ad-hoc-Änderungen. Die Möglichkeit, dass eine andere Regelung als die des geltenden Rechts die besseren Gründe für sich haben könnte, muss ernsthaft in Erwägung gezogen werden. Dies ergibt sich bereits aus den oben angestellten Argumenten zum notwendigen kritischen Blick auf die Prämissen des geltenden Rechts, d.h. die impliziten normativen Wertungen und Annahmen über empirisch überprüfbare Umstände. Erweist sich, dass Grundannahmen nicht zutreffen oder normative Grundpfeiler des Systems morsch sind, liegt es nahe, dass Rechtsnormen geändert werden sollten.

Eine wichtige Aufgabe für die Rechtswissenschaft liegt dann darin, die Details einer solchen Änderung zu erwägen. Rechtsgestaltung ist eine auch proaktiv anzugehende Aufgabe. Es muss damit nicht abgewartet werden, bis aus den politischen Parteien oder Gesetzgebungsorganen konkrete Vorschläge gemacht werden. Ein möglicher Gegeneinwand könnte sein, dass aufwendige rechtsgestalterische Aktivitäten sinnlos oder jedenfalls frustrierend seien, solange keine Chancen für eine Umsetzung bestünden. Aber damit wird die Eigenlogik des Systems Wissenschaft verkannt. Die Sinnhaftigkeit von rechtswissenschaftlichen Darstellungen hängt nicht daran, dass sie mit hoher Wahrscheinlichkeit von Politik oder Justiz aufgegriffen werden. Auch in einer Disziplin mit vergleichsweise hohem Anwendungsbezug ist es nicht weiter erwähnenswert, dass viele Ergebnisse nur im Raum der Wissenschaft bleiben.

Für die proaktive Tätigkeit, d.h. die dem Gesetzgeber vorgreifende Entwicklung von Vorschlägen, ist auf den Nutzen von Rechtsvergleichung hinzuweisen. Sich vom geltenden Recht gedanklich völlig zu lösen, die Tafel blank zu wischen und Regelungsmodelle ergebnisoffen in ihren Vor- und Nachteilen zu erwägen, ist nicht einfach. In dieser Situation kann es hilfreich sein, sich mit Optionen zu beschäftigen, die in anderen Rechtsordnungen bereits verwirklicht sind. Zurückhaltung ist dann angebracht, wenn der Rahmen, in den eine konkrete Regelung eingebettet ist, etwa der prozedurale Kontext, so anders ist, dass ein Vergleich unüberschaubar wird. Aber der Blick über die Grenzen ist hilfreich für den ersten Schritt, zur Anregung der Phantasie und zur Überwindung der Fixierung auf das Bekannte.

E. Fazit

Die deutsche Strafrechtswissenschaft sollte sich stärker von ausgetretenen Pfaden lösen. Manche Bereiche verdienen eine intensivere Durchdringung. Bei der strafrechtsdogmatischen Arbeit wäre Themen mehr Zeit zu widmen, die weder für die universitäre Ausbildung relevant sind[101] noch der Erschließung von Einnahmequellen dienen. Eine Reihe von Desiderata können für die Beschäftigung mit Prämissen des geltenden Rechts formuliert werden. Wünschenswert wäre mehr Offenheit und Neugier für die Erkenntnisse und Entwicklungen in anderen Wissenschaftsdisziplinen, die für unser Fach relevant sein könnten. Dazu gehören unter anderem empirische Befunde aus Psychologie, Neurowissenschaften und Verhaltensökonomie sowie erkenntnistheoretische Analysen und solche aus der Praktischen Philosophie. Eine intensivere Beschäftigung mit den Prämissen des deutschen Strafrechts sollte nicht darauf hinauslaufen, lediglich bestehende

[101] Eine andere Frage, die hier nicht angesprochen wurde, ist, ob Ausbildungsstrukturen geändert werden sollten. Die Ausführungen zu den Stärken der deutschen Strafrechtsdogmatik (D. I. 1.) sprechen für die Beibehaltung des Ersten Juristischen Staatsexamens. Es ergibt sich aus meinen Überlegungen auch nicht zwingend, dass der Prüfungsstoff geändert werden sollte. Wegen der Notwendigkeit, den Prüfungsstoff in vernünftigem Umfang zu halten, ist es leider unvermeidbar, dass Strafrechtswissenschaftler sich bei der Wahl ihrer Themen vom schönen Bild der Einheit von Forschung und Lehre lösen müssen.

Strukturen und Lösungen mit neuen Argumenten zu unterfüttern. Erforderlichenfalls muss die kritische Auseinandersetzung mit Grundannahmen dazu führen, für tiefer gehende Änderungen zu plädieren. Realitäten der unzureichenden Rechtsdurchsetzung sind wegen der möglichen Konsequenzen für das Verfahrens- und materielle Recht im Blick zu behalten. Schließlich sollte Rechtsgestaltung in proaktiver und systematischer Weise vorangetrieben werden. Die bei vielen Strafrechtswissenschaftlern zu findende, auch auf Status-quo-Effekten beruhende rechtspolitische Verweigerungshaltung sollte einer differenzierteren, ergebnisoffenen Einstellung gegenüber möglichen Rechtsänderungen weichen. Da für rechtsgestaltende Tätigkeit die bewusste Distanzierung vom geltenden Recht erforderlich ist, empfiehlt sich eine verstärkte Beschäftigung mit divergierenden Modellen und Lösungen in anderen Rechtsordnungen.

Um dieses Mehr an Aufgaben zu bewältigen, sind Rückschnitte an anderer Stelle erforderlich. Deutlich weniger Zeit sollte in Publikationsformen investiert werden, die weitgehend repetitiven Charakter haben, also in Kurzlehrbücher und Mehrfachkommentierungen. Würde dieser Vorschlag beherzigt, stünde Forschungszeit in größerem Umfang zur Verfügung, die in innovativerer Weise eingesetzt werden könnte. Im Bereich der Arbeit an Prämissen könnte bei dogmengeschichtlichen Ansätzen kürzer getreten werden, jedenfalls soweit diese bereits vielfach abgehandelte Erzählstränge betreffen.

Eine sich aufdrängende Frage ist, wie Änderungen in die skizzierte Richtung anzustoßen wären. Es bedarf keiner Begründung, dass die direkte Steuerung von Forschungsaktivitäten kontraproduktiv und offensichtlich mit der Wissenschaftsfreiheit unvereinbar wäre. Indirekte Verhaltensanreize können aber gesetzt werden, etwa indem in Berufungsverfahren und anderen kompetitiven Verfahren Forschungsthemen und Publikationsformen entsprechend gewichtet werden. Insbesondere kommt der Beratung des wissenschaftlichen Nachwuchses einige Bedeutung zu, etwa mit der klar formulierten Empfehlung, Angebote zur Mitwirkung an Kommentierungen und Lehrbüchern kritisch zu bewerten und sich keinesfalls vor der Ablehnung solcher Angebote zu scheuen. Der wichtigste erste Schritt ist eine disziplininterne offene Diskussion darüber, wie sich wissenschaftliche Tätigkeit verteilt und darüber, wie Defizite verkleinert und Verbesserungen erreicht werden können.

Vom Beruf der Rechtswissenschaft – zwischen Rechtspraxis und Rechtstheorie

Annäherungen eines Staatsrechtslehrers

Matthias Jestaedt

I. Wanderer zwischen den Welten

Wer sich heute in Deutschland die Rechtswissenschaft zum Beruf wählt, optiert damit gemeinhin nicht für ein zurückgezogenes, in ebenso überschaubaren wie beschaulichen Bahnen verlaufendes Gelehrtenleben fernab des juristischen Alltagslärms. Der professionalisierte Rechtswissenschaftler – hier wie im späteren auch: jeweils weiblichen oder männlichen Geschlechts – wird sich vielmehr, einmal ganz abgesehen von nicht selten aufreibenden Karriereunsicherheiten, einem abwechslungsreichen Berufsdasein in zahlreichen Rollen mit unterschiedlichsten Herausforderungen gegenübersehen. Man könnte ihn nachgerade als Wanderer zwischen verschiedenen Welten bezeichnen. Er steht zwischen den Anforderungen der Praxis und der Wissenschaft vom Recht, zwischen den anwendungs- und grundlagenbezogenen juridischen Subdisziplinen, zwischen der Forschung und der Lehre, zwischen der Intra- und der Interdisziplinarität sowie der Internationalität.

Sein Beruf eröffnet ihm – man könnte auch sagen: verlangt ihm ab – ganz unterschiedliche Rollen sowohl innerhalb als auch außerhalb des akademisch-universitären Umfeldes. Innerhalb seines eigentlichen wissenschaftlichen Biotops tritt er als Rechtslehrer auf, wobei er in äußerer Gestalt und innerem Gehalt seine Rechtswissenschaft je unterschiedlich danach interpretieren und präsentieren wird, ob er eine Anfängervorlesung, eine Große Übung, ein Examensrepetitorium oder ein Schwerpunktbereichsseminar abhält oder ob er gar im Rahmen einer Gastprofessur rechtskundlichen Unterricht erteilt, ob er Autor einer Fallbesprechung in der „JURA" oder eines Lehrbuches in der „Beckschen Grünen Reihe" ist. In der Forschung richten sich an sein Verständnis praktizierter Wissenschaft nach Sprache und Duktus, Zugriff und Reflexionstiefe andere Erwartungen und Herausforderungen je nachdem, ob er eine große Monographie in der Reihe „Jus Privatum" (JusPriv), „Jus Poenale" (JusPoen) oder „Jus Publicum" (JusPubl)[1] oder einen Artikel in der „JuristenZeitung" (JZ)[2] veröffentlicht, ob er

[1] Alle drei Schriftenreihen verdanken sich in ihrer Entstehung (1991: JusPriv und JusPubl, 2014: JusPoen) wie in ihrem Erfolg (im Frühjahr 2018: JusPriv über 220, JusPubl über 270 sowie JusPoen über 10 Bände) der Weitsicht des Jubilars.

[2] Der JZ diente der Jubilar rund ein Jahrzehnt als Schriftleiter (1982–1991), fördert(e) und begleitet(e) sie als Lektor, Prokurist und Verlagsgeschäftsführer indes noch bis in die Gegenwart.

eine Kommentierung in einem der Groß- oder Kurzkommentare schreibt oder ob er einen Beitrag in einem Tagungsband oder einer Festschrift oder auch im Rahmen eines grenzüberschreitend-europäischen Forschungsprojekts in einer englischsprachigen Publikation für einen mit den deutschen Besonderheiten nicht vertrauten Leserkreis verfasst. Und wem das Glück beschieden ist, vor der Vereinigung der Deutschen Staatsrechtslehrer ein Referat halten zu dürfen,[3] der weiß (oder wird in seiner Vorbereitung bald merken), dass hier nicht das dogmatische Klein-Klein einer auf die Auslegung gesetzlicher Einzelbestimmungen fixierten Herangehensweise am Platze, sondern dass eher das theorie- und rechtsvergleichungsgesättigte Räsonnement auf der verfassungsrechtswissenschaftlichen Meso-Ebene gefragt ist.[4] Bei alledem handelt es sich nicht nur um unterschiedliche Lehr- und Forschungsformate, also um äußerlich bleibende Darstellungsformen des Immergleichen, sondern um voneinander mehr oder minder abweichende Interpretationen – in der Doppeldeutigkeit von Auslegung und Aufführung – der Rechtswissenschaft als Beruf.

Die Einsatzgebiete enden für den Rechtswissenschaftler, der neben seinen akademischen Qualifikationen (Promotion, Habilitation) in aller Regel die beiden Staatsexamina abgelegt und damit die Befähigung zum Richteramt[5] unter Beweis gestellt hat, aber nicht an den Grenzen der academic und scientific community. Außer-

[3] Bei derzeit rund 780 Mitgliedern und zwischen 15 bis 30 Neuaufnahmen jährlich erhält bereits rechnerisch nur eine Minderheit der Staatsrechtslehrerinnen und Staatsrechtslehrer die Chance, einen der derzeit acht Vorträge auf einer der Jahrestagungen der Vereinigung der Deutschen Staatsrechtslehrer zu halten.

[4] Dazu eingehend *H. Schulze-Fielitz*, Das Staatsrechtslehrerreferat, in: ders., Staatsrechtslehre als Mikrokosmos. Bausteine einer Soziologie und Theorie der Wissenschaft des Öffentlichen Rechts, 2013, S. 145 ff.

[5] Vgl. § 5 Abs. 1 DRiG: „Die Befähigung zum Richteramt erwirbt, wer ein rechtswissenschaftliches Studium an einer Universität mit der ersten Prüfung und einen anschließenden Vorbereitungsdienst mit der zweiten Staatsprüfung abschließt; die erste Prüfung besteht aus einer universitären Schwerpunktbereichsprüfung und einer staatlichen Pflichtfachprüfung."

halb seines eigenen akademisch-universitären Berittes, genauer: in der Rechtspraxis,[6] tritt der Rechtswissenschaftler – und zwar zumeist unter explizitem Bezug auf seine rechts*wissenschaftliche* Expertise – auf als Gutachter für öffentliche oder private Auftraggeber in zumeist schwierigen und neuartigen Rechtsfragen („hard cases"), als Sachverständiger für die Ministerialbürokratie oder Gesetzgebungsorgane, als Prozessbevollmächtigter beispielsweise in Prozessen vor Landesverfassungsgerichten, dem BVerfG, dem EGMR oder dem EuGH, gar als Richter im Neben-[7] oder im Hauptamt an OLG, OVG, LVerfG, BVerfG, EGMR, EuGH[8] usf. Sosehr er sich dabei den Imperativen und Erwartungen der Rechtspraxis zu unterwerfen hat: im Gros der Fälle wird er doch *auch* im Gewande des Rechtspraktikers *als Rechtswissenschaftler* zu erkennen sein und wird letztere Rolle erstere mehr oder minder deutlich mitprägen. Ein besonders beredtes Beispiel markiert dabei die Berufung zum „Professoren-Richter" am BVerfG: Der Betreffende, der regelmäßig (sieht man einmal von dem Jahr-

[6] Es sei hier erlaubt, darauf hinzuweisen, dass auch der Begriff der Rechtspraxis mehrdeutig ist. Hier ist mit Rechtspraxis nicht (allein) die Rechts*erzeugungs*praxis im engeren Sinne, d. h. die Tätigkeit der Rechtserzeugung in Gestalt des Erlasses von Gesetzen, Satzungen, Verwaltungsakten, Urteilen oder Beschlüssen oder des Abschlusses von Verträgen gemeint, sondern weitergehend jedes tätige Bemühen um die Herbeiführung, die Verhinderung oder die Verarbeitung rechtlicher Wirkungen in der sozialen Realität.

[7] Vgl. § 16 VwGO: „Bei dem Oberverwaltungsgericht und bei dem Verwaltungsgericht können auf Lebenszeit ernannte Richter anderer Gerichte und ordentliche Professoren des Rechts für eine bestimmte Zeit von mindestens zwei Jahren, längstens jedoch für die Dauer ihres Hauptamts, zu Richtern im Nebenamt ernannt werden."

[8] Den Richter(inne)n des EuGH, die nach Art. 14 der EuGH-Satzung verpflichtet sind, am Sitz des Gerichtshofs zu wohnen, ist es nach Art. 4 der EuGH-Satzung grundsätzlich untersagt, neben ihrem Richteramt eine weitere (Neben-)Tätigkeit auszuüben. Nach Art. 21 Abs. 3 EMRK ist den Richter(inne)n am Straßburger Gerichtshof keine Tätigkeit gestattet, die unter anderem mit den Erfordernissen der Vollzeitbeschäftigung in diesem Amt unvereinbar ist.

zehnte zurückliegenden Vorbereitungsdienst ab) nicht über berufsrichterliche Praxiserfahrung verfügt, wird just wegen seiner Sachkunde als in der Academia tätiger Rechts*wissenschaftler*, d. h. als Nicht-Rechtspraktiker in einen der Karlsruher Senate berufen.[9]

Last but not least wollen wir die im Vergleich zum soeben Gesagten doch markant andersgearteten Rollen des Rechtswissenschaftlers im interdisziplinären Kontakt mit Wissenschaftlern anderer disziplinärer Sozialisation und Expertise nicht vergessen, beispielsweise in Kollegforschergruppen, in Sonderforschungsbereichen oder in Exzellenzclustern. Hier wird der Rechtswissenschaftler seine Fachlichkeit in einer Art und Weise interpretieren, kommunizieren und aktualisieren müssen, die von den juridischen Kontexten, Formaten und Usancen in mancherlei Hinsicht deutlich abweicht.

Rechtswissenschaft als Beruf hat – das sollen diese ersten knappen Hinweise andeuten – sehr viele unterschiedliche Facetten. Damit ist natürlich nicht behauptet, dass diese Rollenvielzahl und -vielfalt ein Alleinstellungsmerkmal von professionellen *Rechts*wissenschaftlern darstellten. Beim Rollen-Spagat zwischen Forschung und Lehre sowie zwischen Disziplinarität und Interdisziplinarität handelt es sich ganz allgemein um ein Erkennungszeichen von Wissenschaft als Beruf. Aber manche Rollenkombinationen dürften doch für hierzulande sozialisierte Rechtswissenschaftler, wenn nicht exklusiv, so doch zumindest typisch und, weiterge-

---

[9] Zur im nationalen wie insbesondere internationalen Vergleich ausgesprochenen Wissenschaftsorientierung des BVerfG sowohl in seinen Entscheidungen als auch in seiner Zusammensetzung: *M. Jestaedt/O. Lepsius/C. Möllers/C. Schönberger*, Das entgrenzte Gericht. Eine kritische Bilanz nach sechzig Jahren Bundesverfassungsgericht, 2011. – Derzeit (Stand: April 2018) sind 9 der 16 Richter(innen) des BVerfG nicht nur Professor(inn)en des Rechts im Allgemeinen, sondern Staatsrechtler(innen) im Besonderen, nämlich die Richter(innen) Ferdinand Kirchhof (Vorsitzender und Vizepräsident), Johannes Masing, Andreas Paulus, Susanne Baer und Gabriele Britz (Erster Senat – Reihung nach Anciennität) sowie Andreas Voßkuhle (Vorsitzender und Präsident), Peter Michael Huber, Doris König und Christine Langenfeld (Zweiter Senat).

hend, typusprägend sein. Die im Vorangehenden exemplarisch genannten Rollen offenbaren recht disjunkte Verständnisse und Ausdrucksweisen von Rechtswissenschaft. Im Weiteren soll und kann es indes nicht darum gehen, jeder einzelnen Lesart von Rechtswissenschaft (als Beruf) nachzugehen. Herausgegriffen seien vielmehr die Rückwirkungen auf und die Ausprägungen von Rechtswissenschaft als Beruf, die sich der in anderen Wissenschaftszweigen (und auch in vielen nicht-deutschen Rechtswissenschaften) nicht oder zumindest so nicht anzutreffenden Praxis-Wissenschaft-Verbindung verdanken.

II. Savignys Erbe: „Wissenschaftliches Recht"

Eine spezifische Praxis-Wissenschaft-Verbindung, man könnte auch sagen: ein Praxis-Wissenschaft-Amalgam steht an der Wiege modernen rechtswissenschaftlichen Denkens in Deutschland. Niemand Geringeres als der unumstrittene Nestor der Rechtswissenschaft als eigenständig-distinkter Wissenschaft formulierte in einer – aus heutiger Sicht leicht oxymoron anmutenden – Wendung Programm und idée directrice des Aufstiegs des Rechts und der dessen Eigengesetzlichkeit aufnehmenden Wissenschaft.[10] Mit dem Begriff vom „wissenschaftlichen Recht", der dem professoralen „Juristenrecht" einen Ehrenplatz unter den Rechtsquellen zuwies,[11] postulierte *Friedrich Carl von Savigny* eine

[10] Dass *Friedrich Carl von Savigny* mit der Prononcierung des „wissenschaftlichen Rechts" seinerseits bereits auf den Schultern von Riesen stand – sprich: er an weitverzweigte Entwicklungen des Rechtsbegriffs, des Rechtsfindungs- sowie des Rechtswissenschaftsverständnisses anknüpfen konnte –, zeichnet die eingehende Darstellung bei *J. Schröder*, Recht als Wissenschaft. Geschichte der juristischen Methodenlehre in der Neuzeit (1500–1933), 2. Aufl. 2012, bes. S. 99ff., 169ff., 193ff., 201f. m. zahlr. Nachw., minutiös nach.

[11] Vgl. *F.C. v. Savigny*, System des heutigen Römischen Rechts, 1840, Buch I, Kap. 2, § 14, S. 45–49. Bereits in der dem Kodifikationsstreit gewidmeten Programmschrift „Vom Beruf unserer Zeit für Gesetzgebung und

konstitutive Verbindung von Rechtswissenschaft und Recht – man könnte auch sagen: von Rechtswissenschaft und Rechtsgewinnung –, die eine Pfadabhängigkeit künftigen Nachdenkens über Stellung und Eigenart der Rechtswissenschaft (nicht nur) in Deutschland bis in unsere Tage begründen sollte.[12] Die – von ihrem konkreten historischen Kontext sich mehr und mehr ablösende – Idee „wissenschaftlichen Rechts“ versprach nichts weniger als eine den Theorie-Praxis-Bruch aufhebende oder doch wenigstens abmildernde, jedenfalls fruchtbare Verbindung von akademischer Theorie und forensischer Praxis in einem neuen Wissenschaftsformat.

1. Rechtswissenschaft im „double bind“

Doch diese besondere Form praxiswirksamer Rechtswissenschaft sah sich von Beginn an dem Dilemma eines „double bind“, einer „double contrainte“ ausgesetzt: Sie soll(te) einerseits rechtspraktisch anschlussfähig sein und doch zugleich andererseits vollauf den Anforderungen an (eine) Wissenschaft genügen.

Sie soll(te) Gesprächspartnerin und Kontrolleurin, Ratgeberin und Helferin der Rechtspraxis, namentlich der professionalisierten

---

Rechtswissenschaft“, 1814 bei Mohr und Zimmer in Heidelberg erschienen, rückt *v. Savigny* nachdrücklich die Forderung in den Mittelpunkt: „unsere Theorie muß praktischer und unsere Praxis wissenschaftlicher werden, als sie bisher war“ (S. 127) und beschreibt wechselseitig befruchtende Formen „dieser Annäherung der Theorie und Praxis“ (S. 128).

[12] Dazu näher nunmehr *C. Bumke*, Rechtsdogmatik. Eine Disziplin und ihre Arbeitsweise. Zugleich eine Studie über das rechtsdogmatische Arbeiten Friedrich Carl von Savignys, 2017, bes. S. 16 ff. und 161 ff. (speziell zu von Savigny); aus rechts(ideen)geschichtlicher Sicht *Schröder*, Recht (Fn. 10), bes. S. 193 ff., 247 ff., 393 ff. Diese Pfadabhängigkeit entstehungsgeschichtlich nachzeichnend, lässt C. Schönberger seine Überlegungen in dem Verdikt kulminieren, dass es gelte, „die Zeit des Professorenrechts und des ‚wissenschaftlichen Rechts‘ endgültig zu verabschieden“ (*C. Schönberger*, Der „German Approach“. Die deutsche Staatsrechtslehre im Wissenschaftsvergleich, 2015, passim, Zitat: S. 15).

Rechtspraxis[13] in Gestalt der Rechtsprechung sein. Damit verbindet sich eine doppelte Forderung:[14] Sie soll sich für ihr wissenschaftliches Räsonnement zum einen gleichsam in den entscheidungsberufenen Rechtspraktiker – etwa den Richter – hineinversetzen und dessen „rechtsrealistischen" Blick auf die Anforderungen und Bindungen des ihm obliegenden Rechtsanwendungsaktes berücksichtigen. Und auf der anderen Seite soll(t)en ihre praxisadressierten Ansagen dergestalt praxistauglich sein, dass sie als komplexitätsreduzierte und -reduzierende, standardisierte und systematisierte Anwendungshilfen für den Rechtsanwender umstandslos versteh- und handhabbar sind.[15]

Gleichzeitig aber muss die Jurisprudenz, will sie ihren universitären Status und Anspruch nicht gefährden, alle Standards einer modernen Wissenschaft erfüllen. Damit verbindet sich etwa, dass die Rechtswissenschaft sich heutzutage erkenntnistheoretisch, hermeneutisch, wissenschaftstheoretisch, sprachphilosophisch, linguistisch, medientheoretisch, sozialwissenschaftlich usw. usf. auf der Höhe ihrer Zeit zeigt, sprich: den state of the art sonstiger Wissenschaften sich dort, wo sich Schnittstellen oder Funktionsäquivalenzen zeigen oder wo allgemeine wissenschaftstheoretische Herausforderungen angesprochen sind, anverwandelt.[16] Vielfach

---

[13] Die *professionalisierte* Rechtspraxis unterscheidet sich von der sonstigen Rechtspraxis (auch jener im engeren Sinne, dazu Fn. 6) dadurch, dass sie von fachwissenschaftlich ausgebildeten Jurist(inn)en betrieben wird; in erster Linie ist hierbei an die Rechtsprechung gedacht. Sie nimmt deswegen eine besondere Rolle in Bezug auf die rechtspraktisch orientierte Rechtswissenschaft ein, weil sie nicht nur deren Forschungsgegenstand, sondern zugleich deren Gesprächsgegenüber ist, an den sich die rechtswissenschaftlichen Aussagen (in großem Umfange) richten.

[14] Dazu *M. Morlok*, Reflexionsdefizite in der deutschen Staatsrechtslehre, in: H. Schulze-Fielitz (Hrsg.), Staatsrechtslehre als Wissenschaft, Die Verwaltung Beiheft 7, 2007, S. 49 ff.

[15] Zu ergänzen wäre: und lehrbar. Zu letzterem besonders *W. Ernst*, Gelehrtes Recht – Die Jurisprudenz aus der Sicht des Zivilrechtslehrers, in: C. Engel/W. Schön (Hrsg.), Das Proprium der Rechtswissenschaft, 2007, S. 3 ff.

[16] Bei aller Ausdifferenzierung der Wissenschaft(en) zu einem fragmen-

verdankt sich ein höheres, sprich: ein größeres Maß an Komplexität verarbeitendes Reflexionsniveau just disziplingrenzenüberschreitenden Theorieimporten oder Methodenanleihen. Nicht zuletzt, um von Nachbarwissenschaften als interdisziplinärer Gesprächspartner gesucht und ernst genommen zu werden, ist es für die Rechtswissenschaften im Ganzen von äußerster Wichtigkeit, Anschluss zu halten an die allgemeine wissenschaftliche Entwicklung. Dass dies die primär anwendungsorientierten juridischen Subdisziplinen nicht allein und nicht an erster Stelle leisten können, sondern dass hier namentlich das Terrain der Grundlagendisziplinen ist, sei der Vollständigkeit halber hinzugefügt.[17]

Damit sieht sich die Rechtswissenschaft in eine strukturell dilemmatische Position manövriert, hat sie doch zwei sich nicht selten widersprechenden Imperativen gleichzeitig zu gehorchen. Fast möchte es scheinen, als sei die Praxisorientierung der Rechtswissenschaft nur um den Preis des Verlustes ihres Status der Wissenschaftlichkeit zu haben et vice versa.

2. Rechtsdogmatik als Lösung

In der Nachfolge *von Savignys* hat die deutsche Rechtswissenschaft ein spezifisches Wissenschaftsformat ausgebildet, welches ganz an den Bedürfnissen einer an wissenschaftlichen Fundierung interessierten Rechtspraxis ausgerichtet ist, nämlich die – weder ins Französische noch ins Englische recht übersetzbare – Rechts-

---

tierten plurale tantum bleibt es doch ein Postulat (je)der Wissenschaftlichkeit, dass das Streben nach (größtmöglicher) Erkenntnis das Streben einschließt, die in der Wissenschaft als sozialem System aktuellsten und in concreto erklärungsmächtigsten Methoden, Theoreme und Konzepte in den Dienst des eigenen, disziplinär gebundenen Erkenntnisstrebens zu stellen.

[17] In diese Richtung weist nachdrücklich auch das vom 9. November 2012 datierende Papier des Wissenschaftsrats zu „Perspektiven der Rechtswissenschaft in Deutschland. Situation, Analysen, Empfehlungen" aus dem Jahre 2012 (Wissenschaftsrat, Drs. 2558–12). Vgl. ergänzend *M. Jestaedt*, Wissenschaft im Recht, in: JZ 2014, S. 1 ff., bes. 11 f.

dogmatik.[18] Diese fungiert als rechtswissenschaftliche Anwendungshilfe für die entscheidungsberufene Rechtspraxis, indem sie qua Systematisierung des Rechtsstoffs, Herausarbeitung von Regelhaftigkeiten und Beförderung von Anwendungsroutinen, Ausbildung der Speicher- und Entlastungsfunktion, Bereitstellung von Handlungs- und Entscheidungsanleitungen wissenschaftliches Verfügungswissen generiert und proliferiert. Pointiert: Sie ist die am geltenden Recht ausgerichtete juridische Gebrauchsdisziplin. Ihre Anwendungsorientierung ist also eine doppelte: Sie bezieht sich zum einen auf das anzuwendende Recht; Bezugspunkt ist insoweit das aktuell geltende Recht, die lex lata. Und zum anderen richtet sich Dogmatik an einem bestimmten Akteur aus, nämlich dem Teilnehmer im Prozess der praktischen, d. h. auf reale soziale Steuerung ausgerichteten Rechtsgewinnung.

Doch damit nicht genug: Rechtsdogmatik ist auch aus einem weiteren Blickwinkel ein Praxis-Wissenschaft-verklammerndes Kommunikationsformat, in welchem rechtspraktische Wissenschaft und wissenschaftliche Rechtspraxis zu gemeinsamer Sprache finden. Dogmatik wird denn nicht nur von der Wissenschaft produziert und verwaltet, sondern in kaum minderem Maße von der ober- und höchstgerichtlichen Praxis (und – seltener – von Rechtsanwälten vorzugsweise aus Großkanzleien). Rechtsdogmatik ist also auch dadurch charakterisiert, dass sie als gemeinsame Kommunikationsplattform oder auch als gemeinsamer Kommunikationsraum von akademischer Theorie und forensischer (näherhin: obergerichtlicher) Praxis fungiert.[19] Die Annäherung

[18] Pars pro toto: *C. Waldhoff*, Kritik und Lob der Dogmatik. Rechtsdogmatik im Spannungsfeld von Gesetzesbindung und Funktionsorientierung, in: G. Kirchhof/S. Magen/K. Schneider (Hrsg.), Was weiß Dogmatik? Was weiß und wie steuert die Dogmatik des Öffentlichen Rechts?, 2012, S. 17 ff.; *Bumke*, Rechtsdogmatik (Fn. 12), bes. S. 44 ff. und 113 ff.; *J. Ipsen*, Rechtsdogmatik und Rechtstheorie, in: M. Borowski/S. L. Paulson/J.-R. Sieckmann (Hrsg.), Rechtsphilosophie und Grundrechtstheorie. Robert Alexys System, 2017, S. 225 ff.

[19] Dazu eingehender *M. Jestaedt*, Wissenschaftliches Recht. Rechtsdogmatik als gemeinsames Kommunikationsformat von Rechtswissenschaft

von Rechtswissenschaft und Rechtspraxis kann so weit gehen, dass sich im Einzelfall, d.h. allein bezogen auf den Text und ohne Rücksicht auf die Präsentationsform einschließlich Zitiertechnik, nicht zuverlässig klären lässt, ob es sich um einen Absatz eines Beitrags aus dem „Isensee/Kirchhof“[20] oder um eine Randnummer aus einem Urteil des Zweiten Senats des BVerfG handelt, in welchem einer der Richterprofessoren dem Spruchkörper seine Feder leiht.

Damit scheint das Problem des „double bind“ in eine win-win-Lösung für Rechtswissenschaft und Rechtspraxis überführt und infolgedessen gelöst zu sein: die Rechtspraxis profitiert von der wissenschaftlichen Aufwertung und Veredelung ihres Tuns, und die Rechtswissenschaft gewinnt im Gegenzug Einfluss auf die praktische Rechtsgewinnung.[21] Wie konstitutiv die Praxisorientierung deutscher Rechtswissenschaft ist, lässt sich daran ablesen, dass sie die Rechtsdogmatik zu ihrem Markenkern erklärt[22] – und das, obwohl oder vielleicht gerade weil es sich bei dieser um ein Format handelt, auf das die Jurisprudenz nicht das Monopol besitzt, sondern das sie sich gewissermaßen mit der (wissenschaftlich interessierten und ambitionierten) Rechtspraxis teilt.

---

und Rechtspraxis, in: C. Jabloner/G. Kucsko-Stadlmayer/G. Muzak/B. Perthold-Stoitzner/K. Stöger (Hrsg.), Vom praktischen Wert der Methode. Festschrift für Heinz Mayer zum 65. Geburtstag, 2011, S. 169 ff. – Die spezifische Rolle der Höchst- und Obergerichte in diesem Kontext wird näher entfaltet bei *C. Schönberger*, Höchstrichterliche Rechtsfindung und Auslegung gerichtlicher Entscheidungen, in: VVDStRL 71 (2012), S. 296 ff.

[20] J. Isensee/P. Kirchhof (Hrsg.), Handbuch des Staatsrechts der Bundesrepublik Deutschland, 3. Aufl. 2003–2015, 13 Bde.

[21] Das ist ja bereits die Grundidee bei *von Savigny*, wie er sie 1814 im „Beruf unserer Zeit“ entfaltet, vgl. *v. Savigny*, Beruf (Fn. 11), S. 127 f.

[22] Vgl. stellvertretend *R. Stürner*, Das Zivilrecht der Moderne und die Bedeutung der Rechtsdogmatik, in: JZ 2012, S. 10 ff.; *A.-B. Kaiser*, Die Öffnung der öffentlich-rechtlichen Methode durch Internationalität und Interdisziplinarität. Erscheinungsformen, Chancen, Grenzen, in: DVBl. 2014, S. 1102 ff.

3. … und als Problem

Doch ganz so einfach und rückstandsfrei lässt sich das „double bind“ nicht auflösen. Denn das Zusammentreffen von Rechtspraxis und Rechtswissenschaft im hybriden Kommunikationsraum der Dogmatik birgt auch Gefahren, die hier in zwei Stichworten thematisiert seien.

Die eine Gefahr wird man mit *Oliver Lepsius* als zweiseitige „Selbstermächtigungsfunktion von Dogmatik“ bezeichnen dürfen.[23] Während die Wissenschaft in die Dogmatik die Methode einbringe, sei es bei der Praxis die Rechtsquelle. In einem Vermengungsakt von Methode und Rechtsquelle löse die Rechtspraxis das Kompetenzproblem, unter dem sie leide, indes die Rechtswissenschaft das Geltungsproblem, welches ihren Aussagen anhafte, mittels Dogmatik aus der Welt schaffe. In beiden Fällen profitieren die Akteure von der Verwischung oder auch Invisibilisierung der Unterschiede der distinkten Validierungssysteme, die das hybride Format der Rechtsdogmatik leistet. Ob es sich bei dieser Form der Kon-Fusion um einen format-inhärenten und damit unvermeidlichen Defekt von Dogmatik handelt oder aber „lediglich“ um einen häufig damit einhergehenden, von ihm beförderten Effekt, mag man durchaus diskutieren. Wissenschaftstheoretisch ist festzuhalten: Selbst die Teilnehmende Beobachtung,[24] als die

[23] *O. Lepsius*, Kritik der Dogmatik, in: Kirchhof u.a., Was weiß Dogmatik? (Fn. 18), S. 39ff. (43ff.); dieses Motiv aufnehmend: *J.F. Lindner*, Rechtswissenschaft als Metaphysik. Das Münchhausenproblem einer Selbstermächtigungswissenschaft, 2017, S. 139ff.

[24] Zu der aus der ethnologischen Feldforschung stammenden Methode der Teilnehmenden Beobachtung und ihren inhärenten methodologischen Schwierigkeiten (Stichwort: „Dilemma von Identifikation und Distanz“): *D.L. Jorgensen*, Participant Observation. A Methodology for Human Studies, 1989; *B. Hauser-Schäublin*, Teilnehmende Beobachtung, in: B. Beer (Hrsg.), Methoden ethnologischer Feldforschung, 2. Aufl. 2008, S. 37ff.; *S. Lamnek/C. Krell*, Qualitative Sozialforschung, 6. Aufl. 2016, S. 515ff., bes. 600–607 zum „Dilemma von Identifikation und Distanz“. Die Referenz

man rechtswissenschaftlich betriebene Dogmatik noch am ehesten rubrizieren könnte – hierher gehört etwa die wirkmächtige Selbstkennzeichnung als „Steuerungswissenschaft“[25] –, kann nicht den Unterschied nivellieren, der zwischen Objekt- und Theoriebereich, zwischen Recht(spraxis) und Rechtswissenschaft besteht.[26] Ausdruck wie Folge dieser Unterscheidungsnotwendigkeit ist die methodische Forderung nach der „Ebenentransparenz wissenschaftlichen Argumentierens“.[27]

Die zweite Gefahr für die Rechtswissenschaft kann man mit der von *Winfried Brohm* geprägten Wendung von der „verdrängenden Dominanz der Dogmatik“[28] im Kreise der juridischen Disziplinen kennzeichnen. Keine andere juridische Subdisziplin kann es in ihrer Praxistauglichkeit – man mag in Zeiten ökonomischer Verzweckungslogik auch von Gesellschaftsnützlichkeit sprechen – mit ihr aufnehmen. Aus dieser wissenschafts*externen* Bedeutungsattribuierung wird kurzerhand auf die wissenschafts*interne* Stellung der Dogmatik rückgeschlossen. Von dort ist es nicht mehr weit, von Rechtswissenschaft im Singular zu sprechen und Rechts-

---

auf die auf Empirie zielende, sozialwissenschaftliche Methode der Teilnehmenden Beobachtung erfolgt hier nur per analogiam; so thematisiert die hier angesprochene Frage, ob sich Beobachtung auf der Theorie- und Teilnahme auf der Objektebene in *einer* (disziplinär gebundenen) Rolle verbinden lassen, einen anderen Aspekt als das mit dem „Dilemma von Identifikation und Distanz“ angesprochene Problem.

[25] Richtungweisend: *E. Schmidt-Aßmann*, Das allgemeine Verwaltungsrecht als Ordnungsidee, 2. Aufl. 2004, Kap. I, Rn. 33 ff.; *ders.*, Verwaltungsrechtliche Dogmatik. Eine Zwischenbilanz zu Entwicklung, Reform und künftigen Aufgaben, 2013, S. 18 ff.

[26] Grundlegend nach wie vor das III. Kapitel („Recht und Wissenschaft“) bei *H. Kelsen*, Reine Rechtslehre. Mit einem Anhang: Das Problem der Gerechtigkeit, 2. Aufl., Wien 1960, S. 72 ff. (in der Studienausgabe, hrsgg. von M. Jestaedt, 2017, S. 139 ff.).

[27] *Lindner*, Rechtswissenschaft (Fn. 23), S. 161 f., 179 ff, 183 (Zitat).

[28] *W. Brohm*, Kurzlebigkeit und Langzeitwirkungen der Rechtsdogmatik, in: M.-E. Geis/D. Lorenz (Hrsg.), Staat, Kirche, Verwaltung. Festschrift für Hartmut Maurer zum 70. Geburtstag, 2001, S. 1079 ff. (1079).

dogmatik zu meinen.[29] Ausdruck dessen ist etwa die weitverbreitete Zentrum-Peripherie-Deutung in Bezug auf die Jurisprudenz: Im identitätssichernden Zentrum der Jurisprudenz befindet sich die Dogmatik, indes die übrigen juridischen Disziplinen, Grundlagendisziplinen geheißen, wie die Rechtsgeschichte oder die Rechtsphilosophie, die Rechtssoziologie oder die Rechtstheorie, nur mehr Trabanten des Zentrums darstellen, die ihren Wert und ihre Rechtfertigung im Wesentlichen vom Mittelpunkt des juridischen Universums her erfahren, ihre Umlaufbahn der Anziehungskraft der Dogmatik verdanken.[30] Nicht minder populär ist die inklusive oder auch holistische Spielart des dogmatischen Universalismus: Diese zeichnet sich dadurch aus, dass die Dogmatik – im Bewusstsein ihrer Angewiesenheit auf fremddisziplinäre Erkenntnisse – darauf aus ist, sowohl die Methoden als auch die Erkenntnisse aller sonstigen rechtswissenschaftlichen (oder auch nicht-rechtswissenschaftlichen) Disziplinen sich anzuverwandeln, in sich aufzunehmen. Dogmatik wird dadurch zur integrativen – je nach Standpunkt: methodenpluralistischen oder auch methoden-synkretistischen – juridischen Super-Disziplin.[31] Dass dieses Unter-

[29] Prototypisch: *K. Larenz*, Methodenlehre der Rechtswissenschaft, 1. Aufl. 1960, S. 189; *ders./C.-W. Canaris*, Methodenlehre der Rechtswissenschaft, 3. Aufl. 1995, S. 11. Dazu – im Kontrast zu *Kelsens* Konzeption von Rechtswissenschaft – *R. Seinecke*, Richtige Reinheit oder reine Richtigkeit?, in: JZ 2010, S. 279 ff.

[30] Zu der Zentrum-Peripherie-Metapher auch *A. v. Arnauld*, Die Wissenschaft vom Öffentlichen Recht nach einer Öffnung für sozialwissenschaftliche Theorie, in: A. Funke/J. Lüdemann (Hrsg.), Öffentliches Recht und Wissenschaftstheorie, 2009, S. 65 (68 ff.).

[31] Just die auf disziplinäre Öffnung oder auch Weitung setzende „Neue Verwaltungsrechtswissenschaft" sieht sich hier Fragen und Herausforderungen ausgesetzt. Beantwortet und bewältigt werden sie in dem Maße, in dem – was zunehmend geschieht – reflektiert wird, welches die Regeln für nachbarwissenschaftliche „Theorieimporte" sind; dazu aus jüngerer Zeit die Kontroverse zwischen *M. Fehling* (Die „neue Verwaltungsrechtswissenschaft" – Problem oder Lösung. Innovation durch Kanonisierung?, in: M. Burgi [Hrsg.], Zur Lage der Verwaltungsrechtswissenschaft, Die Verwaltung Beiheft 12, 2017, S. 65 ff.) und *K. F. Gärditz* (Die „Neue Ver-

fangen – ernst gemeint und als solches auch konsequent exekutiert – wissenschaftstheoretisch nicht aufgehen und wissenschaftspraktisch nicht gutgehen kann, liegt auf der Hand, geht es doch bei Wissenschaft um reflektierte Selektivität im Rahmen eines identischen Validierungssystems.

III. Wissenschaft im Dienste der Praxis

Die Praxisorientierung der Jurisprudenz einer- und deren Wissenschaftlichkeit andererseits stehen infolgedessen in einem durchaus ambivalenten, Nutzen wie Gefahren gleichermaßen bergenden Verhältnis. Nicht damit kurzzuschließen ist die Frage, wie sich Rechtswissenschaft zur Rechtspraxis positionieren kann. Auch hier mögen (und müssen) drei sehr knapp-kursorische, freilich miteinander zusammenhängende Bemerkungen unter der sie verklammernden Überschrift „Wissenschaft im Dienste der Praxis“ genügen.

1. Die Holmes'schen Rechtspfade

Einen in seiner Bedeutung kaum zu unterschätzenden Hinweis auf das Verhältnis von Rechtspraxis und Rechtswissenschaft gibt uns *Oliver Wendell Holmes, Jr.*, in seinem berühmten, allerdings hierzulande offenbar nur selten im Zusammenhang gelesenen Klassikertext „The Path of the Law“ aus dem Jahre 1897.[32] *Holmes* erscheint uns hier als der prominenteste Verfechter der rechtsrealistischen, pragmatisch-nüchternen „prediction of law-

waltungsrechtswissenschaft“ – Alter Wein in neuen Schläuchen?, ebd., S. 105 ff.); fokussiert auf die Frage der nachbarwissenschaftlichen Öffnung: *M. Burgi*, Intradisziplinarität und Interdisziplinarität als Perspektiven der Verwaltungsrechtswissenschaft, ebd., S. 33 ff.

[32] *O. W. Holmes, Jr.*, The Path of the Law, in: Harvard Law Review 10 (1897), S. 457 ff.

thesis",[33] dass Recht nichts anderes sei als „[t]he prophecies of what the courts will do in fact, and nothing more pretentious".[34] Damit allerdings scheint einer dogmatischen Rechtswissenschaft, wie sie hierzulande betrieben wird und die ganz andere – und zwar viel anspruchsvollere, wissenschaftliche – Ziele verfolgt als eine Urteilsvorhersage, recht offensichtlich der Boden entzogen zu sein.

Doch wäre das nur eine kupierte und letztlich sinnentstellende Rezeption dessen, was *Holmes* mit diesem Gründungstext US-amerikanischer Rechtswissenschaft sagen möchte. Der Titel kündigt bereits an, dass es *Holmes*, wenn er den „Pfad des Rechts" – und damit eine Bewegungsrichtung – freilegen möchte, nicht uniperspektivisch-statisch um die einzige Sicht auf das Recht zu tun ist.[35] Die eigentliche Pointe des *Holmes'schen* Ansatzes liegt vielmehr darin, dass er ein Drei-Stufen-Modell mit drei distinkten Rechtsbegriffen (oder auch Perspektiven auf das Recht) entwickelt und vorstellt. *Holmes* zeichnet den „Pfad des Rechts" gleichsam von „unten", wir könnten auch Neudeutsch sagen: von der User-Ebene, nach „oben", bis in die Höhen der Wissenschaft, nach. Der Pfad beginnt beim Mann auf der Straße – „our friend the bad man" nennt ihn *Holmes*,[36] und es geht hier um ein zweckrationales „business-like understanding of the matter".[37] Die erste Perspektive auf das Recht ist die des Rechtsuchenden, der sich in der Anwaltskanzlei wiederfindet. Der Anwalt wird ihm seine Ein-

---

[33] „The object of our study, then, is prediction" (*Holmes*, Path [Fn. 32], S. 457).

[34] *Holmes*, Path (Fn. 32), S. 461.

[35] Dazu und zum Folgenden *P. W. Kahn*, Ethics and the Study of Law (im Erscheinen).

[36] *Holmes*, Path (Fn. 32), S. 460.

[37] *Holmes*, Path (Fn. 32), S. 459. Damit bewegt sich *Holmes* auf eine Position zu, die *Hart* als den „external point of view" charakterisiert (*H. L. A. Hart*, The Concept of Law [1961], 3. Aufl. 2012, S. 89–91), dem es nicht um die („innere") Eigengesetzlichkeit des Rechts geht, sondern um die empirisch erfassbaren äußeren Wirkungen desselben (respektive um Vermutungen und Vorhersagen in Bezug auf derartige künftige Wirkungen von Recht).

schätzung, seine Vorhersage über den Ausgang eines möglichen Rechtsstreits mitteilen – eben auf der Grundlage seiner Erfahrung, wie Gerichte entschieden haben und folglich wohl auch künftig entscheiden werden. Hier ist die „prophecy" das probate Mittel zur Bestimmung des Rechts. Während sich der „lawyer" in Bezug auf das Recht aber noch den „shadows" des Künftigen gegenübersieht, hat es – zweite Stufe – der „judge" bereits mit den „objects" des Rechts zu tun. Der Richter sieht das Recht als „event", dessen Teil er selbst ist. Das Recht ändert also seinen Charakter, wenn es aus der Rechtsanwaltskanzlei in den Gerichtssaal gelangt. Einer weiteren Metamorphose wird das Recht unterzogen, wenn es, nachdem das Urteil gesprochen und die Rechts-causa finita ist, in den Hörsaal gelangt. Der „scholar", unser Akteur auf der dritten Stufe, sucht nach den „reasons" des vom Richter gesprochenen Rechts, nach den „ideas embedded in law".[38]

Das Recht – und damit das Objekt wissenschaftlichen Räsonnements – ändert also seine Gestalt (oder auch seinen Aggregatzustand) je nach Perspektive und Fragestellung. Die Rechtswissenschaft (die, das sei nur am Rande vermerkt, von *Holmes* hier recht einseitig auf die Suche materialer Rationalität im Recht festgelegt wird) hat den unterschiedlichen, je für sich vernünftigen und legitimen Perspektiven auf das Recht in ihrer eigenen Vermessungs-, Kartierungs-, Ordnungs- und Orientierungsarbeit Rechnung zu tragen. Aus Sicht der Dogmatik lässt sich daran die von *Christoph Möllers* erhobene Folgerung anschließen, statt mit einer einzigen Methodik mit deren zwei zu operieren, nämlich einer für die Rechtspraxis und einer für die Wissenschaft; solchermaßen kann dem disjunkten Methodenverständnis einer anwendungs-

[38] Es ist derselbe *Holmes*, der einerseits, ganz pragmatisch, die Aufgabe der „prediction of law" unterstreicht, der aber andererseits, ganz wissenschaftsorientiert, hervorhebt: „We have too little theory in the law rather than too much", und der die „practical importance, for the decision of actual cases," des „understanding the reasons of the law" herausstreicht (beide Zitate: *Holmes*, Path [Fn. 32], S. 476).

bezogenen und einer wissenschaftsbezogenen Dogmatik Rechnung getragen werden.[39]

2. *„Das kommt drauf an" – Rechtliches Können und rechtliches Dürfen*

Ein Zweites: Rechtsdogmatik neigt in ihrer Ausrichtung auf materiale Konsistenzialisierung und inhaltliche Systematisierung des positiven Rechts dazu, eine zentrale Struktureigentümlichkeit arbeitsteilig-modernen Rechts zu unterschätzen oder gar als nicht strukturbildend auszublenden. Ich spreche an, was *Adolf Julius Merkl* mit dem Begriff des positivrechtlichen „Fehlerkalküls" bezeichnet hat, dass also das Recht selbst mit Rechtserzeugungsfehlern kalkuliert, dass, anders gewendet, die Rechtswidrigkeit eine Kategorie innerhalb des Rechts darstellt und nicht, wie das Nicht-Recht, außerhalb desselben steht.[40] Um noch konkreter zu werden: Das positive Recht unterscheidet das rechtliche Dürfen vom rechtlichen Können, die (Verhaltens- oder Erzeugungs-)Ermächtigung von der Bewirkungsmacht. Wer sich im Rahmen seiner Ermächtigung hält, handelt rechtmäßig, wer dies nicht tut, rechtswidrig – letzteres bedeutet freilich keineswegs notwendigerweise, dass auf rechtswidrige Weise kein geltendes, gegebenenfalls sogar unangreifbares Recht geschaffen werden kann. *Bernd Rüthers* fasst diesen Sachverhalt in der ironisch-provokativen Sentenz zusammen: „Auch oberste Bundesgerichte irren, aber sie irren rechtskräftig."[41] Nicht einmal das Bundes-

[39] *C. Möllers*, Methoden, in: W. Hoffmann-Riem/E. Schmidt-Aßmann/A. Voßkuhle (Hrsg.), Grundlagen des Verwaltungsrechts, Bd. 1, 2. Aufl. 2012, § 3 Rn. 21 f., sodann 23 ff., 35 ff., 40 ff.

[40] Bahnbrechend *A. J. Merkl*, Allgemeines Verwaltungsrecht, 1927, S. 191 ff., bes. 195 ff. (die Bezeichnung als „Fehlerkalkül" auf S. 196); eingehend zur Entwicklung der Lehre vom Fehlerkalkül: *R. Lippold*, Recht und Ordnung. Statik und Dynamik der Rechtsordnung, 2000, S. 407 ff.

[41] *B. Rüthers/C. Fischer/A. Birk*, Rechtstheorie mit Juristischer Methodenlehre, 10. Aufl. 2018, Rn. 318.

verfassungsgericht ist ermächtigt, verfügt also über das rechtliche Dürfen, das Grundgesetz in methodisch unvertretbarer Weise, sozusagen nach Gusto, auszulegen. Doch weil dagegen kein Rechtsbehelf mehr vorgesehen ist, hat diese Rechtsansicht Geltung und Bestand – und bindet, wie § 31 Abs. 1 BVerfGG ausdrücklich anordnet, alle staatlichen Organe. Auctoritas, non veritas. Das rechtliche *Können* geht folglich – und zwar nicht nur bei Höchstgerichten, sondern überall, wo das Recht Unanfechtbarkeiten anordnet oder keine weiteren Rechtswege mehr vorsieht – über das rechtliche *Dürfen* hinaus.[42]

Eine nicht selten einseitig an der Rechtmäßigkeit (der Rechtsordnungsgemäßheit) und damit an einem materialen Konsistenz- und Kohärenzkriterium orientierte dogmatische Wissenschaft tut sich damit schwer.[43] Hier wäre eine klarere (Aus-)Differenzierung wünschenswert: Handlungsleitend sind (oder besser: sollen sein) für den vom positiven Recht zur Entscheidung Berufenen allein die Dürfens-Normen, die den Rahmen des ihm rechtlich Gestatteten umschreiben. Erst für weitere anknüpfende Rechtserzeugungshandlungen, zu denen etwa auch eine gerichtliche Kontrolle zählt, kommen die Könnens-Normen hinzu, wenn und soweit es im Weiteren „nur" auf die Geltung und nicht notwendigerweise auch auf die Rechtmäßigkeit ankommt. In einem Rechtssystem, das, wie unseres, die „rule of precedent" nicht kennt,[44] bedarf es daher

---

[42] Dazu demnächst *P. Reimer*, Können und Dürfen. Zur rechtstheoretischen Zentralität eines unterschätzten Begriffspaars, erscheint in: Rechtstheorie.

[43] Dazu am Beispiel des Verfassungsrechts: *M. Jestaedt*, Selbstand und Offenheit der Verfassung gegenüber nationalem, supranationalem und internationalem Recht, in: J. Isensee/P. Kirchhof (Hrsg.), Handbuch des Staatsrechts der Bundesrepublik Deutschland, 3. Aufl., Bd. XII, 2014, § 264, bes. Rn. 43 ff. (zur Konformauslegung, Rn. 48 f., sowie zur autoritativen Interpretation, Rn. 50 f.).

[44] Zu einem Versuch, eine „institutional-approximative Präjudizienbindung" auch für das deutsche Recht zu begründen: *M. Reinhardt*, Konsistente Jurisdiktion. Grundlegung einer verfassungsrechtlichen Theorie der rechtsgestaltenden Rechtsprechung, 1997; aus neuester Zeit, ebenfalls

etwa in Bezug auf Gerichtsentscheidungen einer wissenschaftlich deutlich konturierten Unterscheidung, was (Einzelfall-)Norm ist, die die Entscheidung darstellt und die in Geltung erwächst, und was „bloße" Entscheidungsbegründung, die – je nach positivrechtlicher Lage – nicht an der Geltung teilhat.[45]

3. Die Probe aufs Exempel: Der „Bundesverfassungsgerichtspositivismus"

Mit dem *Schlinkschen* Diktum von der „Entthronung der Staatsrechtslehre"[46] durch das Bundesverfassungsgericht scheint über den „Verfassungsgerichtspositivismus" – den man, mutatis mutandis, auch als BGH-, EuGH- oder EGMR-Positivismus lesen kann – das rechtswissenschaftliche Verdikt gesprochen zu sein. Gewiss (und ich habe mich selbst ja bereits vor anderthalb Jahrzehnten in dieser Weise exponiert)[47] ist eine verfassungsgerichtspositivistische Grundorientierung der Wissenschaft vom Recht schwer zu verteidigen, wenn man an der feinen, aber doch wichtigen Unterscheidung von autoritativer und authentischer Auslegung festhält[48] und

---

auf der Grundlage einer Theorie „judikativer Rechtserzeugung": *M. Payandeh*, Judikative Rechtserzeugung. Theorie, Dogmatik und Methodik der Wirkungen von Präjudizien, 2017, bes. S. 449 ff. – Zur „stare decisis doctrine" und zur Rolle des „precedent" in der (anglo-)amerikanischen Doktrin und Rechtspraxis stellvertetend: *F. Schauer*, Precedent, in: Stanford Law Review 39 (1987), S. 571 ff.; *N. Duxbury*, The Nature and Authority of Precedent, 2008.

[45] Dazu auch *Payandeh*, Rechtserzeugung (Fn. 44), S. 210 ff., bes. 213 ff., 452 ff.

[46] *B. Schlink*, Die Entthronung der Staatsrechtswissenschaft durch die Verfassungsgerichtsbarkeit, in: Der Staat 28 (1989), S. 161 ff.

[47] Vgl. *M. Jestaedt*, Verfassungsgerichtspositivismus. Die Ohnmacht des Verfassungsgesetzgebers im verfassungsgerichtlichen Jurisdiktionsstaat, in: O. Depenheuer/M. Heintzen/P. Axer/M. Jestaedt (Hrsg.), Nomos und Ethos. Hommage anläßlich des 65. Geburtstages von Josef Isensee, 2002, S. 183 ff.

[48] Für diese Unterscheidung darf verwiesen werden auf: *M. Jestaedt*,

man die Rechtswissenschaft nicht auf eine empirische, die „legal facts" erhebende und ordnende Disziplin reduziert sehen möchte.

Und doch ist nicht jede Spielart eines Verfassungsgerichtspositivismus als wissenschaftliche Verfehlung zu qualifizieren, sondern kann, ganz im Gegenteil, als wissenschaftliche Tugend zu promovieren sein. Über die jüngst tsunamiartig über die Republik gekommene Frage der Verfassungsmäßigkeit der „Ehe für alle"[49] mag man legitimerweise unterschiedlicher Auffassung sein; wenn die Frage indes leicht dahin modifiziert wird, ob die „Ehe für alle" auch mit der Auslegung von Art. 6 Abs. 1 GG vereinbar ist, wie sie der für ein allfälliges Verfahren zuständige Erste Senat in seiner bisherigen Rechtsprechung betrieben hat, kann es, so meine ich, kaum zwei unterschiedliche, wissenschaftlich haltbare Aussagen geben.[50] Hier ist auch der Ort, an dem die „herrschende Meinung" oder die „ständige Rechtsprechung" ein valides Argument abgeben.[51]

IV. Rechtswissenschaft als Wissenschaft

Die Wissenschaftlichkeit der Rechtswissenschaft bewahrt und bewährt sich – neben der konsequenten Beherzigung der Objektbereich-Theoriebereich-Unterscheidung – in Disziplinarität, In-

---

Grundrechtsentfaltung im Gesetz. Studien zur Interdependenz von Grundrechtsdogmatik und Rechtsgewinnungstheorie, 1999, S. 363 ff., bes. 372 ff.

[49] Anknüpfend an das Gesetz zur Einführung des Rechts auf Eheschließung für Personen gleichen Geschlechts vom 20. Juli 2017, BGBl. I S. 2787. Pars pro toto: *F. Wollenschläger*, Rechtsgutachten für die Bayerische Staatsregierung zur Frage der verfassungsrechtlichen Bewertung des Gesetzes zur Einführung des Rechts auf Eheschließung für Personen gleichen Geschlechts, datiert vom 22. Januar 2018 (das Gutachten ist abrufbar etwa über: https://www.famrz.de/redaktionsmeldungen/ehe-für-alle-bayern-will-voraussichtlich-doch-nicht-klagen.html [Abrufdatum: 10. März 2018]).

[50] Dazu *M. Jestaedt*, Ehe für alle? [Titel redaktionsseitig festgelegt], in: FAZ Nr. 154 vom 6. Juli 2017, S. 7.

[51] Dazu – als Bauelement einer normativen Präjudizienlehre – *Payandeh*, Rechtserzeugung (Fn. 44), S. 478 ff.

tradisziplinarität und Interdisziplinarität.[52] Auch insoweit möchte ich drei stichwortartig skizzierte Gedanken äußern.

1. Exclusive legal science v. inclusive legal science? – oder: Das „Kontaktzonen"-Regime

Die Rechtswissenschaft hat nach mehreren Seiten hin – um einen von *Thomas Vesting* jüngst in die rechtswissenschaftliche Diskussion eingeführten Begriff zu verwenden – „Kontaktzonen".[53] Außer zum Objektbereich, den das positive Recht markiert, stößt die Rechtswissenschaft an nichtjuridische Nachbarwissenschaften und, eingedenk, dass es sich bei der Rechtswissenschaft eigentlich um ein Plurale tantum: die Rechtswissenschaft*en* handelt, darüber hinaus die eine juridische Subdisziplin, z. B. die Dogmatik, an eine andere juridische Subdisziplin, z. B. die Rechtstheorie oder die Rechtsgeschichte. Im ersten Falle mag man von *inter*disziplinären Kontaktzonen, im zweiten von *intra*disziplinären Kontaktzonen sprechen.[54]

---

[52] Das habe ich näher entfaltet in: *Jestaedt*, Wissenschaft (Fn. 17), S. 1 ff.

[53] *T. Vesting*, Die Fachgrenze als Kontaktzone. Plädoyer für eine kulturwissenschaftliche Öffnung der Rechtswissenschaft, in: A. Funke/K. Lachmayer (Hrsg.), Formate der Rechtswissenschaft, 2017, S. 237 ff.

[54] Je nach Verständnis von *Intra*disziplinarität (bzw. davon, welches die juridischen Subdisziplinen sind) ist dabei, was nicht selten übersehen wird, Unterschiedliches gemeint; das mag an zwei Protagonisten intradisziplinärer Reflexion demonstriert werden: Während *O. Lepsius* – und, ihm folgend, wohl die Mehrheit – mit Intradisziplinarität die Trennung in die Kommunikation zwischen den „Säulen" der (dogmatischen) Rechtswissenschaft, nämlich die Staats-, die Privat- und die Strafrechtslehre, adressiert, bezieht sich *mein* Intradisziplinaritätsverständnis auf die fachsäulenübergreifende Unterscheidung und Zuordnung von anwendungsbezogenen juridischen Subdisziplinen wie namentlich Rechtsdogmatik und Rechtsmethodik auf der einen und juridischen Grundlagenfächern wie Rechtsgeschichte, Rechtsphilosophie, Rechtstheorie, Rechtssoziologie auf der anderen Seite (stellvertretend zu den beiden Lesarten von Intradisziplinarität: *O. Lepsius*, Themen einer Rechtswissenschaftstheorie, in:

Dabei scheint es mir eine nicht weiterführende Frontstellung zu sein, wenn man die Alternative einer auf disziplinäre Abschottung zielenden „exclusive legal science" gegenüber einer interdisziplinär offenen „inclusive legal science" diskutiert.[55] Denn ich wüsste nicht, wie die disziplinäre Xenophobie einer gegen die Wissenschaftswelt „da draußen" sich abschottenden „reinen" Rechtswissenschaft ernsthaft erwogen, gar gerechtfertigt werden könnte. Disziplinärer Autismus und Wissenschaftlichkeit gehen nicht zusammen.[56] So geht es denn auch nicht um das abstrakte Ob, um ein umfassendes Ja oder ein ebenso umfassendes Nein, sondern um das konkrete Wie intra- und interdisziplinärer Öffnung. Will man die Kontaktzonen-Terminologie beibehalten: es geht um das Kontaktzonen-Regime, um wissenschaftlich gesteuerte Öffnung und Schließung, Inklusion und Exklusion, die die Integrität und Identität des die Disziplin konstituierenden Validierungssystems wahren.[57]

M. Jestaedt/O. Lepsius [Hrsg.], Rechtswissenschaftstheorie, 2008, S. 1 ff.; *M. Jestaedt*, Perspektiven einer Rechtswissenschaftstheorie, ebd., S. 185 ff.).

[55] In Anspielung auf die rechtstheoretische Unterscheidung von „exclusive legal positivism" und „inclusive legal positivism"; dazu: *A. Marmor*, Exclusive Legal Positivism, in: Jules L. Coleman/K. Einar Himma/S. J. Shapiro (eds.), The Oxford Handbook of Jurisprudence and Philosophy of Law, 2002, S. 104 ff.; *K. E. Himma*, Inclusive Legal Positivism, ebd., S. 125 ff.

[56] Auf kategorialen Unterscheidungen und Trennungen zu bestehen, wie es etwa das Konzept der Autopoiesis (mit der Struktur der operativen Geschlossenheit) des Rechts tut, darf nicht mit einer Haltung verwechselt oder kurzgeschlossen werden, die – auf der Objektebene – die Relevanz nicht-normativer oder nicht-positivierter Phänomene für das Recht schlechthin in Abrede stellt oder die – auf der Theorieebene – die Relevanz nicht autochthon rechtsdogmatischer Erkenntniszugänge für das rechtsdogmatische Design und Räsonnement rundheraus verwirft. In Kurzform: Auto*poiesis* darf nicht mit Auto*hypostasis* verwechselt werden (dazu *Jestaedt*, Grundrechtsentfaltung [Fn. 48], S. 185 f. m. Fußn. 213–215).

[57] Dazu weiterführend aus jüngerer Zeit namentlich *E. Hilgendorf*, Bedingungen gelingender Interdisziplinarität – am Beispiel der Rechtswissenschaft, in: JZ 2010, S. 913 ff.; *A. v. Arnauld*, Öffnung der öffentlich-rechtlichen Methode durch Internationalität und Interdisziplinarität: Erscheinungsformen, Chancen, Grenzen, in: VVDStRL 74 (2015), S. 39 ff.;

Unter den Bedingungen der Inkommensurabilität, sprich: des Umstandes, dass sich ein disziplinäres „Sprachspiel" nicht in ein anderes – eine disziplinäre Einheitssprache – überführen oder auf dieses reduzieren lässt, können als die drei wichtigsten Kontaktzonen- oder auch Kommunikationsregeln im disziplinübergreifenden Austausch genannt werden: die perspektivische Selektivität, die operative Unilateralität sowie die disziplinäre Naturalisation.[58] Sie alle thematisieren, wenn auch unter unterschiedlichem Aspekt, den strukturell monologischen, man könnte auch sagen: autopoietischen Charakter inter- wie intradisziplinärer Bezugnahme.

Unter perspektivischer Selektivität verstehe ich den Umstand, dass – angesichts der Tatsache, dass jede Wahrnehmung Selektion unausweichlich voraussetzt und Wissenschaftlichkeit weitergehend intendierte und reflektierte Selektivität bedeutet – die Selektionskriterien sich stets nur einseitig, d. h. stets ausschließlich von der Seite eines Kommunikanten her bestimmen lassen. Operative Unilateralität meint, dass fremdwissenschaftliche Erkenntnisse von der betreffenden Disziplin, etwa der Rechtsdogmatik, nur mit deren eigenen Mitteln rezipiert werden können. Eine Erkenntnis, ein Theorem oder ein Konzept aus einer anderen, juridischen wie nicht-juridischen Disziplin kann von der Rechtsdogmatik nur übernommen werden, wenn sie oder es sich unter Beachtung der rechtsdogmatischen Eigenrationalität reformulieren, wenn sie oder es sich folglich in die Sprache der spezifisch normwissenschaftlichen Konstruktion von Wirklichkeit übersetzen lässt. Damit verbunden ist schließlich das Phänomen disziplinärer Naturalisation: Mit der Verpflanzung aus dem nachbarwissenschaftlichen Ursprungskontext in den rechts(an-

---

T. Gutmann, Intra- und Interdisziplinarität: Chance oder Störfaktor?, in: E. Hilgendorf/H. Schulze-Fielitz (Hrsg.), Selbstreflexion der Rechtswissenschaft, 2015, S. 93 ff.; *Fehling*, Verwaltungsrechtswissenschaft (Fn. 31), S. 79–87; *Lindner* (Fn. 23), passim, bes. S. 162 ff.

[58] Dazu und zum Folgenden: *Jestaedt*, Rechtswissenschaftstheorie (Fn. 54), S. 202 ff.

wendungs)wissenschaftlichen Rezeptionskontext wandeln sich Gehalt und Gestalt der rezipierten Aussage. Die Einseitigkeit, disziplinäre Relativität und Kontextgebundenheit von Erkenntnissen wird folglich durch inter- oder intradisziplinäre Rezeptionsakte weder vermieden noch aufgehoben, sondern, ganz im Gegenteil, besonders prononciert. Man könnte insoweit auch von einem konsequenten, mit dem disziplinären Pluralismus ernst machenden Kontextualisierungs- und Relationalisierungsprogramm sprechen.

2. Disziplinäre Vielsprachigkeit

Man kann das auch anders, in den Kategorien der Linguistik ausdrücken: Qualität und Solidität gerade der auf Handhabbarkeit durch den Rechtsteilnehmer hin angelegten Rechtsdogmatik wachsen in dem Maße, in dem der wissenschaftliche Rechtsdogmatiker mehr als nur das „Sprachspiel" der Dogmatik kennt. Doch die disziplinäre Vielsprachigkeit,[59] d. h. die Kenntnis (sichere Beherrschung wäre nicht selten zu viel verlangt!) unterschiedlicher disziplinärer „Sprachspiele", mündet nicht, den Plural im Singular aufhebend, in eine disziplinübergreifende Einheitssprache; gleichwohl unternommene Amalgamierungsversuche enden zwangsläufig in einem schwer verdaulichen Kauderwelsch. Für den intra- und interdisziplinären Diskurs empfehle ich, was man in der (euro)kontinentalen Wissenschaftskommunikation über die Sprachgrenzen hinweg als „europäisches Format" bezeichnen könnte: dass zur Erreichung eines Höchstmaßes an Verständnis und Differenziertheit der Kommunikation jeder der Diskursteilnehmer für die aktive Kommunikation seine disziplinäre Muttersprache verwendet, indes er sich im Passiv-Rezeptiven darum bemüht, das „Sprachspiel" des je anderen zu begreifen.

Und mag man mehr als ein „Sprachspiel" beherrschen, was beispielsweise bei der Doppelqualifikation als Rechtsdogmatiker und Rechtshistoriker der Fall ist, so wird man doch ohne Verstoß

[59] Dazu bereits: *Jestaedt*, Wissenschaft (Fn. 17), S. 11 f.

gegen das Postulat wissenschaftlicher Disziplinarität nicht beide „Sprachspiele“ gleichzeitig spielen, nicht beide Disziplinsprachen mischen dürfen. Das setzt – aber auch das eine Grundbedingung von Wissenschaft als dem planvollen Streben nach Erkenntnis[60] in bewusster Wahrung der Eigentümlichkeiten („Eigengesetzlichkeiten“[61]) des betreffenden Validierungssystems – eine ausgeprägte Sensibilität dafür voraus, in welchem „Sprachspiel“ man sich gerade bewegt.[62]

3. „Ich sehe was, was Du nicht siehst“: Wissenschaft als kollektiver Entdeckungsprozess

Wissenschaft ist ein gemeinsamer Erkenntnis- und Deutungswettbewerb eines fachlich spezialisierten, sprich: nach fachlicher Expertise selektierten Denkkollektivs,[63] der

- öffentlich ausgetragen (öffentlich organisiert und inszeniert) wird,

---

[60] Zum verfassungsgerichtlichen Verständnis von Wissenschaft vgl. stellvertretend BVerfGE 90, 1 (12) – „Kriegsschuldfrage“ [1994]: „[…] alles, was nach Inhalt und Form als ernsthafter Versuch zur Ermittlung von Wahrheit anzusehen ist“.

[61] Dazu einerseits *H. Kelsen*, Reine Rechtslehre. Einleitung in die rechtswissenschaftliche Problematik, 1. Aufl. 1934, Vorwort, S. III (= Studienausgabe, hrsgg. von M. Jestaedt, 2008, S. 3: „[…] eine reine […], ihrer Eigenart weil der *Eigengesetzlichkeit* ihres Gegenstandes bewußte Rechtstheorie“) und andererseits BVerfGE 90, 1 (11 f.) – „Kriegsschuldfrage“ [1994]: „Gegenstand dieser Freiheit [sc. aus Art. 5 Abs. 3 Satz 1 GG] sind vor allem die auf wissenschaftlicher *Eigengesetzlichkeit* beruhenden Prozesse, Verhaltensweisen und Entscheidungen bei der Suche nach Erkenntnissen, ihrer Deutung und Weitergabe.“ (Hervorhebung jeweils nicht im Original)

[62] *Lindner*, Rechtswissenschaft (Fn. 23), S. 50 ff., 146, kritisiert unter methodischen Aspekten dementsprechend die „Diskursebenenüberschreitung“ und fordert als Remedur die „Ebenentransparenz wissenschaftlichen Argumentierens“ (ebd., S. 161 f., 179 ff, 183 [Zitat]).

[63] Zu Begriff und Sache des Denkkollektivs richtungsweisend: *L. Fleck*, Entstehung und Entwicklung einer wissenschaftlichen Tatsache: Einführung in die Lehre vom Denkstil und Denkkollektiv (1935), 1980, bes. S. 54 f.

- der selbstreguliert ist, d.h. zwar Regeln untersteht, diese aber selbst hervorbringt,
- der konstitutiv (oder auch inhärent) unabgeschlossen ist,
- und zugleich einen – weithin nicht formalisierten – Reputationswettbewerb darstellt.

Bei dieser auf das Denkkollektiv abstellenden Definition ist freilich ein Element unterbelichtet, das mir im vorliegenden Kontext der Hervorhebung bedarf: Wiewohl Wissenschaft nur als gemeinschaftliche Unternehmung sinnvoll zu beschreiben ist, darf Gemeinschaftlichkeit nicht mit Uniformität verwechselt werden und muss der Blick dafür geschärft sein, dass es just auf Vielfalt und Vielgestalt der unterschiedlichen Wissenschaftler-Persönlichkeiten, auf deren je spezifische, unverwechselbare und unsubstituierbare Individualität ankommt. Das auf trial and error angelegte, arbeitsteilige Großprojekt „Wissenschaft" gelingt in dem Maße, in dem unterschiedlichste Wissenschaftscharaktere nach Maßgabe ihrer je besonderen Kenntnisse und Interessen, Vorbildungen und Begabungen am niemals fertigen, ständiger Veränderung unterliegenden Gesamtpuzzle mitwirken. Es ist wie in dem ebenso ironisch-melancholischen wie weisen Lied des Liedermachers *Gerhard Schöne*, dessen Titel und dessen Botschaft sowohl das Kollektiv-Individuelle von Wissenschaft als auch die strikte Standortgebundenheit aller Erkenntnis in der kurzen Zeile „Ich sehe was, was Du nicht siehst" zum Ausdruck bringt.[64]

Die nicht selten zur Schau getragene, uns allen wohlvertraute und in der Art rechtswissenschaftlicher Auseinandersetzung stilprägende Haltung, es besser zu wissen als alle anderen, scheint mir mit diesem Grundgesetz wissenschaftlicher Interaktion in einen Zielkonflikt zu geraten. Das „Highlander-Prinzip" hat in der Wissenschaft, hat im stets von blinden Flecken, Pfadabhängigkeiten und Vorverständnissen imprägnierten Prozess der Suche nach Erkenntnis nichts zu suchen. Dass es auf die vielen Köpfe

---

[64] *G. Schöne*, Ich sehe was … (im 2000 erschienenen Album „Das Perlhuhn im Schnee").

ankommt, transportiert zugleich die beruhigende Botschaft, dass nicht jeder Wissenschaftler alles können und beherrschen muss, dass etwa das Postulat disziplinärer Vielsprachigkeit nicht von jedem Einzelnen vollumfänglich erfüllt werden muss und dass nicht nur viele Perspektiven nebeneinander friedlich koexistieren können, sondern dass deren Vielzahl und Vielfalt darüber hinaus einen außerordentlichen Kreativitätsspeicher bildet.

Ein Letztes: Die – um das Mindeste zu sagen – heterogenen, nicht selten unabgestimmten, ungeordneten Beiträge der Vielen sind in der Wissenschaft deswegen so leicht tolerabel, weil sie, anders als das Recht, kein „Fehlerkalkül" kennt: In der (Rechts-) Wissenschaft fallen das Können und das Dürfen niemals auseinander; ersteres geht niemals weiter als letzteres. Hier gilt nicht: „Auctoritas, non veritas facit legem", sondern umgekehrt, wenn auch nur im aspirativen Sinne: „Veritas, non auctoritas facit scientiam". Wissenschaftliches Räsonnement kennt keine Unanfechtbarkeit, keine Bestandskraft, kein „Karlsruhe locuta, causa finita", keine Alternativ-Ermächtigung.[65] Der wissenschaftliche Diskurs ist konstitutionell unabschließbar und unabgeschlossen. Diese Unabgeschlossenheit bedeutet – unbeschadet der Beharrungskräfte, die Pfadabhängigkeit, Denkgewohnheiten und Sozialisationsimperative erzeugen – jederzeitige Revidierbarkeit und Korrigierbarkeit, was den „error", beispielsweise bei der Handhabung des Kontaktzonenregimes, erträglich erscheinen lässt.

V. Rechtswissenschaft als Beruf – made in Germany

Gestatten Sie mir eine Schlussbemerkung in meinem kleinen tour d'horizon in Sachen „Rechtswissenschaft als Beruf": Vielleicht lässt sich ja eine besondere Kompetenz just in Deutschland in gewissem Sinne monodisziplinär sozialisierter Rechtswissen-

---

[65] Zum Konzept einer alternativen Ermächtigung: *Kelsen*, Reine Rechtslehre[2] (Fn. 26), S. 275 ff., 278 (in der Studienausgabe: S. 478 ff., 484).

schaftler[66] in puncto gelebter und reflektierter disziplinärer Vielsprachigkeit ausmachen. Ausdruck und Folge der Zentralstellung der Rechtsdogmatik ist, dass an deutschen Universitäten nahezu[67] keine Berufsrechtswissenschaftler, näherhin: Inhaber von Professuren an rechtswissenschaftlichen Fakultäten und Fachbereichen, anzutreffen sind, die neben ihrer Grundlagenspezialisierung nicht auch ein Standbein in einem der dogmatischen (Haupt-)Fächer haben. Nahezu alle hauptamtlichen Professoren der Rechtswissenschaften besitzen die Befähigung zum Richteramt (auch das ist im globalen Vergleich ganz und gar nicht die Regel), kennen also auch aus eigener Anschauung Bereiche der Rechtspraxis. Und vielleicht ist das ja auch eine Botschaft des Papiers des Wissenschaftsrates zur Rechtswissenschaft in Deutschland.[68]

---

[66] Dazu aufschlussreich: *H. Dedek*, Recht an der Universität: „Wissenschaftlichkeit" der Juristenausbildung in Nordamerika, in: JZ 2009, S. 540 ff.

[67] Dazu – am Beispiel der Rechtsgeschichte – *M. Stolleis*, Verfassungs(ge)schichten, 2017, S. 1–10. Eine Ausnahme für den Bereich der Rechtsphilosophie stellt etwa *Dietmar von der Pfordten* dar, der den Lehrstuhl [„nur"] für Rechts- und Sozialphilosophie an der Georg-August-Universität zu Göttingen innehat.

[68] Vgl. *Wissenschaftsrat*, Perspektiven (Fn. 17).